GASTON DESCHAMPS

Le Malaise

de la

Démocratie

Armand Colin & Cie, Éditeurs

Paris, 5, rue de Mézières

Le Malaise

de la

Démocratie

DU MÊME AUTEUR :

Coulommiers. — Imp. PAUL BRODARD.   1079-98.

GASTON DESCHAMPS

Le Malaise

de la

Démocratie

Armand Colin et Cie, Éditeurs

Paris, 5, rue de Mézières

1899

AUX BONS CITOYENS

QUI S'AFFLIGENT DU PRÉSENT
ET
S'INQUIÈTENT DE L'AVENIR;

AU GRAND MINISTRE QUI NOUS MANQUE

A L'HOMME D'ÉTAT QUE NOUS ATTENDONS

CE LIVRE EST DÉDIÉ.

LE MALAISE

DE

LA DÉMOCRATIE

CHAPITRE I

LES DÉBUTS DU RÉGIME DÉMOCRATIQUE

Un portrait d'ancêtre. — Alexis de Tocqueville ou le psychologue de la Démocratie. — Les origines de la France contemporaine. — Ancien Régime et Révolution. — L'expérience constitutionnelle. — Le roi Louis-Philippe, corrupteur du parlementarisme. — La curée sous la monarchie de Juillet. — La fin de la royauté parlementaire. — Comparaison entre deux Chambres. — Choses vues. — La chasse aux places. — Le « Bottin de l'Assiette-au-beurre ».

« Tocqueville, disait Sainte-Beuve, est un auteur si distingué et dont la réputation *gagnera tellement dans l'avenir*, qu'on ne doit pas craindre d'insister et d'appuyer à son sujet [1]. »

Tocqueville a d'autant plus « gagné » que la plupart de ses prédictions se sont réalisées, et qu'il a été vraiment prophète en son pays.

[1]. *Nouveaux Lundis*, t. XI, p. 330.

Le comte Alexis de Tocqueville, en son vivant
ministre des Affaires étrangères de la République,
membre de l'Académie française et de l'Académie
des sciences morales et politiques, député de
l'arrondissement de Valognes, a perdu, depuis sa
mort, quelque chose de son prestige aux yeux
des gens qui ne l'ont pas lu.

On riait, à la Comédie-Française, lorsque
Mlle Suzanne Reichenberg, au premier acte du
Monde où l'on s'ennuie, récitait, de sa voix aigre-
lette, ces mots que lui avait soufflés M. Édouard
Pailleron :

Ce que le vulgaire appelle du temps perdu est bien
souvent du temps gagné, comme a dit M. de Tocqueville[1].

On a ri, le 12 janvier 1897, sur divers bancs
de la Chambre des députés, lorsque le vénérable
comte Anatole Lemercier, doyen de cette assemblée, fit entendre, du haut de son fauteuil présidentiel, cette apostrophe :

Il nous faut, mes chers collègues, *évoquer les grands
noms de Montesquieu et de Tocqueville*, pour répéter, après
eux, que les démocraties ont plus besoin que les autres
gouvernements de pratiquer la vertu[2]...

Apparemment, les personnes peu averties se
représentent feu M. de Tocqueville sous les traits
d'un ancêtre solennel, empesé dans son faux-col,

1. *Le monde où l'on s'ennuie*, acte I, scène V.
2. *Journal officiel* (13 janvier 1897).

cravaté d'un triple tour de batiste blanche, majestueux par ses besicles, redoutable par ses sen-
tences, inépuisable en dissertations, bref l'incarnation parfaite de l'ancien Centre-gauche.

C'est là une caricature par trop burlesque. Le
comte de Tocqueville n'a pas pu être le vieillard
fâcheux que l'on s'imagine, puisqu'il est mort le
16 avril 1859, ayant à peine cinquante-trois ans,
ce qui est, de l'aveu de tout le monde, un âge peu
avancé.

Sans doute, il avait, comme la plupart de ses
contemporains, comme ses amis Gustave de Beau-
mont, Royer-Collard, Dufaure, Lanjuinais, Rému-
sat, un certain souci de tenue extérieure, inspiré
surtout par le respect que tout homme doit
témoigner à ses semblables. Il pensait, comme
René Descartes, qu'il faut se soumettre aux coutumes de bienséance communément approuvées
par l'opinion de la majorité. Il n'eût pas adopté,
pour siéger à la Chambre, le burnous du docteur
Grenier, ni la blouse de Thivrier ni peut-être certains « complets » qui valent ce burnous et cette
blouse. Mais il n'était ni compassé, ni rogue.
Probablement régulier dans ses mœurs, sobre
dans ses repas, fidèle à ses amitiés, religieux
observateur de la parole donnée, médiocrement
intrigant, il ne faisait pas, de son « austérité » une
profession, ni de sa « respectabilité » une carrière.
Ceux qui l'ont connu et M. Eugène d'Eichthal,

son biographe, affirment qu'il était honnête autant qu'aimable [1]. A l'encontre du préjugé commun, qui lui attribue volontiers les froideurs d'un doctrinaire gourmé, il était doué d'un tempérament plutôt fougueux. Il se vantait d'avoir quelquefois le « diable au corps », et il plaignait ceux qui ne connaissent pas les bienfaits de cet indispensable diable. « On ne réussit à rien, écrivait-il au fils d'un de ses amis, on ne réussit à rien, surtout dans la jeunesse, si l'on n'a pas un peu le diable au corps! » Et il ajoutait, pour donner à son jeune correspondant une idée de ses emportements juvéniles : « A votre âge, j'aurais entrepris de sauter par-dessus les tours de Notre-Dame, si j'avais su trouver de l'autre côté ce que je cherchais! [2] »

M. de Tocqueville aimait les arts et encourageait délicatement les artistes, parce qu'il croyait que l'art doit être la parure de la Démocratie, et que toutes les républiques ne sont pas nécessairement béotiennes. Un soir de l'année 1844, Frédéric et Théodore Chassériau étaient en visite chez lui, 11, rue de Castellane.

— Votre frère est bien triste, dit-il à Frédéric.

— En effet, lui répondit celui-ci, on lui refuse

---

1. *Alexis de Tocqueville et la Démocratie libérale*, par E. d'Eichthal, 1 vol.

2. *Correspondance* d'Alexis de Tocqueville, t. I, p. 469. M. d'Eichthal dit très justement : « Tocqueville fut sauvé de la tristesse par la passion » (*our. cité*, p. 14).

la commande d'une décoration murale dans un monument de Paris.

— De qui cela dépend-il?

— Du ministre de l'Intérieur.

— Qu'à cela ne tienne. Je m'en charge. Tranquillisez votre frère.

En ce temps-là, M. Vitet, député de Bolbec, posait sa candidature à l'Académie française, au fauteuil laissé vacant par la mort de M. Étienne. Or, M. Vitet était l'ami intime du comte Duchâtel, ministre de l'Intérieur. M. de Tocqueville était académicien. Lorsque M. Vitet vint lui faire la visite à laquelle les candidats aux palmes vertes sont obligés par le règlement, M. de Tocqueville lui dit :

— C'est donnant donnant ; vous aurez ma voix, mais Chassériau aura sa muraille.

C'est ainsi que Théodore Chassériau obtint la permission de décorer à fresques l'escalier de l'ancienne Cour des Comptes [1].

Alexis-Charles-Henri Clérel de Tocqueville naquit à Paris, le 29 juillet 1805.

Son père, le comte de Tocqueville, homme robuste dont les cheveux avaient blanchi à cause de la Révolution, fut, sous la monarchie restaurée, préfet de la Moselle, de la Somme et de Seine-et-

[1]. Valbert Chevillard, *Théodore Chassériau*, 1 vol., p. 126-127.

Oise. Mais avant d'être fonctionnaire, M. de Tocqueville le père s'était essayé dans le genre philosophique et grave où son fils devait trouver la célébrité. On a, de lui, une *Histoire philoso-phique du règne de Louis XV* et un *Coup d'œil sur le règne de Louis XVI*. Sa correspondance administrative, conservée aux Archives nationales, a paru fort instructive à Taine, qui ne craint pas de mettre le préfet Tocqueville au même rang que les grands préfets Chabrol, Ré-musat, Barante [1].

La comtesse de Tocqueville, née Le Peletier de Rosambo, était petite-fille de l'illustre Malesherbes.

La sœur aînée de la comtesse de Tocqueville avait épousé Jean-Baptiste de Chateaubriand, frère de l'auteur des *Martyrs* [2].

On rêva pour Alexis de Tocqueville la douce inamovibilité de la magistrature assise. Il fut juge, pendant quelque temps, à Versailles. Mais

1. Taine. *Le Régime moderne*, t. I, p. 390.
2. V. dans les *Mémoires d'Outre-Tombe* (t. I, p. 215), un amusant tableau de la famille Rosambo, et un croquis du vieux Malesherbes « au commencement de la Révolution, arrivant chez Mme de Rosambo, tout échauffé de politique, jetant sa perruque, se couchant sur le tapis de la chambre et se laissant lutiner avec un tapage affreux par les enfants ameutés ». On voit, dans cette curieuse description, que les magistrats de l'ancien régime n'étaient pas toujours solennels ni gourmés. Chateaubriand prétend même qu'ils ne l'étaient pas assez. « Le président Le Peletier de Rosambo, qui joua le *Barbier de Séville* chez M. de Lamoignon était, dit Chateaubriand, *un modèle de légèreté*. » Cf. les *Mémoires* du chancelier Pasquier, t. I, p. 20 et suiv.

il n'avait pas cette vocation du fonctionnarisme qui devient, à présent, la maladie quasiment nationale des Français. Il rua dans les brancards. Il voulut se sauver comme un cheval échappé, craignant le caveçon, le licol et la longe. « J'en suis à craindre, disait-il, de devenir une machine à droit, comme la plupart de mes semblables, gens spéciaux s'il en fut jamais, aussi incapables de juger un grand mouvement qu'ils sont propres à déduire une suite d'axiomes et à trouver des analogies et des antinomies. J'aimerais mieux brûler mes livres que d'en arriver là. »

Sans craindre de scandaliser les mânes de son arrière-grand-père, M. de Malesherbes, il envoya sa démission à Louis-Philippe. Puis il demanda au comte de Montalivet, ministre de l'intérieur, de lui confier une mission, à l'effet d'étudier les prisons d'Amérique. Il fit le voyage d'outre-mer en 1831, se passionna pour le régime cellulaire, admira les cataractes du Niagara et consigna, sur son carnet, un grand nombre de notes, dont il se servit, plus tard, pour étudier les progrès (on ne disait pas alors l' « évolution ») de la Démocratie.

Tocqueville est un de ceux qui ouvrirent à la curiosité de l'Europe ce vaste monde américain dont l'inquiétant tapage est un des événements les plus considérables de l'histoire moderne. Il étudia de près cette maison de commerce et cette usine. Il circula parmi ces brasseurs d'affaires et ces fabricants de produits. Il s'étonna, comme tant d'autres, de l'extraordinaire vitalité de ces États-Unis qui, après avoir été un syndicat de marchands, deviennent maintenant une nation disciplinée par l'uniforme militaire et ennoblie par le culte du drapeau.

Tocqueville s'appliqua surtout à observer, outre-mer, le développement hâtif d'une démocratie affairée [1]. Il voulait, par ce moyen, donner des leçons à ses compatriotes.

En effet, après le remue-ménage de 1830, une cruelle énigme s'imposa aux nouveaux tenanciers du pouvoir. Il s'agissait de réconcilier la liberté avec l'autorité et *de faire vivre la nation française en paix sans qu'elle s'ennuyât*. La consultation de Tocqueville venait donc à propos.

Cet homme sérieux disait : « Ceux qui, comme le duc de Broglie, ont cru fermement la Révolution finie, se livrent au désespoir et joignent au mal réel dont nous souffrons mille maladies plus terribles encore, que leur esprit dérouté et leur imagination effrayante leur font inventer... » Et par là il prévoyait toutes les hallucinations et toutes les folies où mène le conservatisme béat. Il disait aussi le 21 mai 1850 : « Changarnier sera le concurrent de Louis-Napoléon, mais on compte que le prince le battra parce qu'il est meilleur

1. *De la Démocratie en Amérique*, 1er et 2e vol., 1835.

cavalier et qu'il a le meilleur cheval de Paris[1]. »
Par là, il esquissait la psychologie de tous les
boulangismes passés, présents et futurs.

Il y avait, en 1850, un Anglais, M. Nassau
William Senior, économiste et bureaucrate, qui
venait chaque année sur le continent, pour
« interviewer » les hommes célèbres. Cet Anglais
a publié d'intéressantes conversations de Thiers
et de Guizot. Il a vu souvent Tocqueville, et il a
recueilli quelques vérités, énoncées, au hasard
des conversations, par cet ingénieux oracle.

M. de Tocqueville disait, le 22 mai 1850 :
« Égalité est un mot pris pour envie. Elle signifie,
au fond du cœur de tout républicain : *Personne
ne sera dans une meilleure situation que moi*, et
tant qu'on préférera cet égalitarisme à un bon
gouvernement, tout bon gouvernement sera
impossible. En réalité, *aucun parti ne veut un
bon gouvernement.* » Par là, il prédisait le perpétuel jeu de bascule qui, dans notre République,
substitue les radicaux aux modérés, et récipro-
quement, sans profit pour le bien général.

On ne se lasse pas d'écouter ce sage. Il disait,
le 21 août 1850 :

« Il n'y a pas d'institution plus révolutionnaire,
c'est-à-dire plus productive de révolutions, que la
garde nationale. Assurément, de suite après la

1. *Alexis de Tocqueville*, par Eugène d'Eichthal, p. 243.

révolution, elle est utile pour protéger la propriété; mais son instinct est d'engendrer la révolution : la majorité de ses membres n'a aucune
expérience politique et sympathise avec le sentiment général, qui est rarement favorable au gouvernement; les uns veulent lui donner une leçon,
les autres le renverser [1]. »

Et voilà, ou peu s'en faut, l'histoire du sabre
de M. Prudhomme.

Le 10 février 1851, M. de Tocqueville et
J.-J. Ampère se promenaient, en causant, sous les
orangers de Sorrente. Invinciblement, malgré la
grâce du paysage sur lequel ils reposaient leur
vue, leur conversation revenait aux révolutions
étranges qui avaient bouleversé leur patrie.
J.-J. Ampère parlait de ces événements avec l'éloquence convaincue d'un professeur de littérature
française :

— Oui, disait-il, en gesticulant comme s'il eût
été en chaire, oui, la Révolution de 1848 m'avait
complètement empoigné; je crus que le pouvoir
était enfin aux mains du peuple... Je fis à mes
élèves du Collège de France un discours qui eut
le plus brillant succès. Je m'écriai : « Loin de
nous les démagogues, mais salut à la Démocratie! » Les acclamations durent être entendues
de la Seine !

1. *Ibid.*

— Parfaitement, reprit M. de Tocqueville, nous dinions ensemble le 24 février... Je rentrai épuisé par les événements, presque étouffé par des sentiments que je n'avais pu exprimer. Je vous trouvai radieux. Ce fut trop. Je versai sur vous toute ma fureur et toute mon indignation. Je vous maltraitai, vous appelant homme de lettres qui ne connaissait rien en politique, et je vous déclarai que, quel que fût le résultat des événements, ni la liberté ni nos amis n'y gagneraient.

— Oui, avoua M. Ampère, vous aviez raison et depuis ce temps je me suis méfié des politiques.

M. de Tocqueville passa toute sa vie à regarder la politique et les politiciens. Il étudia tout et n'empêcha rien, ce qui est assez l'habitude des académiciens fourvoyés dans les Chambres. Mais il pénétra fort bien la malice de certaines gens, et raisonna supérieurement de certaines choses[1].

Né sur la limite de deux mondes, et pour ainsi dire au confluent de deux sociétés, l'homme qui devait décrire l'*Ancien régime et la Révolution*, après avoir démonté, pour ainsi dire, pièce à pièce la *Démocratie en Amérique*, fut placé par le sort en bonne place pour éprouver de fortes impressions historiques.

1. *Œuvres complètes*, 9 vol., 1860-65; *Souvenirs*, 1 vol., 1893.

Il était, selon les expressions de Guizot, « fils de l'Ancien Régime, aristocrate par l'origine, par les exemples de sa famille et les habitudes de sa jeunesse [1] ». D'autre part, il avait l'esprit assez ouvert et le cœur assez noble pour accueillir, sans trop maugréer, la Démocratie naissante.

Son château patrimonial de Tocqueville, bâti en granit, élève ses trois tours rondes dans un paysage calme, aux environs de Valognes. C'est là qu'il allait passer les mois chauds. Bien que ce castel fût délabré, il le préférait à son manoir de Tourlainville, qui n'avait que les quatre murs, et dont la reconstruction eût exigé au moins 100 000 francs de dépense. Cette résignation à un « pis aller », d'ailleurs supportable, peint très bien M. de Tocqueville s'accommodant, en politique, d'un abri précaire qui valait mieux que le plein air ou qu'un refuge trop dispendieux.

« J'ai quarante-cinq ans, disait-il le 25 août 1850 : il me semble qu'il aurait fallu des siècles pour les changements qui se sont produits dans les habitudes de la société depuis mon enfance. » Tout petit, il apprit, par les récits de ses parents, comment, sous la Terreur, les paysans des environs de Valognes avaient démoli le colombier de son château seigneurial et occis, à coups de bâton, trois mille braves pigeons qui ne comprenaient

1. Discours prononcé à l'Académie française, lors de la réception du Père Lacordaire, le 24 janvier 1861.

rien aux révolutions politiques. Ce menu fait, déposé dans son esprit par une tradition de famille, se transforma lentement en maxime. « Les Français, disait-il le 17 août 1850, les Français acceptent l'oppression, ils admettent de voir leurs enfants enlevés par la conscription, et leurs biens par le percepteur ; mais ils ne peuvent tolérer les privilèges et les mesquines vexations de la féodalité. »

Six personnes de sa famille avaient été guillotinées en 1793. Son père, emprisonné pendant neuf mois, allait comparaître devant Fouquier-Tinville, lorsque la réaction de Thermidor ouvrit les prisons. Les préjugés nobiliaires demeurèrent si forts parmi les hobereaux, que M. de Tocqueville, lorsqu'il consentit à entrer dans la magistrature, fut un objet de scandale pour tous les gentilshommes de Valognes : « Eh quoi ! lui disait-on, vous daignez vous affubler d'une robe, vous dont les ancêtres ont porté l'épée ! » De tout ce passé, de cette éducation et de ce milieu, M. de Tocqueville aurait pu rapporter une défiance invincible contre la France moderne, et la haine des régimes nouveaux. Il aurait pu, comme tant d'autres qui ne sont que barons de l'empire ou comtes du pape, se cantonner dans un pessimisme bougon, dans une opposition grognonne et risible. Mais les âmes élevées ne sont pas à la merci des petits faits. M. de Tocqueville, bien qu'il eût goûté les charmes de l'ancienne société française, n'avait pas d'illusions sur les beautés de l'Ancien Régime.

Comme on lui demandait, en 1850, s'il croyait à l'intronisation prochaine de Henri V, il répondit :

— « Non. Le grand obstacle est l'association qu'on fait du nom de Bourbon, à l'Ancien Régime ; ce gouvernement d'apparence si gai et si brillant dans nos histoires et dans nos *Mémoires*, doit dans la réalité avoir été *horriblement mauvais*; car la haine qu'il inspire est presque le seul sentiment qui ait survécu aux soixante ans de révolution écoulés depuis sa chute. »

En somme, les émigrés sincères avaient gardé de l'Ancien Régime un très mauvais souvenir, ou des impressions trop gaies. La fin du xviiie siècle avait été l'agonie du monde où l'on s'amuse. « A cette époque, dit Chateaubriand, tout était dérangé dans les esprits et dans les mœurs, symptôme d'une révolution prochaine. Les magistrats rougissaient de porter la robe et tournaient en moquerie la gravité de leurs pères. Les Lamoignon, les Molé, les Séguier, les d'Aguessau voulaient combattre et ne voulaient plus juger. Les présidentes, cessant d'être de vénérables mères de famille, sortaient de leurs sombres hôtels pour devenir femmes à brillantes aventures. Le prêtre, en chaire, évitait le nom de Jésus-Christ... Les ministres tombaient les uns sur les autres, *le pouvoir glissait de toutes les mains...* »

Pareillement, M. de Tocqueville faisait, sans détour, cette confession à son interlocuteur anglais, William Senior :

« L'unique objet de ceux parmi lesquels je fus élevé était de s'amuser. »

Il ne se résigna point à crier, avec des gestes désespérés et un trémolo dans la voix : « La Démocratie coule à pleins bords! » Il ne bouda point la Démocratie. Au contraire, il la considéra comme la forme nécessaire des sociétés nouvelles. Mais il pensa que la Démocratie n'est pas synonyme d'anarchie, de débandade, de sauve-qui-peut. Il crut que la France démocratique doit s'*organiser*, que c'est là une question de vie ou de mort...

Et donc, il a vu de près la tragi-comédie politique; il a surveillé, d'un regard minutieux, ceux qui, par le hasard des circonstances, par l'ironie de l'histoire, ou simplement par l'outrecuidance de leur vanité personnelle, prétendirent être les ouvriers de cette œuvre.

Regardons les hommes et les choses dont il observa les actions et les réactions. Chacun de ses rapports nous expose un épisode du grand drame où se jouent les destinées de la Démocratie et l'avenir de la France. Écoutons.

Voici d'abord, le monarque bien intentionné que M. Thiers a surnommé « la meilleure des républiques », le roi-citoyen, le garde national

en chef. Notons le diagnostic de M. de Tocqueville
sur le système politique de ce bourgeois couronné :

En consentant à être le fondateur d'une dynastie usurpée,
en reconnaissant à la populace de Paris le droit d'instituer
et de renverser les rois, Louis-Philippe a créé un précédent
qui sera certainement suivi. Tôt ou tard la dynastie
d'Orléans aurait été renversée, même si elle eût reposé sur
une base réellement démocratique. Mais elle était fondée
sur *la plus avide et la plus égoïste des ploutocraties*. Le
pays légal faisait les lois par ses députés, les appliquait
par ses administrateurs ; *législation et administration étaient
pour eux une série de tripotages et d'intérêts de partis ou
d'électeurs*. Leur gouvernement excitait le soupçon, l'envie,
le mépris, bref toutes les passions sordides, excepté la
crainte. Il ne pouvait durer...

Louis-Philippe avait corrompu si profondément la
Chambre qu'il n'avait plus à craindre d'opposition parlementaire, et si complètement les 200 000 électeurs qu'il
n'avait rien à redouter d'une opposition électorale. Avec
les 200 000, ou plutôt les 100 000 places dont il disposait,
les classes moyennes, sur qui son gouvernement reposait,
n'étaient qu'un instrument docile. Mais en abusant des
gigantesques moyens mis à sa disposition par notre centralisation, il avait rendu ces classes moyennes, sur qui
s'appuyait son trône, incapables d'en supporter le poids.
Sa monarchie était construite avec beaucoup d'art et de
solidité apparente, mais sur des fondations de sable. Il
fit des classes moyennes *un objet de haine et de mépris*, et
le peuple les a foulées aux pieds avec lui. Je n'ai jamais
pensé pendant les dernières années de son règne qu'on
éviterait une révolution [1].

Je ne sais si je ne me trompe, mais je vois là
une psychologie saisissante du bourgeois censitaire, quelque chose comme du Balzac concentré.

1. V. *Souvenirs*, p. 10, 12, 42, 87.

On aperçoit, dans ce raccourci sommaire, tous les contemporains de Rastignac et de Vautrin... Il faut voir, dans les caricatures de Daumier, la panse de ces « ventrus », qui d'ailleurs ont répandu sur la France une si abondante postérité[1].

Tocqueville s'indigna parce que le gouvernement disposait alors de 400 000 places. L'*Almanach royal*, où toutes ces prébendes étaient énumérées, lui semblait un document significatif. Que dirait aujourd'hui cet honnête homme, s'il lisait les 1534 pages de notre *Almanach national*[2]?

La révolution de 1848, comme toutes les révolutions, fut moins justifiée par la vertu des gens qu'elle porta au pouvoir que par les vices de ceux qu'elle en chassa. Les députés qui, dans la séance du 23 février 1848, se demandèrent s'ils devaient trahir M. Guizot et ses collègues, n'apportèrent, dans leur examen de conscience, aucun scrupule d'honnêteté. Ils n'étaient occupés que par des intérêts, sur lesquels, finalement, leur lâcheté prit le dessus. Ils se sentaient atteints,

1. Il fallut trouver des missions, des emplois, des épaulettes à distribuer... *Quiconque avait joué un rôle dans les trois journées, se croyait un titre à une récompense, et cette récompense était une place...* Thureau-Dangin, *Monarchie de juillet*, t. I, p. 41, 86, 88, 89.

2. *Almanach national*, annuaire officiel de la République française pour 1898, présenté au Président de la République. — En 1897, le même *Almanach* ne comprenait que 1509 pages. L'*Almanach royal* de 1841 ne comprenait que 1071 pages. Il y a progrès dans la distribution des places.

selon le mot si juste et si cruel de Tocqueville,
« non seulement dans leurs opinions politiques,
mais dans le plus sensible de leurs intérêts
privés ». Il faudrait un Saint-Simon pour conter
cette aventure. L'un songeait à la dot de sa fille,
compromise par des événements si imprévus;
l'autre pensait à la carrière de son fils, aux places
promises, aux décorations sollicitées.

« Ce n'est pas une Chambre, c'est un chenil! »
Telle est la courte et expressive légende qu'on
pouvait lire, dès l'année 1832, au bas d'une litho-
graphie satirique où Granville et Forest avaient
représenté Casimir Perier fouaillant les députés.

En 1834, Daumier fixa, dans un de ses chefs-
d'œuvre, la béatitude bedonnante de la majorité,
sommeillant, ricanant, ronflant sur les fauteuils
parlementaires. Rien n'est plus inquiétant que ces
caricatures. On ne lit que des pensées d'avidité
bestiale sur ces crânes épais, sur ces bajoues
tombantes, sur ces lippes. Les visages, enlaidis
de cupidité basse, s'enfoncent dans le triple tour
des cravates, entre les deux pointes du col droit.
Les nez s'allongent, sous les bésicles, comme
pour flairer quelque pâture. Les lèvres rasées ont
une vilaine expression d'avocasserie. Presque tous
ces messieurs dorment, affalés sur leur pupitre.
On croit les entendre ronfler. Quelques-uns cependant prennent une prise de tabac, et se mouchent
bruyamment, dans des mouchoirs à carreaux.

Tous ont un même air de rustres endimanchés et satisfaits. Et voilà ce qu'on appelait alors *le ventre législatif*.

Ce ventre fut cruellement secoué, lorsque des hommes en blouse, armés de fusils, brandissant des drapeaux, envahirent l'hémicycle, sautèrent par-dessus les gradins, escaladèrent la tribune... On pourrait croire qu'en cet instant suprême, où la duchesse d'Orléans, présente avec ses deux fils, donna l'exemple du courage, les âmes des Parlementaires furent accessibles à des préoccupations nobles. Erreur. Écoutez Tocqueville, qui a vu ce spectacle historique :

Je voyais de mon banc, cette foule ondulante ; j'apercevais la surprise, la colère, la peur, la cupidité, troublées avant d'être repues, mêler leurs différents traits sur ces physionomies effarées ; *je comparais, à part moi, tous ces législateurs à une meute de chiens qu'on arrache, la gueule à moitié pleine, à la curée.*

Et il ajoute cette réflexion, qui ne manque pas d'ironie :

Si beaucoup de conservateurs ne défendaient le ministère qu'en vue de garder des émoluments et des places, je dois dire que beaucoup d'opposants ne me paraissaient l'attaquer que pour les conquérir.

Mon Dieu! si Tocqueville revenait au monde, et qu'il voulût revoir ce Palais-Bourbon, près duquel Michel de l'Hôpital et d'Aguesseau continuent de monter la garde, je ne sais pas s'il serait satisfait par le fonctionnement de notre machine parlementaire.

J'ai assisté quelquefois aux discussions de notre Chambre. Si l'on était raisonnable, on n'irait pas dans des endroits aussi bruyants. On y attrape ordinairement un fort mal de tête. Mais que voulez-vous? Les honnêtes citoyens — surtout lorsqu'ils payent régulièrement leurs contributions et ne demandent pas de place au gouvernement — ont bien le droit de regarder en passant un spectacle qui leur coûte si cher. J'y étais notamment le 25 octobre 1898, jour où le ministère de M. Brisson fut renversé à cause de l'affaire Dreyfus. Rentré au logis, j'ai tâché de fixer les impressions que m'avait causées la vue de nos représentants. Comme cette journée fut sans doute historique, je transcris mes notes, dans toute leur sincérité, sans y changer un seul mot.

Il n'y a pas, au monde, un endroit où l'atmosphère soit plus viciée (je ne parle pas au figuré) que dans la salle des séances du Palais-Bourbon. L'air du dehors ne pénètre dans cet enclos que par des couloirs, déjà saturé de microbes. On est littéralement intoxiqué dès l'instant où l'on s'assied sur les banquettes rouges de ce cirque étouffant. Une folie spéciale vous monte au cerveau. On a envie de casser quelque chose, de

taper sur quelqu'un. On est atteint par la contagion du langage parlementaire. On se retient à
quatre pour ne pas dire à son voisin :

« Monsieur, vous êtes une canaille! »

Spectacle bizarre! On en connaît l'habituel programme. Bousculades, bourrades, ruades, tor-
gnoles, cabrioles, gifles, coups de poing, coups
de gueule, claquement des pupitres, tapage des
couteaux à papier; trépignement des pieds sur
le parquet, gestes des bras, grimaces des visages,
clameurs des voix, telles sont (et je passe peut-
être quelques « numéros ») les coutumières péripéties de ce concert assourdissant. Ni à la foire
de Neuilly, ni aux périodiques exhibitions de la
barrière du Trône, on ne trouverait pareil tohu-
bohu. Et ce divertissement, d'un goût si étrange,
nous est octroyé moyennant la somme annuelle
de sept millions de francs.

L'éclairage de cet amphithéâtre est singulier,
faux, comme si un architecte diabolique avait
voulu faire de notre Chambre des députés un
gigantesque trompe-l'œil. Un jour cru, brutal, un
jour d'atelier photographique, tombe des hautes
verrières du plafond. Cette lumière impitoyable
accuse tous les reliefs, exagère tous les contours,
grossit toutes les tares avec une effroyable intensité. Si, par surcroît, on regarde à la lorgnette les
crânes de nos représentants, on est épouvanté.
Toutes ces têtes, par l'effet d'une illusion d'optique,

ont l'air difformes, boursouflées, surchauffées, congestionnées.

Quelques médecins prétendent que cette vision horrifique n'est point une illusion. Les aliénistes affirment que nos députés, pendant qu'ils siègent, sont en proie à une sorte de délire *sui generis*, qui altère jusqu'à leur « beau physique ». Dès qu'ils ont remis le pied sur l'asphalte du quai d'Orsay, ils peuvent, le cas échéant, redevenir aimables, sensés, spirituels. Mais chez eux, on ne peut rien en faire.

Dieu! quelle séance! Jamais je n'ai vu trépigner, gesticuler, se démener avec un entrain si infernal : tels (ou peu s'en faut) les grenouilles, couleuvres, serpenteaux, crapauds et autres bestioles, qui se tordaient dans la chaudière des sorcières de Macbeth. Je renonce à décrire ce que j'ai vu là dedans, à redire ce que j'ai entendu. D'ailleurs, est-ce qu'on voit dans ce capharnaüm? est-ce qu'on entend au milieu d'un pareil vacarme? De temps en temps, un homme en redingote ou en veston escalade l'escalier de la tribune, fait signe qu'il veut parler, boit une gorgée, déplie un papier. Aussitôt les hurlements commencent, les grognements redoublent, les vociférations tonitruent, les pugilats se déchaînent, les pupitres claquent. Le malheureux orateur, du haut de son tréteau, agite des bras désespérés, s'époumone en interjections inarticulées, se frappe la poitrine, et, de guerre lasse, enroué, fourbu, retourne à son banc.

De tous ceux que j'ai vus défiler sur cette estrade, aucun, pas même le premier ministre, n'a pu aller jusqu'au bout d'une phrase. Le talent, l'autorité, la situation, l'âge, rien n'y fait. Le moindre saute-ruisseau d'arrondissement interrompt M. Ribot, invective M. de Mun, se rebiffe contre M. Deschanel, et « coupe la chique » au président du Conseil [1].

Mais il ne suffit pas, pour bien connaître nos mœurs parlementaires, d'assister aux séances de notre Chambre des Députés. Les coulisses de cette scène doivent aussi être visitées en détail. C'est dans les « dessous » du Palais-Bourbon, qu'apparaît surtout l'âme des politiciens.

Si vous ne connaissez pas le « salon de la Paix », au Palais-Bourbon, je n'ai pas le courage de vous plaindre. C'est un des endroits les plus malsains de Paris. Nul cercle de province n'est plus enfumé de tabac, plus retentissant de potins, de com-

___

1. « Le travail parlementaire est remplacé par la lutte violente et stérile des partis. Les interpellations sont devenues le fond de toutes les discussions et remplissent presque toutes les séances. Le budget lui-même n'est plus qu'une vaste et interminable interpellation quand il n'est pas un champ de manœuvre électoral. »

(*Discours*, prononcé par M. Méline, en prenant possession de la présidence du groupe des républicains progressistes, le 25 février 1899.) Cf. Paul Deschanel, *La République nouvelle*, p. 181.

mérages, de rumeurs. Au fond de ce lieu, un
Laocoon de bronze, enlacé, ainsi que sa déplorable famille, en des nœuds de serpents, se tord.
Aux murs sont collés des télégrammes bleus où
des scribes recueillent l'éloquence parlementaire
à mesure qu'elle s'épanche du haut de la tribune.
Par-ci par-là, il y a des tables, avec tout ce qu'il
faut pour écrire. Là dedans, nos « h orables »
vont et viennent, pêle-mêle avec d   préfets,
des agents électoraux, des nouvellistes, et des
courtiers. Les conversations sont bruyantes et
diverses. C'est l'Ile sonnante de Rabelais. Cependant, il y a des interlocuteurs qui s'isolent de
cette foire, pour aller, dans les coins ou dans
l'embrasure des fenêtres, s'entretenir à voix basse.
Quel est le sujet de ces conversations mysté-
rieuses? Sans doute, il faudrait avoir l'esprit bien
prévenu ou le cœur bien peu charitable pour ne
pas soupçonner que ces conciliabules se rappor-
tent à la chose publique, et pour ne point croire
que tous ces conspirateurs visent principalement
les intérêts de l'État.

Quelques minutes avant l'heure fixée pour les
luttes de la Chambre, un lieutenant et un sous-
lieutenant, en grande tenue de service, jugulaire
au col, pompon d'or au képi, sabre au clair, épaulettes flambantes, font entrer une section en armes
dans cette tabagie. C'est la garde d'honneur,
chargée de parader devant le « bureau ». Les

braves fantassins s'alignent comme ils peuvent,
parmi l'indiscipline politicienne. Les crosses
retentissent sur le pavé. Malgré le brouhaha des
parleurs qui essayent dans cette « enceinte » le
ronronnement de leur faconde, on perçoit des
commandements militaires : « Baïonnette …on!
Portez armes! Présentez armes! »

Et le « bureau » s'avance, précédé par deux
huissiers corrects, frais rasés, ornés de chaînes
d'acier... Cette procession disparaît par une petite
porte latérale, tandis qu'un tambour, en signe
d'allégresse, fait un vacarme de tous les diables
et détaille, d'une baguette savante, des roule-
ments répercutés par tous les échos d'alentour.
Et c'est fini. Aussitôt que le cortège s'est évanoui,
les baïonnettes rentrent dans les fourreaux, la
haie des fantassins se disloque, et les députés
vont, dans leur amphithéâtre, veiller d'un œil
jaloux, sur l'argent des contribuables.

Un jour, en 1897, cette cérémonie, ordinairement morose et terne, fut égayée par un inci-
dent imprévu. Les soldats de la garde parlementaire avaient toutes les peines du monde à réprimer
les poussées et les foulées d'une assemblée en
délire. On se pressait, on se bousculait, on voulait
voir... Tout à coup, un mouvement d'attention
tourna toutes les têtes du même côté. Un seul et
même cri sortit de toutes les poitrines :

« Le voilà! le voilà! »

Quel était ce messie impatiemment guetté par nos législateurs? Était-ce l'homme d'État que nous attendons? l'orateur qui saura exprimer les vœux de tout un peuple, et non plus les exigences des comités et des mastroquets? le ministre qui voudra, d'un cœur résolu et d'une main ferme, guider une majorité, repousser les menaces ou les prières des minorités irritantes, résister à la tentation des maquignonnages, arrêter l'envahissement des convoitises, des rancunes, des intérêts personnels, tout ce tohu-bohu d'intrigues qui déconcertent et affolent notre malheureuse Démocratie?

Allons donc! Soyons sérieux, je vous prie. Nos représentants songent bien à ces bagatelles! Il s'agissait d'une chose autrement grave. Il s'agissait de voir ceci :

Le musulman de Pontarlier!

La garde s'aligna. Les baïonnettes étincelèrent. Le tambour battit aux champs. Un député spirituel s'écria : « Voilà le *Teur!* » Ce n'est pas méchant. Mais on voudrait tout de même que notre Parlement fût plus sérieux.

D'ailleurs, les après-midi du salon de la Paix ne sont pas toujours aussi folâtres. Plût à Dieu que cet endroit ne fût qu'un préau de récréation et ne ressemblât pas si souvent à un marché!

Quant à cette curée des places, dont parle si âprement Tocqueville, jamais, je crois, elle ne fut si éhontée qu'à présent.

L'*Agence Havas*, fidèle historiographe des grands de la terre, nous apprend chaque année, vers la fin de décembre, que M. le Président de la République vient d'agréer l'offrande du premier exemplaire de l'*Almanach national*.

Les journaux enregistrent pieusement cette nouvelle, à laquelle d'ailleurs personne ne fait attention. L'*Almanach national* rejoint, dans la bibliothèque présidentielle, les autres almanachs, ses prédécesseurs. Tout est dit, jusqu'à l'hiver suivant. L'*Agence Havas* n'a plus qu'à conserver dans ses cartons, pour la ressortir en temps utile, l'invariable et annuelle formule : « M. le Président de la République a bien voulu agréer l'hommage du premier exemplaire de l'*Almanach national* ».

Cet almanach mérite mieux que cette brève mention chronologique. Il faut le lire, le dépouiller, l'annoter, en historien. comme si ce livre nous fût venu des archives de Byzance. L'*Almanach national* est un document historique de premier ordre.

C'est le catalogue, fort alléchant, de toutes les grosses places, de toutes les sinécures, de toutes les faveurs, de tous les galons et de tous les « émoluments » par lesquels la République française récompense le zèle, l'assiduité, la patience, les sollicitations, les services, les parentés, les intrigues, et quelquefois le mérite des citoyens.

C'est une liste nominative où défile l'état-major de l'innombrable armée qui émarge au budget. On y trouve tous ceux, toutes celles qui administrent, inspectent, jugent, enseignent, bâtissent, contrôlent, vérifient, chantent ou dansent solennellement en notre nom et à nos frais. Quiconque, homme ou femme, est revêtu d'un caractère public, a des chances de figurer dans ce livre d'or. Le corps des ponts et chaussées y coudoie le corps de ballet de l'Opéra. Le clergé de l'Église de France fait vis-à-vis, dans le même chapitre et dans le même département ministériel, à MM. les sociétaires et à MM. les « acteurs pensionnaires » de la Comédie-Française. Ces contrastes et ces alliances, qui indiquent à quel point notre République est athénienne, ne manquent point de piquant ni d'imprévu. L'*Almanach national* a de l'esprit. De plus, il a de la magnificence. On y rencontre des titres extraordinairement ronflants, qui nous interdisent désormais d'envier les protospathaires et les cubiculaires de l'empire byzantin. Sachez qu'il y a au monde un heureux mortel qui peut mettre sur sa carte : *Vérificateur du combustible et des objets fongibles du Conseil municipal de la Ville de Paris!*

Oh! ces casquettes! ces plumets! ces toques! ces simarres! ces parchemins! ces rubans! ces livrées officielles! ces boutons de mandarin! En vingt-sept ans de régime soi-disant républicain, nous avons fondé plus d'ordres de chevalerie que n'avait fait, en cent ans, la monarchie absolue. Les palmes académiques étant décidément dépréciées, nous avons été obligés de créer des chevaliers et des officiers du Mérite agricole. (L'*Almanach national* oublie ces dignitaires, je ne sais pourquoi.) Ensuite, il a fallu fleurir d'autres boutonnières, cravater d'autres faux-cols, mettre une écharpe multicolore à d'autres plastrons. C'est pourquoi le gouvernement, dans sa sollicitude, a inventé des ordres de chevalerie coloniale, qui lui permettent de multiplier, à sa guise, les grands-croix, grands officiers, commandeurs, officiers et chevaliers de l'Étoile-d'Anjouan ; les grands-croix, grands officiers, etc., du Dragon-vert-de-l'Annam ; les grands-croix, grands officiers, etc., du Cambodge ; les grands-croix, grands officiers, etc., de l'Étoile-noire-de-Porto-Novo ; les grands-croix, grands officiers, etc., de Tadjourah. Une note de l'*Almanach national* nous avertit que « M. le Président de la République, étant chef souverain et grand maître de tous les ordres français, est, de droit, grand-croix de tous les ordres coloniaux ».

Ici, le contribuable ingénu ne peut s'empêcher de faire des réflexions. Il se dit que nous souffrons d'un excès de diplômes. Et il se demande : « Pourquoi est-ce que nous augmentons le nombre de ces diplômes ? » Il pense que la nation française a la prétention d'inaugurer en Europe le système démocratique. Et il interroge, *in petto*, ses contemporains : Pourquoi cette augmentation excessive des chamarrures et des « hochets de la vanité », vestiges d'un temps abhorré, cent fois flétris par plusieurs démocrates, lesquels, d'ailleurs, sont maintenant titulaires de l'Étoile-Brillante-de Zanzibar !

C'est la suite des spirituelles antithèses de l'*Almanach national*...

Je ne sais si M. le Président de la République a eu le loisir ce lire cet almanach, qui lui est respectueusement dédié. On raconte que l'empereur Napoléon prenait plaisir, en ses nuits d'insomnie, à étudier les « états de situation » où ses ministres lui énuméraient purement et simplement les fonctionnaires de son empire. Il préférait la sécheresse de ces nomenclatures à la verbosité et à l'emphase des « rapports officiels », généralement entachés de servilité et de mensonge.

Nous autres, nous qui sommes, après tout, le « peuple souverain », nous avons le droit, tout comme l'empereur Napoléon, d'exiger qu'on nous rende des comptes.

Or, les listes, apparemment véridiques, de l'*Almanach national* nous apprennent que l'on augmente terriblement — et sans nous demander notre avis — le nombre des *places* payées par nous. Les impôts sont de plus en plus lourds et importuns. La raison de cet ennuyeux phénomène n'est pas difficile à saisir. Le nombre des *agents* s'accroît en raison inverse de l'*activité* fournie. Nous rétribuons, de notre bourse, beaucoup de gens qui, étant de plus en plus nombreux, travaillent de moins en moins. C'est une loi naturelle.

Au ministère des travaux publics, une vingtaine de fonctionnaires, superbement titrés, sont chargés de veiller sur nos ponts et sur nos digues, sans compter le Conseil général des ponts et chaussées, qui comprend vingt-cinq spécialistes; sans compter les inspecteurs généraux des ponts et chaussées, qui sont au nombre de quarante-deux. Les ponts se rompent, les digues crèvent[1], et, après chaque catastrophe, ces messieurs (par un étrange phénomène) se félicitent les uns les autres.

Au ministère de l'instruction publique et des beaux-arts, ils sont huit pour « inspecter » et pour « conserver » les théâtres.

Qu'inspectent-ils? que conservent-ils?

Dans les bureaux de la préfecture de la Seine et de la ville de Paris, l'effectif est remarquablement nombreux. Si, de ce côté, nous sommes mal servis, ce n'est pas faute de serviteurs. Je trouve ceci, sous la rubrique *Secrétariat général* : 1° un chef du secrétariat général; 2° un secré-

---

1. Par exemple, la digue de Bouzey, qui creva en ravageant tout le pays à 10 kilomètres à la ronde... après quoi plusieurs ingénieurs furent félicités et peut-être décorés.

taire particulier ; 3° un sous-chef du secrétariat général ; 4° un chef *des secrétariats* ; 5° un chef adjoint desdits secrétariats ; 6° un chef du cabinet du président du Conseil municipal ; 7° un chef du secrétariat particulier ; 8° un chef adjoint ; 9° deux autres chefs. On s'y perd. Tout le monde commande dans cette maison.

En regard de cette abondance de fonctionnaires désœuvrés, il faut noter l'extension indéfinie des « Commissions ». Chaque ministère traîne après soi une séquelle de sanhédrins, qui s'assemblent et se séparent ordinairement sans avoir rien décidé ni rien éclairci. Prenez une Commission, même composée de gens instruits : neuf fois sur dix, c'est une parlote où chaque orateur rejette sur son voisin le soin de prendre une résolution. Autour de ces tapis verts, on se sent irresponsable et anonyme. Mais ces réunions, quand on sait s'en servir, permettent aux gens souples de glisser dans les emplois. De plus, elles constituent des rideaux protecteurs derrière lesquels on peut tout abriter, tout cacher, tout commettre. Nous ne saurons jamais quels sont les personnages qui ont organisé l'expédition de Madagascar ; l'histoire ne pourra jamais noter les grands capitaines qui ont fait mourir plus de cinq mille Français dans une guerre où il n'y eut point de bataille : ce carnage a été tranquillement préparé « au sein » d'une Commission.

Je demandais un jour à un sage, égaré dans la
politique, pourquoi les finances publiques s'épui-
sent si rapidement, sans que toutes ces dépenses
profitent à l'intérêt général. Il me répondit d'un
air désespéré : « Que voulez-vous, ils sont trop ! »
Par curiosité, j'ai voulu comparer la France
d'aujourd'hui à la France d'hier. J'ai consulté
l'*Almanach* de 1818. Exprès, j'ai choisi cette
année de népotisme et de favoritisme. Je dési-
rais voir si ce lendemain de curée ressemblait à
notre installation effrontée autour de la gamelle
nationale. Eh bien ! je suis obligé d'avouer que
l'appétit des compagnons de Louis XVIII n'est
rien auprès de nos fringales démocratiques. Quand
la faim des premiers arrivants fut apaisée, on
s'arrêta. Le personnel était casé, repu. On eut le
loisir d'attendre jusqu'à la prochaine révolution.
Si bien qu'en ce temps, justement détesté par
notre libéralisme inlassable, la France était admi-
nistrée par une équipe d'employés dont le chiffre
n'égale même pas la moitié de nos gens en place.
Pourtant, les moyens de communication étaient
moins commodes qu'à présent. La transmission
des ordres était malaisée. Les rouages obéis-
saient moins vite à l'impulsion du ressort central.
Ce n'est donc pas une nécessité sociale qui nous
force, maintenant, à recruter, pour l'administration de la chose publique, un état-major si considérable de « gros bonnets » largement payés.

Ce qu'il faut reconnaître, et ce qu'il faut dire, c'est que, les syndicats politiques, les clientèles, les convoitises s'accroissant à mesure que les partis et les doctrines s'évanouissent, le chapitre des prébendes, ce que nos ancêtres appelaient la « feuille des bénéfices », doit s'allonger interminablement.

Les services rendus, les titres professionnels, l'ancienneté ou la capacité ne comptent plus guère pour l'avancement. Le fonctionnaire proprement dit, le fonctionnaire qui s'acquitte de sa fonction, et qui a conquis son grade par des moyens légaux, devra se résigner à marquer le pas dans des postes médiocres, tandis que le premier venu, pourvu qu'il soit cousin, camarade, ou factotum d'un ministre, sera installé, d'emblée, dans des emplois immérités.

On peut dire que, depuis une quinzaine d'années, par la faiblesse des uns, par le cynisme des autres, le Trésor public fut soumis à un pillage savamment organisé.

Ouvrez par exemple l'*Almanach national* à la page où sont cataloguées les charges de finances, ces trésoreries, ces recettes, ces perceptions, qui sont les abbayes de la troisième République. Considérez le Conseil d'État, la Cour des Comptes, les cours de justice. C'est — trop souvent — un rendez-vous d'anciens députés, d'anciens préfets, d'anciens chefs de cabinet, d'anciens agents électoraux. Tous les groupes de la Chambre s'y rencontrent dans un voisinage fraternel. C'est la vraie concentration. Chaque législature, en passant, a laissé là ses épaves. Chaque secrétaire d'État, en disparaissant, s'est assuré une sorte de survie en versant son cabinet particulier dans les affaires publiques, et en plaçant ses amis aux bons endroits, devant le guichet de la caisse nationale. Les premiers rangs de la hiérarchie sont ainsi occupés par les revenants et par les fantômes de tous les ministères morts. C'est à la fois lugubre, burlesque et odieux.

En vérité cet *Almanach national* est inquiétant. Si j'étais fonctionnaire, je gémirais en songeant que les avenues de cet asile sont barrées, encombrées de toutes parts par la cohue des politiciens. Simple citoyen, je frémis en pensant que le vœu de la France entière est d'entrer là dedans, que l'ambition de notre pays se réduit, de plus en plus, à la quête des places...

Et je vois ce livre, jadis présentable, grossir, s'enfler, jusqu'à devenir la Bible des temps nouveaux, le dictionnaire des satisfaits, bref — pour parler l'argot des nouvelles couches — le « Bottin de l'Assiette-au-beurre ».

Parmi les types nouveaux que cette chasse aux deniers publics à fait éclore, il faut citer le plus cynique de tous : *le chef de cabinet.*

Lorsque le ministère Brisson fut constitué, un

de mes amis, qui est sous-préfet dans la dernière de nos sous-préfectures, vint me trouver et me dit :

— Connaissez-vous quelqu'un qui connaisse le sous-secrétaire des Postes et des Télégraphes?

— Non.

— Et le gérant des Colonies?

— Pas davantage.

— Pourriez-vous me recommander au monsieur des Finances?

— Pas le moins du monde.

— Auriez-vous des accointances avec l'Agriculture?

— Pas du tout. Mais pourquoi diable me demandez-vous tout cela?

— Voici. Je m'ennuie dans la dernière de nos sous-préfectures. Mes administrés me scient le dos. Je me suis esbigné pour trois jours en laissant les clefs de la boîte à mon conseiller d'arrondissement. Je me suis dit que du moment qu'on fabrique un ministère, il faudra nécessairement bâcler des cabinets. Ah! si je pouvais décrocher une *chefferie* ou une *sous-chefferie!*

— Vous dites?

— Je dis que je voudrais bien être chef, chef adjoint ou sous-chef de cabinet quelque part. Je m'ennuie tant là-bas! Vous ne pourriez pas m'aider? »

Je démontrai sans peine à mon ami que je

n'avais aucun crédit dans les antichambres, ni
aucune influence sur les gérants de nos affaires
publiques. Alors, il s'en alla très vite, ayant
d'ailleurs pris une voiture à l'heure. Son fiacre
était « en bas », comme le fameux « zouave » de
M. Lockroy. Il continua ses courses. Je ne l'ai
plus revu.

J'imagine qu'en apprenant l'avènement de
M. Dupuy, il a laissé de nouveau « les clefs de
sa boîte » à son conseiller d'arrondissement, et
que, de nouveau, il a cherché une fissure pour
s'introduire dans un cabinet.

Aussitôt que le concours est ouvert, dès que
la liste des nouveaux secrétaires d'État vient de
paraître au *Journal officiel*, signée par le Président de la République et contresignée par le président du Conseil « sortant », on voit tous les
aspirants chefs, sous-chefs, chefs adjoints des
divers cabinets et des différents secrétariats se
déployer en tirailleurs. Présidence du Conseil,
Intérieur, Guerre, Justice. Commerce, Instruction
publique, Travaux publics, Colonies, autant de
bons morceaux, tout frais, que l'on va se disputer à coups d'ongles, s'arracher à belles dents.

Les « chefferies », les « sous-chefferies » et les
servitudes annexes sont très convoitées, parce
qu'on y trouve toujours, en somme, un os à
ronger.

Le « cabinet » d'un ministre, ce n'est pas toujours, comme on pourrait le croire, un atelier où l'on travaille; c'est plutôt un endroit où l'on soupe par petites tables, avec les reliefs de l' « Assiette au beurre ».

Aussi les crises ministérielles, déjà inquiétantes, sont toujours suivies par une espèce de crise secondaire, que le public connaît moins, et que les auteurs de comédies devraient étudier.

Dès que la Chambre a culbuté un ministère, les concierges des « ministrables » sont assaillis par l'interminable cortège des postulants. La poste est encombrée de lettres « personnelles » et de « petits bleus », où se manifeste l'expression lyrique des plus purs dévouements et des cordialités les plus désintéressées. Un tas de jeunes gens et même d'hommes mûrs brûlent de réconcilier le pouvoir civil avec l'autorité militaire, de rétablir l'équilibre du budget, de consolider nos ponts et nos chaussées, de peupler nos colonies, de panser les douleurs de la magistrature, de guérir le marasme de nos commerçants et de nos industriels. Qu'on leur donne seulement, place Beauvau, rue Saint-Dominique, place Vendôme, rue de Grenelle, boulevard Saint-Germain, au pavillon de Flore, n'importe où, un bureau d'acajou, un fauteuil, un rond de cuir. Et l'on verra!

Parfois, ces requêtes doucereuses sont assaisonnées d'apostilles éloquentes.

Un père, sénateur, ou un oncle, député, laisse

entendre que, si l'on veut bien caser le petit jeune homme ou le vieux fruit sec, le gouvernement pourra compter sur ces fidélités inaltérables dont se compose l'ordinaire appoint des majorités parlementaires. Autrement, on ne garantit rien. Ou plutôt, on laisse prévoir quelques-unes de ces défections meurtrières qui entraînent au fond des abîmes les plus illustres hommes d'État.

Pour résister à ces prières, il faudrait avoir un cœur de roche. Pour demeurer ferme devant ces menaces, il faudrait être doué d'une volonté de fer. Depuis longtemps, nos ministres, aussi exempts de méchanceté que dénués d'énergie, se laissent bonnement envahir. Ils ouvrent leurs cabinets à n'importe qui, même à des gens qu'ils ne connaissent pas. Ils disent parfois au premier venu :

« Prenez donc la peine de vous asseoir. Voici ma correspondance particulière. Voici les papiers publics! Débrouillez-vous là dedans. »

On s'étonne, après cela, que des documents « confidentiels » s'envolent jusque dans les loges de portières!

Je consulte l'*Almanach national* et je vois, entre autres exemples, un ministère dont l'état-major fut ainsi composé :

Un *chef du cabinet*;
Un premier *chef adjoint du cabinet*;
Un second *chef adjoint du cabinet*;
Un troisième *chef adjoint du cabinet*;
Un *sous-chef du cabinet*;

Un *chef du secrétariat*;

Un *chef de bureau du cabinet*;

Un *sous-chef de bureau du cabinet*.

Voilà, direz-vous, un ministre bien servi. L'*Almanach national*, toujours farceur et lugubre, nous renseigne sur les occupations de cette équipe : « Ouverture, enregistrement et distribution des dépêches à l'arrivée. — Affaires d'un caractère intime et confidentiel. » Eh bien ! le ministre dont je parle — et que, par égard pour son infortune, je ne nommerai point — a vu ses papiers les plus intimes s'égarer dans la poche d'un adversaire, s'étaler sur la tribune de la Chambre, circuler dans tous les journaux... Un des garnisaires de son cabinet les avait, tout bonnement, brocantés.

Vrai, je ne voudrais pas, si j'étais dans le gouvernement, traîner une si nombreuse séquelle à mes trousses. Un bon secrétaire, pas trop bête, pas trop indiscret, pas trop exigeant, me suffirait.

Le rôle d'un chef de cabinet est très simple. Il devrait consister à renseigner le patron sur les tenants et aboutissants des hommes et des choses, à écarter de lui les fâcheux, à l'empêcher surtout de gaspiller son temps et ses forces. Un chef de cabinet doit avoir la fidélité du chien de garde. S'il a, par surcroît, la prudence du serpent et la subtilité du renard, c'est tant mieux. En tout cas, il évite à son maître la surcharge des menus détails, il comprend à demi-mot ses intentions, il ne le harcèle pas de demandes, il lui laisse le loisir de songer à la politique et de poursuivre un grand dessein.

Le modèle du genre, c'est, je crois, le Père Joseph, qui fut chef de cabinet du ministre Richelieu.

On peut citer aussi M. de Méneval, secrétaire de l'empereur Napoléon.

Malheureusement, je crains que le moule où furent coulés ces excellents serviteurs ne soit cassé.

Aujourd'hui, les chefs, sous-chefs, chefs adjoints et autres sous-fifres ne sont plus, en général, que des demi-politiciens qui attendent, plus ou moins impatiemment, dans les cabinets des ministres, la vacance d'une place, la création d'un bénéfice, l'octroi d'une faveur.

Ces messieurs ne se contentent plus des avantages quotidiens de leur emploi : rond de cuir, éclairage, chauffage, révérences d'huissiers, billets de théâtre, décorations. Ils sont vite blasés sur le plaisir que l'on éprouve à expédier des lettres folâtres par l'intermédiaire d'un garde municipal. Ils consentent à suivre M. le ministre dans sa prospérité. Mais ils refusent de l'accompagner dans sa chute et de l'escorter dans sa retraite. Quand les ministères tombent, MM. les chef, sous-chefs, etc., restent. Ils ne veulent pas s'en aller.

Qu'en faire? On est obligé de les verser dans quelque bureaucratie lucrative.

Lorsqu'un fonctionnaire régulier demande à servir selon son grade et selon ses aptitudes, les directeurs du personnel lèvent les bras au ciel en s'écriant :

« Mais, malheureux, il n'y a plus de places! C'e.) complet partout! »

Récemment, un jeune savant, M. Colin, revenait de l'École d'Athènes où il a passé quatre ans. Habile épigraphiste, il est déjà classé parmi les plus remarquables disciples d'Homolle et de Foucart. On l'expédie à Beauvais.

Naïf jeune homme! Si, au lieu de travailler au soleil sur les chantiers de Delphes, il s'était seulement assis dans le cabinet de la rue de Grenelle, on n'aurait pas été embarrassé pour lui trouver un poste plus éminent. On l'aurait nommé, à tout le moins, officier d'académie.

Quand un ministre déménage, son cabinet émigre, avec armes et bagages, vers les coins bénis où l'on continue d'émarger. Les uns se transportent au Conseil d'État. Les autres sont installés dans les compagnies judiciaires. Les préfectures recueillent quelques débris. Les perceptions s'offrent aux plus favorisés. Le clergé seul et la gendarmerie ne sont pas encore encombrés par le trop-plein des cabinets ministériels.

Si seulement les ministères étaient durables, le

mal ne serait pas trop étendu. On en pourrait circonscrire les limites. Rouher disait, en parlant de Magne :

« Nous n'avons plus rien à craindre de lui. Tout son monde est casé. »

Hélas! l'interminable défilé des ministères nous amène une série de clientèles à nourrir. On arrive par fournées, comme au buffet de la Présidence. Mais, tandis qu'à la Présidence les invités, après avoir mangé, s'en vont, sous l'œil vigilant du général Bailloud ou du commandant Meaux-Saint-Marc, ici, tout le monde veut rester à table.

Et l'augmentation des impôts continue, malgré les louables efforts de la Ligue des Contribuables...

Cela durera tant que les ministres s'embarrasseront de ces chefs, sous-chefs, chefs adjoints qui leur servent si peu, et qui nous coûtent si cher.

A ce propos, on raconte une anecdote.

C'était en 1882. On venait de former un ministère. Un jeune professeur, absolument inconnu, publia, dans une revue technique, un article très documenté, très acerbe, où les bureaux de l'Instruction publique étaient malmenés avec une juste rigueur.

Les bureaucrates, irrités, montrèrent ce réquisitoire au ministre qui s'empressa de faire appeler l'auteur irrévérencieux :

— Ah! vous voilà, vous? lui dit-il dès qu'il le

vit entrer. C'est vous qui avez écrit que tout ne
va pas pour le mieux dans mes bureaux?

— Mon Dieu! monsieur le ministre, j'avoue
qu'en effet... j'ai cru... j'ai pensé...

— Je n'accepte pas vos excuses! reprit le
ministre. Puisque vous connaissez si bien les
abus de mon administration, je vous mets en
demeure de m'aider, séance tenante, à les réformer. Vous êtes, à partir de maintenant, mon chef
de cabinet.

Quelques jours après cette scène historique, le
ministère tomba.

C'était trop beau!

CHAPITRE II

LE POLITICIEN

Aujourd'hui et autrefois. — Les mercuriales d'Edmond Schérer et de Challemel-Lacour. — Les électeurs et les élus. — Aristophane et M. Georges Lecomte. — Le député Denisot et le député Thibaudeau.

Les démonstrations de Tocqueville, prolongées et aggravées par nos cruelles expériences, prouvent qu'en France, la plupart des régimes fondés sur la bourgeoisie satisfaite meurent ordinairement de décomposition.

Au mois de septembre de l'année 1841, M. de Lamartine, député et conseiller général du premier arrondissement de Mâcon, adressait à Mme de Girardin, les réflexions suivantes, qui parurent alors fort chagrines :

On parle de moi pour le ministère dans les journaux d'aujourd'hui. J'en suis bien aise pour nos électeurs, que cela flatte, mais il n'y a pas le moindre fondement. Si je reste à la Chambre, je verrai soigneusement passer trois ministères avant de faire partie d'aucun, et, si jamais j'y

entre, je n'y entrerai que par une *brèche*. On n'a de force
que dans les places conquises, dont les bourgmestres vous
apportent les clefs. Or, qu'est-ce qu'un ministère sans
pouvoir? Une duperie.

Le 7 juillet 1845, le même député de Mâcon,
dans une lettre au comte de Circourt, écrivait
ceci :

Ce pays est mort, rien ne peut le galvaniser qu'une crise.
Comme honnête homme je la redoute, comme philosophe
je la désire : nous marchons à l'inverse de l'esprit de Dieu.
Pays sans courage et sans vertu, admirable parterre pour
les apostats politiques. Naples a inventé Polichinelle, la
France est digne d'inventer pis. N'y pensons plus et travaillons.

Citons encore, malgré sa forme un peu brutale
et injuste, cette boutade du 24 décembre 1846 :

Le roi est fou; M. Guizot est une vanité enflée; M. Thiers,
une girouette; la nation, un Géronte. Le mot de la comédie
sera tragique pour beaucoup de monde.

Il serait peut-être malaisé de trouver dans le
Parlement, à l'heure qu'il est, un nouveau Lamartine. La poésie s'est tout à fait envolée de la
Chambre et du Sénat, à moins qu'elle ne se soit
réfugiée dans le pupitre de M. Clovis Hugues.
Toutefois, il est encore possible de rencontrer au
Palais-Bourbon et au palais du Luxembourg, un
certain nombre de républicains honnêtes et clair-
voyants. Ils sont attristés, écœurés. Ils ont le
courage de le dire. Et, bien qu'on ne puisse pas

leur reprocher d'avoir écrit les *Méditations* et les *Harmonies*, on les traite dédaigneusement, comme de simples rimeurs.

La République a eu ses censeurs. Dès l'année 1884, un sénateur républicain, Edmond Schérer, avait l'audace, au grand scandale d'un grand nombre de ses collègues, de décrire ce qu'il appelait « les mœurs du suffrage universel », c'est-à-dire les origines mêmes du régime vicié dont nous apercevons maintenant les maux presque incurables. Il disait la toute-puissance du politicien, depuis le comité local où pérorent les gros bonnets du chef-lieu, jusqu'au Parlement et aux bureaux ministériels, où les élus s'efforcent, tant bien que mal, de tenir les promesses fantastiques qu'ils ont faites à ceux qu'ils sont censés représenter.

Schérer définissait ainsi les parlementaires « nouveau jeu », les politiciens de profession :

Ce sont des hommes qui appartiennent aux carrières libérales ou semi-libérales, qui ont quelque instruction, quelque facilité de parole, des habitudes de sociabilité et enfin le goût de la politique, et naturellement de la politique avancée. Il est remarquable, en effet, que l'orateur du chef-lieu soit toujours partisan des opinions extrêmes. La même ardeur qui le pousse à jouer un rôle en fait un personnage d'opposition. Contre qui le besoin de lutte, les instincts turbulents se tourneraient-ils, sinon contre l'autorité? Sans parler de l'affinité entre la culture superficielle et le programme radical. L'idée abstraite opère dans le vide.

Je viens de nommer le comité électoral. Savez-vous ce que c'est que ce comité? Tout simplement la clef de nos institutions, la maîtresse pièce de la machine politique.

Ainsi, les misères et les vilenies de l'ancien « pays légal » dénoncées par Tocqueville, s'étendent maintenant, selon Schérer, au pays tout entier, tyrannisé, sur toute la surface du territoire, par des comités électoraux. Après avoir montré la composition de ces agences locales, qui ne sont point formées de délégués régulièrement nommés, mais qui se constituent spontanément, et se recrutent toujours, en définitive, parmi les fainéants de chaque localité, Schérer faisait voir la bassesse des candidats prosternés devant ce tribunal risible, et la misérable platitude du député, enchaîné par les engagements sans nombre qu'il a dû signer sous peine de voir réussir son concurrent :

L'élu part enfin pour la capitale, chargé d'engagements dont beaucoup seront difficiles à tenir, dont plusieurs pèseront désagréablement sur l'esprit d'un homme tiraillé entre des obligations de conduite parlementaire qu'il n'avait pas prévues et les lettres de change qu'il a si imprudemment passées à l'ordre de ses constituants. Mais ce n'est là qu'une partie des soucis qui vont l'assiéger. Il n'a pas plus tôt mis les pieds au Palais-Bourbon qu'il doit travailler à se fortifier dans une position si laborieusement conquise. La préoccupation qui va dominer toute sa vie publique, colorer toutes ses opinions, déterminer tous ses votes, *c'est le soin de sa réélection à quatre années de là...* Il importe que, dans toutes les fonctions publiques qui

confèrent quelque influence locale, il écarte ses adversaires s'il en a, qu'il se débarrasse même des tièdes ou
des insuffisants, qu'il leur substitue des hommes capables
de devenir des agents utiles. Telle a été l'une des causes
et peut-être la principale de ce grand travail d'épuration
administrative dont nous avons été témoins. Destitutions
et nominations n'étaient le plus souvent dictées que par
la nécessité *d'accueillir des dénonciations intéressées, ou
de fortifier des situations électorales chancelantes.* Tout se
tient, en effet. Si le député a la passion d'être réélu, et
laisse sentir aux ministres, derrière ses sollicitations, la
promesse de son appui ou la menace de son hostilité, les
ministres, de leur côté, ont le désir très légitime de rester
en place; ils n'ont en conséquence pas de plus grand
souci que de maintenir ou de grossir leur majorité parlementaire, *ils n'ont garde de perdre un vote en refusant à un
député les complaisances qu'il exige.* Voilà, il n'est personne
qui l'ignore, la situation à laquelle la France est arrivée
aujourd'hui : le comité local nommant et gouvernant le
député, le député faisant dépendre le concours qu'il prête
au gouvernement de la satisfaction qu'il en reçoit pour ses
fins personnelles, les intérêts électoraux, enfin, entendus
au sens le plus étroit, le plus matériel, et devenus les
arbitres de la politique du pays. Mal profond et grande
honte !

Schérer énumérait toutes les menues sollicitations, toutes les humiliantes démarches où doivent descendre les députés et les sénateurs, sous
peine d'être chassés de leurs banquettes.

La petite pièce après la grande. Le député porte à la
tribune des propositions de lois qui enflent le budget, ou il
vote des dégrèvements qui contribuent d'une autre façon
à créer des déficits; *il assiège les ministres* pour obtenir
une place pour celui-ci, une remise d'amende pour celui-là;
mais il ne faut pas supposer que ses discours parlemen-

taires ou ses séances dans les antichambres ministérielles
acquittent la dette qu'il a contractée envers ses électeurs
le jour où il a brigué leur confiance. Ces sollicitations qui
entraînent tant de démarches, qui prennent tant de temps,
qui font écrire tant de lettres, sont loin d'épuiser la liste
des services que les commettants attendent de leur mandataire. Le suffrage universel a une si haute idée de la faveur
dont il honore ses élus qu'il ne se fait aucun scrupule de
mettre leur reconnaissance à contribution de toutes les
manières imaginables. *L'élection devient ainsi un marché,*
un marché dont l'électeur se croit autorisé à réclamer le
prix sous forme de menues complaisances, et le député
devient l'homme d'affaires de l'arrondissement, j'allais dire
son *homme à tout faire.*

Un jour, dans un banquet où quelques républicains s'étaient réunis pour célébrer l'anniver-
saire de cette révolution du 24 février qui (selon
Tocqueville) était censée mettre fin à la corruption
parlementaire, un député, M. Ballue, décrivit ses
tribulations.

Il parla de certains électeurs qui lui écrivaient
pour lui demander de procurer une nourrice à
leur nouveau-né, alléguant que le service des
nourrices est mieux surveillé à Paris qu'ailleurs.
D'autres lui racontaient les symptômes de la
maladie dont ils se croyaient atteints et le
priaient de consulter pour eux quelque grand
« rebouteux » de la capitale.

Un autre député, M. Lockroy, mis en goût par
cette confession, prit la parole après M. Ballue et
déclara connaître un département où les voix *se*

payaient cinq francs pièce. On finira par mettre les mandats législatifs en adjudication.

La République française, dans son numéro du 12 avril 1882, publia une lettre par laquelle un électeur demandait une montre en argent à son député, « comme souvenir de sa noble et bienveillante personne ». « Outre le besoin, écrivait le malin solliciteur, je serai fier de pouvoir dire à nos adversaires politiques que vous n'oubliez pas vos bons amis. » Par une attention délicate, l'auteur de la lettre réclamait la photographie de son député en même temps que la montre.

Edmond Schérer, rappelant tous ces faits, concluait ainsi :

Quelle est la situation faite à un gouvernement par les abus dont nous venons de parler? Il se voit enfermé dans un cercle vicieux. Pour rompre avec ces habitudes, pour fermer la porte aux solliciteurs, il lui faudrait la force que donne une majorité acquise, et la majorité sur laquelle il s'appuie met pour prix à son concours les faveurs dont elle a besoin pour récompenser des services électoraux. Pour réformer des abus si enracinés, il faudrait à un ministre une autorité que l'on puisait jadis dans les grandes conceptions politiques et dans les triomphes éclatants de la tribune, mais qu'on est obligé de chercher aujourd'hui *dans la satisfaction des intérêts.* Que de fois un chef de cabinet, pour peu qu'il ait eu le cœur un peu haut placé, doit être tenté de rompre en visière à un système qui fausse toutes nos institutions! Hélas! la réflexion vient; froisser les quémandeurs, c'est provoquer des désertions, c'est risquer une crise ministérielle, peut-être une crise gouvernementale; et là-dessus on se résigne en soupirant à faire comme ses prédécesseurs, à continuer de se mouvoir dans une atmosphère de corruption.

Schérer n'étant pas orateur, avait fait imprimer sa mercuriale. Le 19 décembre 1888, un autre sénateur, non moins considérable dans le parti républicain, M. Challemel-Lacour, profitait de la discussion du budget pour interpeller le gouvernement sur la politique générale, et apportait à la tribune les mêmes reproches, les mêmes doléances, avec une âpreté d'accent et une hauteur d'éloquence qui troublèrent quelque peu la sérénité des orateurs ministériels.

Nul n'osait dire franchement le tort que le parti républicain s'était fait à lui-même par sa présomption, ses discordes, ses erreurs et ses fautes. M. Challemel-Lacour eut ce courage. Dans un discours qui dura près de deux heures, il entreprit de chercher d'où était venu ce mouvement sinon de détachement « du moins d'hésitation chez ceux qui avaient accepté la République comme définitive, et qui attendaient d'elle un long avenir de sécurité? »

Serait-ce, ajouta l'orateur, serait-ce le résultat du travail persévérant et de plus en plus actif des partis hostiles, ou bien le résultat de fautes commises, d'erreurs accumulées, de ces erreurs à l'abri desquelles ne se trouve aucun gouvernement? Il n'y a pas de gouvernement qui soit complètement innocent des succès de ses adversaires ni de la désertion de ses amis.

Et il concluait ainsi :

Si, par malheur, il pouvait être établi que le régime parlementaire est impossible en France, que les hommes y sont incapables de ce degré de bon sens, d'intelligence, de *désintéressement* sans lesquels il ne peut fonctionner, encore une fois les conséquences seraient graves. Cela voudrait dire, messieurs, que tout ce que la France a souffert d'agitations et de déchirements depuis cent ans a été en pure perte! Cela voudrait dire qu'après avoir voulu ardemment la liberté, qu'après l'avoir poursuivie à travers des mers orageuses, qu'après avoir cru la saisir et la posséder, elle la voit s'abîmer soudain dans un dernier naufrage, et se voit elle-même vouée sans remède au despotisme! Cela voudrait dire qu'après avoir rompu tragiquement, il y a un siècle, avec une Maison dont la grandeur était sans égale dans l'histoire, elle se voit condamnée à tomber épuisée, n'en pouvant plus, non pas entre les bras, mais sous les pieds du plus audacieux, du dernier des aventuriers.

Je vous dis à vous, mes collègues républicains : faites que la République redevienne ce qu'elle n'aurait jamais dû cesser d'être, le règne de la loi ; faites que chacun s'y sente protégé dans ses biens, dans sa personne, dans ses croyances, non seulement contre les bruits et le tumulte de la rue, mais contre la diffamation et la calomnie, contre les coups de cette puissance formidable, sans frein, sans mesure, qu'on appelle la presse. Et je vous dis à tous : Conjurez, détournez les convulsions, les hontes, les ruines...

En parlant de convulsions et de hontes, en prononçant le mot de corruption, — en dénonçant « le charlatanisme qui continue son œuvre, entraînant les faibles, achetant la complicité des habiles, obtenant — on ne sait comment — de certaines personnes dont l'honneur et la droiture

étaient encore la plus grande force, un semblant
d'adhésion », — M. Challemel-Lacour semblait se
tenir dans des généralités oratoires. Le public a
su depuis que ces formules, si larges qu'elles fussent, n'étaient pas encore capables d'enfermer
toute la somme de germes infectieux dont souf-
frait notre pauvre République.

Les défauts et les vices du parlementarisme
dévoyé appellent un Balzac. Récemment, un de
nos jeunes romanciers a essayé d'exploiter cette
riche matière.

Je crois utile de résumer ici en un raccourci
aussi bref que possible un récit que M. Georges
Lecomte intitule *les Valets*. Rien ne me semble
plus propre à illustrer les théories abstraites de
Tocqueville. On verra, par l'exemple du député
Denisot, ce qu'est devenu, à certains degrés de
la hiérarchie parlementaire, ce personnel qui, dès
1830, était méprisable [1].

Il y avait une fois, dans le chef-lieu « quelconque » d'un arrondissement quelconque, un
médecin absolument quelconque, qui s'appelait
Denisot.

La pénurie d'hommes dont souffre la province,
— depuis que la plupart des provinciaux intelligents émigrent à Paris, — fit de ce Denisot, dans
son chef-lieu, une manière de personnage. Chaque

1. *Les Valets*, par Georges Lecomte, 1898.

soir, au principal café de son arrondissement, il pérorait sur la politique, entre deux parties de manille avec le percepteur, et deux carambolages avec le sous-préfet. C'est ainsi qu'en ses années d'apprentissage il s'initia au secret des affaires d'État.

A force de tâter le pouls à ses compatriotes et de leur appliquer machinalement des cataplasmes routiniers, le docteur Denisot devint très populaire dans sa circonscription. Il entra d'abord dans les honneurs préparatoires qui sont, pour ainsi dire, le vestibule des grandes dignités. Il fut conseiller municipal, conseiller d'arrondissement et même conseiller général. Il présida (bien qu'il n'eût jamais été militaire ni athlète) des sociétés de tir et de gymnastique. Il s'occupa de comices agricoles, encore que l'agriculture fût la dernière de ses occupations et (comme on dit) le cadet de ses soucis. Il fit entendre, aux distributions des prix de son collège communal, des paroles sages : « Vous serez, mes chers enfants, de bons citoyens, dévoués à nos institutions. Un grand devoir vous incombe. Vous n'y faillirez pas! » Dans les ripailles démagogiques, il se montrait plus audacieux. Il flattait, sans malice, sans dessein prémédité, par l'effet d'une complaisance instinctive aux désirs de la multitude, les plus viles passions. Ce président de plusieurs sociétés de tir entretenait, dans l'âme des foules, l'idée que jamais plus la France ne ferait la guerre. De sorte que, sans être malhonnête ni menteur, mais simplement par servilité inconsciente, Denisot, *valet* du peuple souverain, exploita, d'un côté, le patriote bavard et pittoresque, le « franc-tireur » qui se dissimule sous nos habits civils, et il utilisa, d'autre part, au profit de ses intérêts électoraux, le Panurge naturellement fuyard et très ennemi des coups, qui se cache communément sous les redingotes de nos bourgeois et sous les blouses de nos rustres.

Ici j'ajoute quelques impressions personnelles au récit de M. Georges Lecomte. Car je connais Denisot. Et, d'ailleurs, qui est-ce qui ne connaît pas Denisot? Ce docteur en médecine est universel. Il est éternel. Il a vécu, dans la république athénienne sous le nom de Dicéopolis, et Aristophane lui attribue des propos qui, dépouillés de leur attirail mythologique, sont singulièrement actuels. Denisot, dans la cité antique, s'est appelé aussi Démosthène. Et, sous le nom de cet esclave (qu'il ne faut point confondre avec l'illustre orateur des *Philippiques*), il racolait, en pleine rue, les personnages influents qui passaient à sa portée. Écoutez ses conversations avec un charcutier à qui les oracles ont promis le gouvernement de la chose publique :

DÉMOSTHÈNE. — Attention! Tourne l'œil droit du côté de la Carie, et l'autre vers Chalcédoine! Dis-moi, n'es-tu pas fier d'être Athénien en regardant tout cela!

LE CHARCUTIER. — Mais tu me fais loucher!

DÉMOSTHÈNE. — Attention! Tout cela est à toi. Les oracles te déclarent souverain.

LE CHARCUTIER. — Souverain? moi, un simple marchand de boudins?

DÉMOSTHÈNE. — Justement! Tu es souverain parce que tu n'es qu'un mufle. C'est le nouveau jeu...

LE CHARCUTIER. — C'est égal. Je n'aurais jamais cru ça.

DÉMOSTHÈNE. — Et pourquoi donc? Est-ce que tu ne vaux pas les aristos? Est-ce que tu n'es pas aussi canaille qu'eux?

LE CHARCUTIER. — Si! si! Faut être un peu canaille dans mon commerce.

DÉMOSTHÈNE. — Heureux drôle! Tu es né pour gouverner la République!

LE CHARCUTIER. — Y a une chose qui m'embête... J'ai pas d'instruction!

DÉMOSTHÈNE. — Pas d'instruction? Raison de plus! Ça gêne, l'instruction. Pour faire de la politique, c'est mauvais d'être trop bien éduqué... Donc, si tu m'en crois, continue ton métier! Embrouille et brasse les affaires publiques, comme quand tu tripatouilles les tripes pour faire des andouilles. Tire les choses en longueur comme tu tires les boyaux des cochons pour faire des boudins. Allèche le peuple vers ta gargote en flattant ses goûts et ses manies par l'assaisonnement poivré de la ratatouille. Le peuple est gourmand de gingembre, de concombres, de cornichons et de graillon. Voyons! Tu es fort en gueule! Tu es cuisinier de sales cuisines. Tu n'es pas distingué! Oh non!... Crois-moi, tu as tout ce qu'il faut pour être un excellent démagogue [1]...

Ainsi parlait, dans la comédie des *Chevaliers*, l'esclave Démosthène, incarnation ancienne du valet Denisot.

M. Émile Deschanel, citant cette scène en ses \

---

1. Aristophane, *Les Chevaliers*. Cf. *Les Acharniens*.

savoureuses *Études sur Aristophane*, note que le
fougueux peintre des politiciens d'Athènes « confond ici l'*ochlocratie*, ou gouvernement de la
populace, avec la *démocratie* ou gouvernement du
peuple ». Et l'ingénieux commentateur ajoute :
« C'est que les démagogues, dont Aristophane
est l'adversaire, font de leur côté la même confusion, pour des raisons différentes, et, par de
perpétuelles agitations, ne veulent faire monter
à la surface que la lie. »

Hélas ! Je crains que la Démocratie ne tende
parfois à l'*ochlocratie*, comme le polygone tend
au cercle ou à l'ellipse. La France a déjà vu le
pouvoir, abandonné par les assemblées représen-
tatives, tomber dans la rue, descendre dans les
arrière-boutiques et passer de comité en comité,
de club en club, de meeting en meeting, d'attroupement en attroupement, de voyou en voyou.
« Si le gouvernement, disait Taine, défaille et
n'est plus obéi, s'il est froissé et faussé du dehors
par une pression brutale, la raison cesse de conduire les affaires publiques et l'organisation
sociale rétrograde de plusieurs degrés. Par la dis-
solution de la société et l'isolement des individus,
chaque homme est retombé dans sa faiblesse ori-
ginelle, et tout pouvoir appartient aux *rassemble-*
ments temporaires qui, dans la poussière humaine,
se soulèvent comme des tourbillons... »

Et Taine insistait en termes pressants, rapides,

un peu rageurs : « Sur les rouages qui composent la grande machine sociale, chaque bande dans son canton porte ses mains grossières, les tord et les casse, au hasard, sous l'impulsion du moment, sans idées ni souci des conséquences, même lorsque le contre-coup doit se retourner contre elle et l'écraser demain sous la ruine qu'elle aura faite aujourd'hui. De même des nègres déchaînés, qui, tirant, ou poussant, chacun de son côté, entreprennent de conduire le vaisseau dont ils se sont rendus maîtres [1]. »

Donc, le docteur Denisot a plu aux nègres et aux sous-nègres de son arrondissement. Le pouvoir discrétionnaire du suffrage universel a transformé ce médecin en député.

Député! Au fond des provinces, ces trois syllabes évoquent encore des visions dorées et des perspectives triomphales. La musique municipale vint donner une « aubade » au victorieux Denisot. Ce fut, pour ce médecin, jusqu'alors modeste, une sorte de délire d'orgueil. Les fanfares des musiciens, éclatant au milieu des acclamations populaires et des trophées tricolores, enivraient de délices son cœur faible et son esprit médiocre. Il crut sincèrement qu'il allait devenir, lui aussi, un « grand citoyen ». Les clameurs du trombone, les fioritures du cornet à piston, le grondement

---

1. *La Révolution*, t. I, p. 69.

sourd de la grosse caisse, les ronflements de la
basse, l'insistance de l'ophicléide, la complicité
du bugle et l'allègre encouragement des cymbales
lui prédisaient de brillantes destinées. C'était
splendide!

On vint, de toutes parts, féliciter Mme et Mlle Denisot sur cet événement.

— « Comme vous devez être heureuses et fières!
leur disait-on. Vous allez vivre à Paris, dans le
grand monde. Vous irez au bal dans les ministères! Vous irez dîner chez des ambassadeurs et
danser chez le Président de la République! »

On venait, de tous côtés, serrer la main à
Denisot. Devant ces dames, on ne lui parlait que
de son rôle politique. On lui attribuait des porte-
feuilles dans des ministères illusoires. On disser-
tait, avec des airs capables, sur la revision de la
Constitution, ainsi que sur l'impôt global et pro-
gressif. Mais, le soir, au café, la conversation
prenait un tour plus jovial.

Les magistrats du siège, ayant tous plus ou
moins fait leur droit à Paris, rappelaient les souvenirs de leur jeunesse, qu'ils disaient folâtre.
Des noms de femmes, des enseignes de brasseries,
des numéros d'hôtels borgnes, des échos de bals
publics revenaient avec une obstination singulière
dans leurs propos égrillards. Ces échappés du
quartier latin n'associaient à l'image de Paris que
des idées de « noce ». Et quelle noce!... Le sous-

préfet qui, avant de représenter le gouvernement
en province, s'était « amusé » à Paris, en qualité
d'attaché au cabinet de divers ministres, racontait,
lui aussi, quelques fredaines sans faste et quelques folies dénuées de magnificence. Et chacun
plaisantait amicalement Denisot : « Eh! eh!...
mon cher député, à la place de Mme Denisot, je
ne serais pas tranquille !... Quand on est député,
on a ses entrées partout... On rend des services
et on est payé de retour... On connaît des journalistes ! »

Les provinciaux croient ordinairement que
l'amitié des journalistes est un moyen sûr d'ouvrir toutes les portes, de forcer toutes les résistances, d'obtenir toutes les faveurs. Ils songent à
des loges de théâtre, à des mystères de coulisses,
à leur admission gratuite chez des « actrices »,
par l'honnête entremise de la « presse ». Quel
rêve! Leurs yeux luisent alors, dans l'hallucina-
tion du fruit défendu. Leur imagination, aigrie
par de longues abstinences, ou exaspérée par
l'habitude obligatoire d'une maigre chère, se plaît
à ces illusions, s'émoustille, se surexcite. Je me
rappelle un notaire rural, qui eut le malheur de
se lier avec de prétendus « journalistes », dont la
profession s'exerçait principalement aux environs
du Moulin-Rouge. Ce notaire affolé écrivait à ses
amis de province des lettres dont voici un court
extrait : « M. X..., journaliste très influent, m'a

promis de me faire nommer directeur de l'Opéra-
Comique. Je suis d'autant plus satisfait de cette
offre que le sceptre directorial confère certains
droits du seigneur, qui, je l'avoue, ne me déplai-
raient pas. » Ce notaire a mal tourné.

Le docteur Denisot, lui, est resté brave homme.
Mais son séjour à Paris n'est qu'une suite de
déceptions, de déboires et de rebutantes corvées.

C'est navrant, l'arrivée de ce député sans prestige, sans relations, au milieu de la grande ville
indifférente, que les scrutins d'arrondissement
n'émeuvent pas, et qui se moque des célébrités
départementales. Denisot et sa famille aperçoivent tout de suite l'étendue de leur isolement, et
le peu que pèse, à Paris, un député qui n'est que
député.

Ah! comme les électeurs de Denisot seraient
surpris, s'ils voyaient leur mandataire, immobile
et muet dans la salle des séances, errant, dans
les couloirs, en quête d'une poignée de main,
perdu au milieu de ce bourdonnement, égaré dans
cette foule où nul ne le connaît, où personne ne
le regarde!

Il s'était promis d' « aborder la tribune », afin
que la sonorité de son éloquence revînt, en
rumeurs de gloire, jusqu'au fond des plus obscurs
villages de son département. Il n'ose plus. Il voit
maintenant que cette redoutable estrade appartient à quelques privilégiés, et que les autres

représentants du peuple n'y montent qu'à regret, afin d'y débiter, parmi le murmure des conversations, quelques phraséologies inécoutées.

Les « bureaux » ne lui sont pas plus hospitaliers. Son incompétence, son inutilité, sa timidité le réduisent au silence. Car il n'a même pas ce « bagou », sous lequel certains de ses collègues masquent leur incapacité.

Embrigadé dans un groupe dont il connaît à peine les complots et les intrigues, il a voulu, deux ou trois fois, risquer une objection, esquisser une ligne de conduite. Les capitaines de la bande ont à peine entendu son verbiage et lui ont fait entendre qu'il n'était qu'une machine à voter.

Dès lors, il se résigne à ne plus considérer son mandat législatif que comme un métier. Et quel métier! Des tournées quotidiennes dans les ministères, au pourchas d'un bureau de tabac ou sur la piste d'une perception; une correspondance ahurissante à entretenir, sous peine de n'être pas réélu; des électeurs à piloter dans Paris, à loger parfois et à nourrir; des croix à décrocher, des bourses à obtenir, des aunes de ruban violet à dérouler en l'honneur du jour de l'An et de la Fête nationale. Sans compter toutes les menues commissions qui transforment peu à peu un député trop complaisant en une bonne à tout faire.

Si encore M. Denisot était payé de ses peines!

Mais ces « vingt-cinq francs par jour », ces 9,000 francs par an, qui, en province, font l'effet d'une fortune, sont terriblement ébréchés par les multiples obligations du métier. Il faut subventionner, là-bas, au chef-lieu, le canard du « parti » ; il faut souscrire des secours à tous les orphéons, à toutes les fanfares, à toutes les « harmonies », à toutes les « sociétés amicales » ; à tous les pompiers de l'arrondissement. Les compatriotes nécessiteux abondent dans l'antichambre de M. le député. Les « originaires » de son département viennent de fonder à Paris une cagnotte, dont il est le président d'honneur et, par conséquent, le principal commanditaire. Ainsi appauvri par toutes ces « fuites », le budget de M. Denisot s'équilibre malaisément. Le pauvre homme se plaint, lorsque Mlle Clémence Denisot, sa fille, lui réclame des toilettes pour aller aux garden-parties des Affaires étrangères. Mme Denisot, exilée au cinquième d'une maison neuve, à Grenelle, regrette son logis provincial, sa cour, son jardin, son puits, sa buanderie, et déclare, en maugréant, qu' « à Paris l'argent file vite ».

Cependant le docteur Denisot ne peut plus se soustraire à cette écharpe, qui est désormais pour lui un lien de servitude. Il est condamné à la députation perpétuelle. Sinon il mourra de faim. Il a perdu sa clientèle de médecin. Pour lui, point de salut hors de la politiquaille. Il est rivé à son mandat. Il est l'esclave de ses électeurs. Son comité lui fera dire et faire toutes les calembredaines et toutes les cabrioles. Il est obligé à toutes les pantalonnades de la folle enchère. Il n'a plus la force de résister.

J'ai vu jadis, vu de mes yeux, dans une halle, à Melle (Deux-Sèvres), un vieux candidat, monté sur un tréteau et qui disait :

— « Mes amis, on me reproche d'avoir été bonapartiste sous l'empire. Eh bien! Et vous! Est-ce que vous n'étiez pas bonapartistes en ce temps-là? J'ai toujours représenté vos opinions. Vous êtes devenus républicains. Aussitôt j'ai été républicain.

— Et maintenant, faut être radical! hurla mon voisin, un cordonnier libre penseur.

— Radical! mes amis? répliqua l'orateur, je n'y vois pas d'inconvénient. »

Ces sentiments, joyeusement exprimés par mon vieux candidat — qui fut toujours réélu jusqu'à sa mort — ressemblent à ceux du triste Denisot, *valet* du peuple.

L'asservissement insensible de cet homme à des électeurs qui deviennent ses maîtres et à un mandat dont il fait un gagne-pain, voilà le vrai sujet du livre de M. Georges Lecomte. Les critiques sévères peuvent regretter que des épisodes inutiles surchargent et encombrent ce récit, qui est nécessairement monotone, amer, et qui serait tout à fait remarquable si l'art de la composition et du style y était proportionné à la qualité de l'observation et de la pensée.

N'importe. L'auteur des *Valets*, s'il n'a pas toujours frappé juste, a vu clair.

Si M. Georges Lecomte était plus philosophe et plus historien, il pourrait retrouver, dans les faiblesses générales de l'humanité et dans les péripéties accidentelles de notre histoire nationale, les causes permanentes et les origines particulières de la maladie qui nous ruine.

Le régime parlementaire, en France, date du 5 mai 1789.

Ce jour-là, 1164 députés s'assemblèrent au château de Versailles, dans la salle dite des Menus-Plaisirs, et commencèrent, séance tenante, à s'occuper du bonheur de la nation. Parmi ces députés, les uns portaient l'épée, le chapeau à plumes et le manteau de cour (ils représentaient l'orgueil de la noblesse) ; les autres étaient ensoutanés de violet ou de rouge (c'étaient les délégués du clergé) ; les troisièmes et derniers, presque tous robins ou gens d'affaires, étaient habillés de noir et représentaient les intérêts de la bourgeoisie. Tous ensemble, ces messieurs formaient les États généraux, sorte de congrès d'où le menu peuple était exclu. S'étant assis sur des banquettes, ils entendirent un discours du roi Louis XVI et une

harangue d'un banquier suisse, nommé Necker,
qui tenait alors l'emploi de contrôleur général
des finances. M. de Barentin, garde des sceaux,
leur débita une homélie. Aussitôt après cette
cérémonie, ils ne purent échapper à la tentation
de se disputer.

Les principaux basochiens de cette assemblée
se sont signalés dans la suite, par des actes qui
les menèrent, selon les chances de la fortune,
sous le couteau de la guillotine révolutionnaire ou
sur les fauteuils du Sénat impérial. Les autres
demeurèrent obscurs. Ils goûtèrent, au milieu du
remue-ménage qui déplaçait, autour d'eux, les
hommes et les choses, le charme d'une existence
tranquille et timide. Leur part à la gestion des
affaires publiques consista surtout à demander
adroitement des places aux divers gouvernements
dont ils furent les sujets naturellement dévoués.
Ces honnêtes citoyens méritent d'être tirés de
l'oubli. Ces députés muets, circonspects, prompts
à se terrer dès que l'orage gronde, sont trop souvent négligés par les historiens. Leur rôle est plus
considérable qu'on ne croit. Ils sont la multitude
sans laquelle les grands hommes d'État ne peuvent
rien. Leur troupe est anonyme comme le chœur
antique. Moutons de Panurge, ils suivent les
mouvements et prennent la file. Ils composent les
majorités par l'effet du secret instinct qui pousse
les créatures débonnaires à s'associer. Ils accélè-

rent les débandades, par suite de l'élan qui entraîne ces mêmes créatures loin du péril et hors des responsabilités. Conduits vivement, tenus en main, ils sont capables d'opposer à certaines entreprises la puissance de l'inertie. Lâchés en liberté, ils ont coutume de fuir, ce qui, après tout, est une façon de contribuer au résultat des batailles. Ils sont donc, en tout cas, des personnages historiques. Nous devons nous appliquer à les connaître; et, d'ailleurs, en regardant l'un d'eux, pris au hasard, nous aurons l'illusion de les voir tous [1].

Après la biographie du député Denisot, écoutons maintenant l'histoire authentique d'un autre « valet ».

Le sieur Thibaudeau père était avocat à Poitiers, en 1789, lorsque l'estime de ses concitoyens l'éleva au rang de député du tiers-état. C'était un homme des plus recommandables. Dans les corridors du Palais aussi bien que dans les réunions de la bonne compagnie, on le citait pour l'excellence de sa doctrine et pour la sagesse de ses mœurs. Il partageait avec MM. Drouault et Giraudeau, lumières du barreau de Poitiers, la clientèle des plaideurs riches. La gravité de ses occupations professionnelles ne l'empêchait pas de cultiver les muses. Entre les neuf sœurs, il préférait Clio,

---

1. *Correspondances inédites du constituant Thibaudeau* (1789-1791); publiées par Henri Carré et P. Boissonnade, 1898.

muse sévère de l'histoire. Sa religion était celle de Voltaire et de Rousseau. Philosophe et déiste, il faisait sa prière matin et soir, autant que possible dans son jardin, afin d'être plus près de la nature. Il gémissait sur la frivolité des nobles et sur l'impiété des prêtres. Il prévoyait que l'insouciance des privilégiés allait attirer sur la France les plus grands malheurs.

Lorsqu'il eut retiré son billet chez le maître de poste et fait ses adieux à sa famille, le député Thibaudeau alla vers la place d'Armes et monta dans une de ces voitures, d'invention récente, que l'on appelait alors des *turgotines* et qui faisaient office de diligences. Il avait le cœur gros et les yeux humides. La douleur de sa femme éplorée avait attendri sa sensibilité. Et puis, partir, à cinquante-deux ans, pour ce Paris qu'il n'avait point vu depuis 1761 ; rouler en coche pendant cinq jours ; loger en garni ; manger à l'auberge, c'était une nécessité que cet honnête homme jugeait fâcheuse. Mais le député de Poitiers ne voulait pas rester « indifférent au bien de sa patrie ».

Il se désennuya, le long de la route, en causant avec M. Lecesve, curé de Sainte-Triaise, M. de Surade, chanoine régulier, et M. Filleau, conseiller au présidial de Niort. Ces messieurs étaient députés comme lui.

Thibaudeau, sans tarder, se fit conduire à Versailles, où les appartements étaient moins chers

qu'à Paris. Quelques jours après, étant revenu à
Paris afin d'en voir les curiosités, il se fatigua
tellement en courses, qu'il tomba malade de la
fièvre. Un médecin poitevin le drogua chez son
hôtesse, mais il ne put reparaître aux séances des
États que le 8 juin.

Tandis que les députés ne pouvaient réussir à
se mettre d'accord et dépensaient beaucoup de
paroles en vain, les rues de Paris étaient agi-
tées par des cortèges et par des bagarres. Le
jardin du Palais-Royal, rendez-vous quotidien
des badauds et des filles, asile protégé contre la
police par les privilèges de la maison d'Orléans,
était envahi par des rhéteurs en plein vent, qui
péroraient, à gorge déployée, sur les affaires de
l'État. Les soldats aux gardes-françaises, sortes
de miliciens chargés de maintenir l'ordre dans
Paris, se révoltaient contre leurs officiers, quit-
taient leurs casernes, se rendaient populaires par
leur indiscipline et s'enivraient tous les soirs,
dans les cafés, avec des avocats et des procureurs
qui aspiraient à la politique. Le 30 juin, les gardes
Candellier, Copin, Vatonne, Chauchon et quelques
autres, détenus à l'Abbaye pour vol d'effets, bris
de clôture, escroqueries, furent délivrés, portés en
triomphe, traînés de tripot en tripot et copieuse-
ment abreuvés de vin nouveau [1]. Un Anglais,

1. V. les *Mémoires de Fournier l'Américain*, publiés par
M. Aulard.

Arthur Young, qui voyageait alors à Paris, s'amusa beaucoup de ces échauffourées. La nuit, des hauteurs de Versailles, les députés pouvaient voir la lueur des incendies qui embrasaient l'horizon, du côté de Paris. Thibaudeau n'osait pas quitter son auberge, de peur de recevoir quelque horion. Tout lui faisait peur. En songeant aux désordres de cette capitale en état de siège il pensait, avec regret, à son calme logis de Poitiers. Il gémissait de voir que personne ne voulait obéir et que nul ne savait commander. Il avait tremblé de tous ses membres en prêtant le serment du Jeu de paume. Dans les couloirs de l'Assemblée, il causait fréquemment avec les députés nobles du Poitou. Il les connaissait tous familièrement, s'étant occupé, plusieurs fois, du profit que les hommes de loi pourraient tirer, le cas échéant, de leurs affaires mal hypothéquées. Les nobles poitevins, tels le marquis du Crussol, le vicomte de la Dhastre, le chevalier de la Coudraye, le comte de Jouslard d'Yversay, tâchaient de rassurer Thibaudeau. Ils lui dénombraient l'effectif des troupes royales. Ils lui vantaient l'énergie du marquis de Bouillé, lieutenant-général des armées du roi, la prévoyance du baron de Besenval, colonel des Suisses, le civisme de M. Bailly. Ils lui montraient les kolbacks noirs et les moustaches conquérantes des hussards de Lambesc. Ils s'efforçaient de lui faire admirer le casque à chenille, le frac vert, le

gilet chamois et les bottines vernies que les
récentes ordonnances avaient infligés aux chasseurs à pied. Ils lui faisaient remarquer la veste
blanche et la culotte de peau dont les dragons
étaient fiers. Ils essayaient de lui démontrer que
les forces soldatesques ou policières sont utiles
même aux gouvernements qui s'abandonnent. Le
bon Thibeaudeau, qui n'avait pas l'âme très militaire, s'ébahissait. La pointe des baïonnettes lui
donnait la chair de poule. Le cliquetis des sabres
était funeste à sa tranquillité. Le fracas des
canons troublait son sommeil. Les piques des
insurgés lui causaient des cauchemars. « Ah!
soupirait-il, pourquoi ne suis-je pas à Poitiers? »

Il allait trouver ses collègues du tiers-état,
M. ▢▢▢t, avocat de la Mothe-Sainte-Héraye;
M. Faulcon, conseiller au présidial de Poitiers;
M. d'Abbaye, président du siège de Melle; M. Cochon de l'Apparent, conseiller au présidial de
Fontenay. Il aggravait, par ses propos, les
frayeurs dont ces honorables représentants étaient
eux-mêmes troublés. Il leur fit craindre que les
députés remuants ne fussent persécutés par la
cour et que les « modérés » ne fussent vivement
houspillés par le peuple. Quel parti prendre, en
une telle extrémité? M. d'Abbaye, épouvanté,
donna sa démission et s'enfuit jusqu'à Melle.

Thibaudeau resta. Mais il fut, durant plusieurs
semaines, plus mort que vif. Il avait prié son fils

de le venir joindre afin de lui prêter main-forte.
Le va-et-vient des patrouilles ne suffisait pas à le
rassurer. Chaque jour, dès la nuit tombante, il se
barricadait dans sa chambre et faisait coucher son
fils en travers de la porte, l'épée au poing, pistolets chargés. La prise de la Bastille le jeta dans
un tel saisissement qu'il se coucha dans son lit.

Dès qu'il put se relever, il s'empressa de mettre plusieurs lieues de pays entre sa personne et
la Révolution. Muni d'un congé en bonne et due
forme, il s'abstint, pendant quelques jours, de
paraître aux endroits dangereux.

Cependant, comme la Bastille avait été assié-
gée aux cris de « Vive le roi! », le débonnaire
Louis XVI ne crut pas devoir prendre cet événement au tragique. Il se rendit en personne dans la
salle où l'Assemblée nationale s'était enfermée,
et tranquillisa les représentants en leur disant
que « leurs personnes étaient en sûreté ». Thibaudeau, toujours malade, n'assistait pas à cette
cérémonie. Mais il fut si touché par les récits de
ses collègues, qu'il apposa son paraphe au bas du
rapport qui fut adressé par les députés du tiers-
état poitevin à la municipalité de Poitiers. « Ah!
disaient les rédacteurs de cette relation, de quelles
acclamations de respect et de tendresse le discours
du roi fut accompagné! Tous les auditeurs avaient
les yeux mouillés des douces larmes du sentiment et le monarque partageait cette intéressante

sensibilité. Le Roi se rendit ensuite à pied au châ
teau, environné de tous les députés, sans garde,
mais sous la plus sûre de toutes, celle de l'amour
de plus de cent mille Français qui, livrés à tout
l'enthousiasme de l'allégresse, l'accompagnaient
en le comblant de bénédictions. Vous ne pouvez
vous imaginer combien ce spectacle était à la fois
délicieux et attendrissant. Eh ! quel spectacle, en
effet, que celui d'un prince pressé par l'amour de
son peuple et des représentants de 24 millions
d'hommes se tenant tous par la main, sans distinction de rang ni d'ordre, et paraissant tous
mutuellement animés par les plus doux sentiments de l'union et de la confraternité. Ah ! quel
moment, et comme il faisait bon oublier toutes
les heures d'alarmes qui avaient précédé cet événement fortuné ! »

Cela se passait le lendemain du 14 juillet.

Le député Thibaudeau, dans sa correspondance,
ne tarissait pas d'éloges sur les vertus privées et
publiques du « meilleur des rois ». Il ne pouvait
le voir ni l'entendre sans verser des « pleurs
d'attendrissement ». Le cri de : « Vive le Roi ! »
alternait, sur ses lèvres, avec celui de : « Vive
la Reine ! » Ses sentiments étaient d'accord avec
ceux de l'Assemblée. C'était le temps où les camelots vendaient, dans les rues de Paris, des médailles
où le profil de Louis XVI, auréolé d'étoiles, s'or-
nait de cet exergue : *Vive à jamais le meilleur*

des rois! Louis XVI, restaurateur de la liberté française et le véritable ami de son peuple! Le Roi étant revenu à l'Assemblée pour prendre part à la séance du 4 février 1790, les scènes d'attendrissement recommencèrent, et Paris illumina.

Thibaudeau crut sincèrement que les destinées de la France étaient enfin fixées et que l'accord du Roi et de l'Assemblée allait faire le bonheur du peuple. Tout le monde, autour de lui, partageait cette espérance. On citait parmi les plus déterminés monarchistes un ancien vétérinaire des écuries d'Artois, nommé Marat, et un petit avocat d'Arras qui se faisait appeler M. *de* Robespierre.

Thibaudeau battit des mains, comme tout le monde, lorsque le député Rabaut *de* Saint-Étienne, étant monté à la tribune, dans la séance du 1ᵉʳ septembre 1789, s'exprima ainsi : « Il est impossible de penser que personne dans l'Assemblée ait conçu le ridicule projet de convertir le royaume en république. Personne n'ignore que le gouvernement républicain est à peine convenable à un petit État, et l'expérience nous a appris que toute république finit par être soumise à l'aristocratie ou au despotisme [1]. »

L'organisation de la monarchie constitutionnelle fut la principale besogne de l'assemblée dite Constituante. Thibaudeau, dont l'âme timo-

1. Cette citation est empruntée à un article publié, dans la *Revue de Paris*, par le savant M. Aulard.

rée n'était point faite pour les tragédies de la rue, tâcha de se rendre utile dans le travail des bureaux, où il apportait des habitudes de juriste et une application de plumitif. Le remaniement de la carte administrative, exigé par les représentants des petites villes, lui causa beaucoup de soins, de peines et de démarches. Les électeurs de Poitiers voulaient que l'on conservât l'ancienne province du Poitou avec Poitiers pour capitale. Ils avaient imposé à Thibaudeau le mandat quasiment impératif de maintenir les limites de leur antique territoire et même, autant que possible, d'enlever quelques cantons à la Touraine, à l'Angoumois, à la Saintonge, au Limousin et au Berry. Mais quoi! Les autres villes du Poitou, lasses de leur état subalterne, aspiraient à l'honneur de devenir « chefs-lieux ». Les petits centres réclamaient des titres et des fonctionnaires :

> Le monde est plein de gens qui ne sont pas plus sages :
> Tout bourgeois veut bâtir comme les grands seigneurs,
> Tout petit prince a des ambassadeurs,
> Tout marquis veut avoir des pages.

Les Bas-Poitevins se rebiffaient contre les Hauts-Poitevins. Le Bocage s'insurgeait contre la Plaine, et une petite guerre de Vendée commençait autour des tapis verts. Luçon faisait valoir ses droits. La Châtaigneraie avait des prétentions. M. Goupilleau, notaire à Montaigu, vantait sa bourgade. La rivalité de Niort et de

Fontenay fut l'occasion d'une grande bataille au
« sein » de la commission. M. Agier défendait
Saint-Maixent. L'avocat Biroteau des Burondières
recommandait les paroissiens de Saint-Julien-des-
Landes. Poitiers se débattit. Les procureurs Bar-
bault et Bijeu furent délégués, avec le journaliste
poitevin Jouyneau-Desloges, pour présenter une
très humble supplique à l'Assemblée. Vains
efforts. Le Poitou fut découpé en trois tranches :
Vienne, Deux-Sèvres, Vendée. Les vieilles capitales des provinces furent déchues de leur ancienne
gloire. Et la France fut déchiquetée en départements. Cette innovation géographique fut un
succès pour l'esprit de clocher.

Après le partage en départements, on fut obligé
de contenter les seigneuries de moindre importance, par le partage en districts. Chaque député
voulait se tailler un fief dans la France nouvelle.

Les gens de Loudun, par l'organe du substitut
Bion, revendiquèrent, contre ceux de Poitiers, le
bourg et les alentours de Mirebeau, pays renommé
pour la beauté de ses ânes. Mais le marquis de
Ferrières, député de Mirebeau, prétendait faire
ériger sa bonne ville en chef-lieu. On l'apaisa par
la concession d'un tribunal.

Les habitants du Dorat voulaient s'unir à ceux
de Montmorillon. Lusignan, la Mothe-Sainte-
Héraye, Saint-Maixent, Thouars furent déçus dans
leurs espérances. Melle triompha.

Ce furent des négociations et des marchandages infinis. Les députés de Poitiers demandèrent pour leur ville une compensation. « Je compte, disait Thibaudeau, que l'établissement d'une cour supérieure à Poitiers dédommagera cette ville des pertes qu'elle éprouvera par les changements qui vont s'opérer. » Le ressort de cette cour d'appel devait s'étendre sur le Poitou et sur une partie du Berry. En annonçant cette bonne nouvelle à ses concitoyens, Thibaudeau leur recommanda la discrétion. Car il ne fallait pas que les députés de Fontenay eussent vent de ce projet! On pouvait tout craindre de leur esprit d'intrigue!... Hélas! les intrigants de Fontenay furent informés de ces malices. Ils voulurent, eux aussi, une « cour suprême ». Le député Cochon de l'Apparent conspira « sourdement » contre ses collègues de Poitiers. Les représentants de Guéret se mirent de la partie et demandèrent une compagnie judiciaire, dont la présence, disaient-ils, devait être avantageuse pour le commerce local. L'Assemblée fut dans l'alternative de satisfaire tout le monde ou de ne contenter personne. Comme on ne pouvait pas mettre une cour d'appel dans chaque département, on n'en mit nulle part. Le pauvre Thibaudeau s'écria : « Tout est perdu pour notre ville et pour toutes les capitales du royaume! » En effet, les députés Chabroud et Brillat-Savarin proposèrent que les juges de dis-

trict eussent la faculté d'être juges d'appel les uns
à l'égard des autres. Tous les petits « chefs-lieux »
qui n'avaient jamais espéré sérieusement une
cour d'appel se rallièrent à cette motion, qui leur
procura le plaisir jaloux et sournois de décapiter
les anciennes villes de parlement.

Un député consciencieux doit passer la majeure
partie de ses matinées et même de ses après-midi
dans les antichambres des ministères, afin d'y
soutenir les intérêts de ses compatriotes. Thibaudeau s'acquitta scrupuleusement de ce devoir.

Le dimanche 12 novembre 1789, il va chez
M. de la Tour du Pin, ministre de la guerre, afin
d'obtenir le retour d'un régiment dont les Poitevins et les Poitevines regrettent le départ. Il se
rend chez M. Tribart, directeur des aides et chez
M. Tarbé, premier commis des finances, pour
exempter ses électeurs de certains droits sur les
vins. Il visite souvent M. Chaumont de la Millière,
intendant au contrôle général, homme très puissant pour tout ce qui concerne les octrois.

Les étudiants de Poitiers, malgré les décrets
qui enrégimentent tous les citoyens dans la garde
nationale, demandent des épaulettes spéciales,
des panaches et des dispenses de service. Thibaudeau s'efforce d'arranger cette petite affaire.

Voici quelque chose de plus grave : la cherté
du pain et la disette du blé obligent Thibaudeau à
de fréquentes démarches auprès de M. de Monta-

ran, chef du bureau des subsistances générales.
La ville de Poitiers est si mal approvisionnée que
souvent les pauvres gens s'arment pour empêcher
la sortie des grains apportés au minage. M. de
Montaran n'ayant pu s'engager à fournir les blés
demandés, Thibaudeau sollicite une audience du
ministre Necker.

Il s'occupe aussi des capitalistes de Poitiers,
très empressés, malgré la misère des temps, à
faire fortune par le brocantage des biens nationaux.

On lui dénonce le sieur Ayrault, aumônier du
régiment du Roi-cavalerie, signalé par les « patrio-
tes de Montierneuf » comme un « prêtre entêté ».
Il s'occupe de faire révoquer ce têtu.

Enfin, comme il est très complaisant, il envoie
volontiers aux électeurs influents quelques « nouveautés politiques et littéraires, franco de port ».

Le député Thibaudeau vécut dans la retraite de
longues années après l'expiration de son mandat.
Il eut la satisfaction, avant de mourir, de voir
enfin, à Poitiers, cette cour d'appel, que ses vœux
avaient d'abord inutilement souhaitée. Il en fut
même nommé président.

La correspondance de ce député, longtemps
ensevelie aux archives municipales ou dans des
collections particulières, vient d'être publiée.

Ces lettres d'un député qui, après tout, fut un
brave homme nous renseignent sur l' « état d'âme »

des mandataires élus que l'on appelait, au commencement de la Révolution, « Nos seigneurs de
l'Assemblée nationale ». Elles nous montrent
l'intérieur de la Constituante. Elles nous révèlent
des conversations de couloirs, des discussions de
bureaux, les intrigues de la salle des Pas-Perdus.
Elles nous font connaître des choses qui échappent
au public des tribunes. Nos représentants y apparaissent en des postures familières, à ces instants
de la vie où l'on ne songe pas à prendre une
attitude pour la postérité. Et l'on y remarque surtout combien, dans le mouvement quotidien de
la politique, les « grands principes » sont subor-
donnés aux petits intérêts.

Nous venons de voir les ancêtres et les descendants.

Le député Thibaudeau et le député Denisot se
valent.

Quand l'un a fini, l'autre commence. Mais,
toutes les fois que le pays est las de leur platitude,
la majorité des citoyens appelle un dictateur.
Robespierre peut élaborer ses décrets dans l'ombre.
Et César peut monter à cheval.

CHAPITRE III

LE CÉSARISME ET LA « MÉDIOCRATIE »

Comment se fait un coup d'État. — Le César des viveurs et de la populace. — Le règne des satisfaits et des médiocres. — Le second Empire et la troisième République. — Le besoin de s'amuser. — La démocratie et les femmes. — Les « fêtards » et le *snobisme*. — La religion de la bourgeoisie. — La fête continue.

Le 24 février 1848, M. de Tocqueville, sortant de la Chambre, que l'émeute venait de disperser, rencontra son collègue, le lieutenant-général marquis Oudinot, député de Saumur, en civil, très excité, brandissant une canne et marchant à la tête d'une légion de gardes nationaux.

— Où allez-vous ? demanda le général. Venez avec nous ! Nous allons chasser ces coquins de la Chambre !

— Mon cher général, répondit M. de Tocqueville, il est trop tard, la Chambre est dissoute... Le gouvernement provisoire est en marche sur l'Hôtel de Ville.

Les gardes nationaux entrèrent dans la Chambre, regardèrent, stupéfaits, la tribune désertée, les bancs vides, et ils s'en allèrent, eux aussi. Telle fut la fin de la monarchie parlementaire.

La Chambre des pairs se disloqua spontanément. Le ministère s'enfuit. On sait comment l'*intérim* du pouvoir exécutif fut exercé par Dupont (de l'Eure), Lamartine, Crémieux, François Arago, Ledru-Rollin, Garnier-Pagès, députés, avec le concours de Marie, d'Armand Marrast, de Louis Blanc, de Ferdinand Flocon et de l'ouvrier Albert.

L'heure du retour allait sonner pour l'homme blafard et fatal qui, dix ans auparavant, avait débarqué sur la jetée de Boulogne, en tenant un aigle dans une cage, et qui avait prouvé, par cette équipée, que le ridicule en France ne tue pas.

M. de Tocqueville, nommé ministre des Affaires étrangères, le 2 juin 1849, à la place de M. Drouyn de Lhuys, dans le cabinet Odilon Barrot-Dufaure, a dessiné un portrait de Louis-Napoléon Bonaparte, au temps où ce prince n'était encore que président de la République. Voici les lignes principales de ce portrait.

Louis-Napoléon était très supérieur à ce que sa vie antérieure et ses folles entreprises avaient pu faire penser à bon droit de lui.... Il avait, comme homme privé, certaines qualités attachantes : une humeur bienveillante et facile, un caractère humain, une âme douce et même assez tendre, sans être délicate, beaucoup de sûreté dans les

rapports, une parfaite simplicité, une certaine modestie
pour sa personne, au milieu de l'orgueil immense que lui
donnait son origine... Sa conversation était rare et stérile :
chez lui nul art pour faire parler les autres et se mettre
en rapport intime avec eux; aucune facilité à s'énoncer
lui-même, mais des habitudes écrivassières et un certain
amour-propre d'auteur. Sa dissimulation, qui était profonde, comme celle d'un homme qui a passé sa vie dans
les complots, s'aidait singulièrement de l'immobilité de
ses traits et de l'insignifiance de son regard : car ses yeux
étaient ternes et opaques comme ces verres épais, destinés
à éclairer la chambre des vaisseaux, qui laissent passer la
lumière, mais à travers lesquels on ne voit rien. Très
insouciant du danger, il avait un beau et froid courage
dans les jours de crise, et en même temps, chose assez
commune, il était fort vacillant dans ses desseins... Il
avait toujours, dit-on, été très adonné aux plaisirs et peu
délicat dans le choix. Cette passion de jouissances vulgaires et ce goût de bien-être s'étaient encore accrus avec
les facilités du pouvoir. Il y alanguissait chaque jour son
énergie, y amortissait et rabaissait son ambition même.
Son intelligence était incohérente, confuse, remplie de
grandes pensées mal appareillées, qu'il empruntait tantôt
aux exemples de Napoléon, tantôt aux théories socialistes,
quelquefois aux souvenirs de l'Angleterre où il avait vécu :
sources très différentes et souvent fort contraires. Il les
avait péniblement ramassées dans des méditations soli-
taires, loin du contact des faits et des hommes, car il était
naturellement rêveur et chimérique...
En général, il était difficile de l'approcher de très près,
sans découvrir *une petite veine de folie courant au milieu
de son bon sens* et dont la vue, rappelant sans cesse les
escapades de sa jeunesse, servait à les expliquer... On
peut dire, au demeurant, que ce fut sa folie plus que sa
raison qui, grâce aux circonstances, fit son succès et sa
force... Il se fiait à une étoile; il se croyait fermement
l'instrument de la destinée et l'homme nécessaire. — Le
trait caractéristique et fondamental de son esprit, en
matière politique, c'était la haine et le mépris des assem-

blées... Son infériorité dans la discussion lui rendait en général le contact des hommes d'esprit assez pénible... Il désirait, avant tout, rencontrer le dévouement à sa personne et à sa cause : le mérite le gênait pour peu qu'il fût indépendant. Il lui fallait des croyants en son étoile et des adorateurs vulgaires de sa fortune [1].

Il faut retenir et méditer presque tous les mots de cette analyse, si l'on veut comprendre les raisons de l'accord momentané qui unit la Démocratie et le prince Louis-Napoléon.

Achevons cette effigie par quelques traits empruntés à d'autres témoins, et par quelques touches, prises à d'autres palettes :

Son regard doux, un peu voilé, était tour à tour vif et caressant [2]...

Il savait *écouter beaucoup, à la grande différence de Louis-Philippe* [3].

Le Président a, dans son aspect, quelque chose de timide, d'embarrassé et de froid qui glace au premier abord... Son sourire est bienveillant, ses manières sont polies [4]...

Les démocraties applaudissent très souvent les bavards, mais ne se donnent entièrement qu'aux silencieux.

La France, vers 1850, eut apparemment besoin de silence. Napoléon le Taciturne reposa la

1. *Souvenirs*, p. 313-318. Cf. *Napoléon III, avant l'empire*, par H. Thirria, 1895.
2. Granier de Cassagnac, *Souvenirs*, p. 80.
3. Odilon Barrot, *Mémoires*, t. III, p. 39.
4. *Le Siècle*, 5 septembre 1850.

France, assourdie par le caquet des politiciens. Il sut profiter de l'impopularité des Parlementaires. Son coup d'État, préparé dans le mystère, fut acclamé par la nation.

« Le Président ne songe pas à un coup d'État, disait Léon Faucher, le 15 novembre 1849, *mais le coup d'État résultera de la force des choses...* »

La France est capable de tout, lorsqu'elle a peur de l'anarchie.

Louis-Napoléon Bonaparte fut un président populaire avant d'être un empereur acclamé. Quand il passait dans les rues, avec son escorte de lanciers, le peuple enthousiasmé criait de joie, et les officiers de la garde nationale levaient leurs shakos sur la pointe de leurs sabres. L'Assemblée et les ministres étaient contre lui. Mais il sentait l'irrésistible complicité de la foule [1]. Et il avait Saint-Arnaud.

Lorsque la nation est en gésine de dictature, rien au monde ne peut l'empêcher de se porter aux extrémités les plus folles. En vain les âmes généreuses protestent. Inutilement les gens en place affirment la sincérité de leur loyalisme.

Dans la séance du 2 juin 1851, à l'Assemblée nationale, le colonel Charras cita ces paroles du général Foy : « L'obéissance de l'armée doit être

1. V. le *Siècle* du 15 mars 1851 (article de M. Louis Jourdain). Cf. l'*Événement*, la *Gazette de France*, la *Patrie* (même date).

entière, absolue, lorsqu'elle a le dos tourné à
l'intérieur et le visage tourné vers l'ennemi;
mais elle ne peut être que conditionnelle, lorsque
le soldat a le visage tourné vers ses concitoyens...
S'il plaisait aujourd'hui à un chef de dire à ses
soldats : Marchons aux Tuileries et assiégeons le
palais des rois, ne serait-il pas alors du devoir
des soldats de dire à cet officier : Vous êtes un
rebelle, nous ne vous suivrons pas?... » Le colonel
Charras déclarait que l'obéissance ne saurait, en
aucun cas, être passive. Et, comme les députés
de la Droite réclamaient, il s'écria : « Je ne
souhaite pas à cette Assemblée de voir soulever
contre elle des bataillons (*interruptions nombreuses et vive agitation*)... je disais que je ne
souhaite pas à cette Assemblée, lorsqu'elle pro-
clame le principe de l'obéissance passive absolue,
qu'il se trouve un jour un homme assez entreprenant, assez pervers pour diriger contre elle
des bataillons comme... au 18 brumaire... Ce
jour-là, par le fait même de l'obéissance passive,
absolue, l'usurpation fut accomplie... »

Le général Changarnier bondit à la tribune, et
dit en se frappant la poitrine : « Je crois nécessaire de dissiper les appréhensions exprimées...
par le colonel Charras... A en croire certains
hommes, l'armée serait prête dans un moment
d'enthousiasme, à porter la main sur les lois du
pays... Pour vous rassurer, il me suffirait peut-

être de vous demander où est le prétexte à l'enthousiasme (*rires prolongés*); j'ajouterai que, profondément pénétrée du sentiment de ses devoirs
et de sa dignité, l'armée ne désire pas plus que
vous voir infliger à la France les misères et les
hontes du gouvernement des Césars, alternativement imposé et renversé par les prétoriens en
débauche. (*Vives et nombreuses marques d'approbation.*) La discipline est fondée dans l'armée
française sur les bases les plus solides; le soldat
entendra toujours la voix de ses chefs. Mais personne n'obligerait nos soldats à marcher contre
la loi, et à marcher contre cette Assemblée. Dans
cette voie fatale on n'entraînerait pas un bataillon,
pas une compagnie, pas une escouade, et on
trouverait devant soi des chefs que nos soldats
sont accoutumés à suivre sur le chemin du
devoir et de l'honneur (*bravos*). Mandataires de la
France, délibérez en paix! » (*Applaudissements.*)

Le journal l'*Opinion publique* déclara qu'après
le « foudroyant discours » du général Changarnier, tout le monde pouvait dormir en paix[1].

Quelques jours après, le 12 juin, M. Arnaud
(de l'Ariège) vint à la rescousse, et soutint que
l'armée ne devait, en aucun cas, exécuter des
ordres contraires à la Constitution. Un député,
M. Soubies, s'écria : « Si un chef ordonnait à la

---

1. 4 juin 1851.

troupe de marcher contre l'Assemblée, faudrait-il obéir? » Le président Dupin interrompit vivement : « Ne cherchez pas d'exemples contre les règles! Elles seront les plus fortes! »

Quand le pays est engagé dans des passes difficiles, les esprits modérés essayent de l'en faire sortir par des voies légales. C'est pourquoi, trois ou quatre mois avant le coup d'État du 2 décembre, les bureaux de l'Assemblée nationale nommèrent une commission chargée d'examiner la question de savoir s'il n'y avait pas lieu de reviser la Constitution.

Les quinze membres de cette commission étaient MM. de Broglie, de Montalembert, de Tocqueville, Berryer, Odilon Barrot, de Corcelles, de Melun, Dufour, Moulin, Cavaignac, Charras, Jules Favre, Chamaraule. Les neuf premiers étaient favorables au principe de la revision. Les six autres y étaient opposés.

M. de Tocqueville, nommé rapporteur, exprimait à souhait les transes de ses collègues, lorsqu'il disait : « La majorité ne nie pas que la revision ne soit dangereuse, mais elle la croit nécessaire. On a tort sans doute de céder trop aisément au courant de l'opinion publique, mais il n'est pas toujours sage de lui résister... »

Tout ce rapport était, pour ainsi dire, ému d'appréhensions et d'angoisses. Tocqueville apercevait, en tremblant, l'espèce de vertige qui entraîne les multitudes vers le vide creusé par l'absence du pouvoir. En France, le gouvernement tient une place immense. Lorsqu'il vient à manquer, tout fait mine de s'écrouler. La terreur de l'inconnu pousse la nation aux extrêmes folies.

L'Assemblée discuta en détail cette question de la revision constitutionnelle. Berryer fut admirablement éloquent. Victor Hugo fut laborieusement sonore. M. Baroche, ministre des Affaires étrangères, prit la parole au nom du Gouvernement, et s'efforça de prouver que tout allait pour le mieux dans la meilleure des Républiques. Il se vanta « d'avoir comprimé l'anarchie, vaincu le désordre, rétabli l'autorité, ramené la confiance et la sécurité, rendu du travail aux ouvriers, etc. »

La revision fut repoussée par une majorité où voisinaient les noms de Napoléon Bonaparte, Pierre Bonaparte, Carnot, Cavaignac, Changarnier, Charras, Dufaure, Eugène Sue, Lamartine, Grévy, Lamennais, Sainte-Beuve, Thiers, Victor Hugo.

Toute cette dépense de talent, toute cette procédure parlementaire n'empêchèrent pas l'échéance inévitable du Deux-Décembre.

Louis-Philippe avait été le roi des redingotes noires, des gros ventres, des favoris épanouis, des cannes à pomme d'or et du musicien Auber. Il avait eu contre lui à la fois l'aristocratie boudense et la Démocratie impatiente. Il gouvernait avec des bourgeois raisonnables, déshonnêtes et rangés, qui étaient, selon le mot de Tocqueville, « modérés en toutes choses, excepté dans l· goût du bien-être ». Napoléon III fut l'emperc des crinolines, des blouses blanches et des hautes casquettes, des moustaches cirées et des gourdins, des jouisseurs féroces et des envieux maigres, des *noceurs* et du *populo*, et du musicien Offenbach. Le pacte, conclu entre la France et ces deux chefs, ne reposant que sur des intérêts égoïstes, se rompit, de lui-même, dès qu'ils furent malheureux. Leurs gouvernements furent sans vertu et sans grandeur.

Le 2 décembre 1851, M. de Tocqueville, s'étant laissé arrêter, comme ses collègues de la Chambre, par les policiers du prince-président, coucha sur une paillasse, dans les galetas de la caserne d'Orsay. Ne pouvant dormir, il se mit à réfléchir, selon son habitude. Et il pensa ceci :

Le 18 Brumaire ressemble plus que le 18 Fructidor à ce coup d'État : car il a fini comme celui-ci a commencé, par une tyrannie militaire : mais il a été une révolution autant civile que militaire. Il y avait une majorité dans les conseils pour Bonaparte. Louis-Napoléon, au contraire, n'avait pas un ami dans la Chambre. Les classes éclairées ont défendu le 18 Brumaire ; elles ont repoussé le 2 Décembre. Le siège consulaire de Bonaparte reposait sur l'élite de la France. Celui-ci ne peut trouver un défenseur avouable. Montalembert, Baroche, Fould, un ultramontain, un avocat de province et un banquier juif, voilà ses associés les plus respectables. Pour trouver le pendant, il faut remonter à 1800 ans.

Cette tyrannie durera aussi longtemps qu'elle ne sera pas impopulaire auprès des masses. A présent, seules les classes éclairées sont hostiles. Nous ne pouvons accepter d'être privés du droit de parler et d'écrire — ni que les destinées de la France dépendent de l'égoïsme, de la vanité, des terreurs ou des caprices d'un homme, d'un étranger de race et d'éducation, et d'une bande d'aventuriers militaires et de bourgeois avilis, bons tout au plus à former l'état-major et le conseil privé d'un Catilina. Mais le grand nombre n'en a souci. La crainte du socialisme les jette tête baissée dans les bras du despotisme.

Cette nuit d'insomnie, parmi les prisonniers de la caserne d'Orsay, furent les derniers instants que M. de Tocqueville passa dans une assemblée parlementaire. Désormais éloigné des Chambres, mais persuadé qu'il n'est pas nécessaire d'être député pour s'occuper de politique, l'auteur de l'*Ancien Régime* consacra ses dernières années à mettre par écrit ses réflexions. Instruit et attristé par l'expérience, il a prophétisé surtout les dangers auxquels la Démocratie s'expose, si elle continue à se méfier de l'intelligence, du talent, de la valeur morale, et à suivre les imbéciles ou les intrigants.

On pourrait extraire de ses livres un bréviaire à l'usage de nos hommes d'État.

La République a pris la suite d'affaires du second empire; elle a recueilli sa succession, en y ajoutant quelques acquêts.

Tocqueville a montré en perfection comment le nivellement démocratique se fait avec l'aide du césarisme, par le concours de deux mouvements inverses. Les uns descendent, les autres montent. Il y a rencontre en un point intermédiaire. Tout se fond dans une sorte de médiocrité. C'est l'avènement de la *médiocratie*. Chacun s'absorbe dans le soin de faire sa fortune ou d'en jouir après l'avoir faite. L'amour excessif du bien-être est un des caractères de la Démocratie.

Il est visible que, dans notre République fatiguée, chacun ne songe plus qu'à soi. On tâche de couler le plus doucement possible les quelques jours que nous avons à passer sur la terre. Les Français, un peu trop engagés en des routes commodes et plates, semblent perdre la sensation de la « prouesse » et la notion de l'héroïsme. Et c'est peut-être pourquoi nous sommes très près de la dictature césarienne. Il est naturel que l'on veuille être gouverné par un despote, lorsqu'on est surtout soucieux d'être tranquille pour s'amuser.

M. Paul Desjardins affirmait, un jour, que, depuis la mort de Renan, de Taine et d'Alexandre Dumas fils, la troisième République ne possède plus de héros [1]. En parlant ainsi, et en réduisant ses exemples au seul domaine des ouvrages de l'esprit, le généreux apôtre du *Devoir présent*

1. *Revue Bleue* du 20 février 1897.

s'exposait à cette erreur, communément répandue, qui consiste à dire trop et à ne pas dire assez. Nous avons encore, Dieu merci! des explorateurs. Mais il est certain que, malgré les exploits de ces vaillants hommes, notre démocratie ne vit pas dans une atmosphère héroïque.

Ni notre librairie, ni notre dramaturgie, ni enfin notre politique ne sont inspiratrices de grandes pensées ou conseillères de belles actions. Les derniers héros de roman datent d'Octave Feuillet, qui est mort, et de Georges Ohnet, dont les personnages nous ont paru sans doute trop magnanimes.

Au théâtre, nos prédilections négligent volontiers les drames courageux et forts, pour s'attarder aux fantaisies « adultérines » des moralistes en déshabillé. Quant à notre politique, elle est tout ce qu'elle peut être. La résignation y a plus de part que l'enthousiasme. Les hommes variables qui ont la charge de présider à nos destinées sont obligés de se rappeler, chaque matin, que la France n'est plus au lendemain de Rocroi, d'Austerlitz, ou même de Hanoï et de Son-Tay.

Ces nouvelles conditions de vie, jointes au bien-être matériel où s'amollissent les courages, forment autour de la nation un air ambiant qui n'est point propice à l'éclosion des vertus actives. Les longs espoirs et les vastes pensées ne sont plus à la mode. On vivote au jour le jour. Le souci de

l'avenir immédiat nous dérobe la vue des perspectives éloignées. Nos hommes d'État sont ordinairement préoccupés par les mauvais tours que
prépare, dans les couloirs, le machiavélisme des
« groupes ». Nos artistes pensent surtout à la vente
de leurs livres, de leurs tableaux, de leurs sta-
tues ou de leurs bustes. Chacun « fait sa petite
affaire ». Et c'est pourquoi les grandes affaires
vont mal ou ne vont plus du tout. L'ironie a tué
toutes les certitudes, appauvri toutes les sèves,
paralysé toutes les énergies. Nous n'avons même
plus la force de nier. A quoi, en effet, cela nous
servirait-il? Nos ancêtres, gens naïfs, prenaient
violemment parti dans les querelles divines et humaines. Intoxiqués de dilettantisme, nous sommes
rarement capables d'un tel effort. Les Français,
jadis, furent chrétiens ou athées, matérialistes ou
spiritualistes, conservateurs ou révolutionnaires.
Maintenant, beaucoup de gens n'ont plus la force
de dépasser les limites de la réaction religiosâtre,
du piétisme littéraire, du socialisme oratoire, de
l'anarchisme mondain, du *mécontentisme* bavard,
ou de l'antisémitisme vociférant. On n'a pas le
loisir de songer à la chose publique. On s'occupe
de soi, rien que de soi. On s'arrange, on se case,
on se débrouille. On a le culte du « moi », la religion
de *Bibi*. Notre philosophie, tout compte fait, c'est
(si j'ose m'exprimer ainsi) simplement le *bibisme*.

En somme, on n'est pas trop malheureux sous

ce régime égoïste et émollient. Surtout lorsque le temps se remet au beau et que le printemps sourit, on est assez disposé à prendre la vie en douceur. Rien d'ailleurs n'est négligé pour que nous soyons le plus joyeux peuple de la terre. Notre régime est à la fois triste et festoyant. C'est un mélange d'« embêtement » et de « noce ». Les Expositions décennales deviendront bientôt quinquennales, en attendant qu'elles soient annuelles. Les Bœufs gras se multiplient et revêtent une majesté de plus en plus officielle et sacerdotale. La cavalcade des étudiants, des « étudiantes » et des blanchisseuses continue d'être pompeuse. Le carnaval s'allonge indéfiniment. Il finira par rejoindre, sans interruption, la mi-carême, le 1ᵉʳ mai, le 14 juillet, la nuit de Noël, en passant par tous les bals de l'Opéra. Si l'on ajoute à ces occasions de noce quelques grands enterrements et deux ou trois solennités franco-russes, on aura l'image d'un peuple en perpétuelles vacances, on réalisera le rêve d'une *balade* sans fin, d'un bastringue international, invention délirante de la démagogie et triomphe assuré du mastroquet.

Ce spectacle sera peut-être grandiose. Il ne sera pas héroïque. Et, tout de même, nous ne sommes pas encore apprivoisés à l'idée de cette farandole macabre, qui semble être une fin de spectacle, comme l'apothéose finale des féeries. Nous essayons parfois de changer de position. Tels les malades qui ne sont pas tout à fait agonisants. Nous cédons à la velléité de guérir notre neurasthénie. Nous voudrions remonter aux sources pures de l'antique prouesse. Et nous nous demandons (comme M. Paul Desjardins) pourquoi le crépuscule de ce siècle est, à ce point, privé de grandeur.

La réponse à cette question équivaudrait, si elle était complète, à une étude de psychologie sociale dont je ne puis songer à esquisser, même sommairement, le dessein. Tout au plus pourrai-je crayonner quelques remarques dont le développement exigerait beaucoup d'espace et de loisir.

D'abord, on peut affirmer que l'état de « héros » sera de plus en plus malaisé à tenir. En effet, cet état, pour garder son ancien prestige aux yeux du genre humain, suppose un goût de mystère et certaines habitudes de respect dont nous ne sommes plus guère capables. Les plus authentiques héros de la Grèce et de Rome, s'ils étaient vus de trop près, risqueraient peut-être de perdre un peu de leur héroïsme. Or, nous avons à présent la manie de tout regarder de près. Et les instruments d'optique ne nous manquent pas : les rayons de Rœntgen, le reportage, l'interview, sans compter la publication des petits papiers posthumes. Qui sait? si l'on découvrait la correspondance d'Aristide le Juste et de Phocion l'Intègre, on verrait peut-être que ces deux honnêtes

politiciens ont connu Arton... Par le temps qui
court, il est difficile d'être estimé. De quelle force
d'âme ne faudrait-il pas être doué pour essayer de
se rendre admirable!

Il y a une autre cause à notre manque de héros.
Je la signale incidemment. Tocqueville ne semble
pas y avoir songé. C'est l' « état d'âme » des
femmes, lesquelles, décidément, sauf de très rares
exceptions, vont à l'encontre de l'héroïsme.

On nous rapporte, dans les histoires et dans les
légendes, que les dames du temps passé exi-
geaient de leurs soupirants une quantité incroyable
de vaillantise. Lancelot du Lac, pour arriver au
cœur de la reine Guenièvre, dut se mesurer en
champ clos avec les plus fameux jouteurs, vaincre
des serpents, des dragons et autres monstres,
passer un ruisseau à genoux sur le tranchant
d'une épée, accomplir enfin les plus extraordi-
naires exploits. Mais qu'importe?

> Amour qui le conduit et mène
> Si à souffrir lui semblait doux.

L'amour était stoïque en ce temps-là. En un
siècle moins fabuleux, on vit l'altière Julie d'An-
gennes faire attendre M. de Montausier pendant
quatorze ans, afin d'éprouver sa constance... Les
femmes sont devenues plus expéditives et moins
exigeantes. Non seulement elles ont le sublime
en horreur, mais encore on est presque sûr de

tout obtenir d'elles avec un peu de folichonnerie.
Si vous voulez conquérir le cœur de nos charmantes « flirteuses », ne soyez point trop sérieux :
on vous trouverait « embêtant ». N'ayez pas l'air
de croire à quelque chose : on vous jugerait
« gobeur ». Ne péchez point par excès de bonne
tenue : on dirait que vous êtes un « pontife ».
Les soirs d'été, ne dites pas à votre fiancée que
le mariage est une aventure grave et qu'il n'y
faut pas entrer à la légère... Elle vous écoutera
par politesse, mais elle dira sans doute *in petto* :
« Quel vieux rasoir! »

Soyez blagueur, gouailleur, bostonneur, cotil-
lonneur, dites des bêtises, amusez les gens, soyez
drôle, et il n'y aura pas de grand poète, pas de
capitaine illustre, pas d'orateur célèbre qui
puisse vous disputer, comme on disait jadis, le
« cœur des belles ». Soyez d'ailleurs timide dans
vos ambitions, médiocre dans vos vues; n'ayez
point de projet hardi; bornez vos désirs à une
« position » confortable, exempte de risques,
autant que possible, bureaucratique et casanière :
vous vous marierez vite et richement.

Un de mes amis, diplomate de son métier,
demanda un jour la fille d'un gros monsieur
enrichi dans la finance : « Vous me plaisez, lui
dit le monsieur. Mais j'espère bien, n'est-ce pas?
que vous allez rester à Paris. Vous ne jouerez
pas à ma fille le mauvais tour de l'emmener au

diable? » Il s'agissait, je crois, de Bucarest ou de Belgrade! Le diplomate se soumit, et il continue sa carrière au quai d'Orsay, dans les bureaux.

Un autre de mes amis, après quelques tentatives, vient de renoncer à chercher femme. Que voulez-vous, ce pauvre garçon est résident supérieur en Indo-Chine. Ce titre seul suffit à mettre en fuite les familles effarées.

On a des raisons de penser que le mari idéal, pour beaucoup de jeunes filles et de mères, c'est ceci : Un gentil garçon, un peu quelconque, pas très occupé (le travail « absorbe »); — pas très fort (les maris trop intelligents sont insupportables); — bien habillé, docile, n'allant pas au café, mais conduisant volontiers sa femme au bouis-bouis; — pourvu de bonnes rentes, et n'ayant aucun penchant aux idées ambitieuses qui empêchent les hommes de dormir et les femmes de s'amuser.

Et tout cela compose, dans notre démocratie folâtre, une espèce d'aristocratie stérile, qui ne vit que pour l'intérêt du moment et pour le plaisir quotidien.

Dans les démocraties, remarque Tocqueville, *les arts industriels tendent à créer, en grand nombre et à bas prix, des produits imparfaits et à donner à ces produits des apparences brillantes* [1].

---

1. V. *Démocratie en Amérique*. t. III, chap. XI.

L'hypocrisie du luxe est donc un des caractères des mœurs démocratiques. Le goût de l'épargne diminue. La sécurité du lendemain n'étant plus assurée, les caractères s'aigrissent à mesure que l'ostentation s'exalte. La bonne humeur disparaît. La vraie gaieté semble avoir déserté notre pays, à mesure que la recherche forcenée des satisfactions matérielles envahit nos mœurs.

Le goût d'*être* cède, de plus en plus, au désir de *paraître*. Cette disposition favorise, à Paris, le développement, presque indéfini, de cette maladie des classes riches ou simplement aisées, qui s'appelle le *snobisme*. Tocqueville ne connaissait pas le mot. Déjà il prévoyait la chose.

Le *snobisme* est une certaine application à suivre, dans la vie matérielle, dans la vie intellectuelle, jusque dans la vie morale, les prescriptions édictées par les gens à la mode. Cet effort ridicule aboutit à un faux luxe dans le costume, dans l'ameublement, dans les conceptions de l'esprit et jusque dans les mouvements du cœur. Les snobs ont inventé l'amour sans passion et la religion sans sincérité.

Il était réservé aux snobs, qui profanent tout, de mettre la religiosité à la mode, de transformer les fêtes rituelles en kermesses, et de faire, de la parole chrétienne un sport. Beaucoup de personnes, plus ou moins éloignées du catéchisme chrétien et des vertus évangéliques, se croient encore obligées de célébrer, par des ripailles solennelles, cette nuit mémorable de l'an 750 de Rome, où naquit, dans un village de Judée, Jésus le Nazaréen.

Pendant tout le mois de décembre, des arrivages d'huîtres préoccupent l'âme soucieuse de nos principaux restaurateurs. La Chambre syndicale de l'alimentation est sur les dents. Des caisses de champagne encombrent les cabarets où fréquente l'aristocratie de la troisième République. Et le boudin blanc abonde dans les gargotes voisines des Halles. Pourquoi? C'est que le « réveillon » de la nuit de Noël, destiné par la prévoyance de la primitive Église à réconforter les fidèles affaiblis par le jeûne, s'est changé en une mangeaille quasiment nationale, en une sorte de quatorze juillet nocturne auquel il n'est pas nécessaire d'apporter l'excuse d'une longue abstinence ni la sécurité d'âme que donne une bonne communion. Évolution des genres... « En ma jeunesse, dit le bon Estienne Pasquier, c'estoit une coustume que l'on avoit tournée en cérémonie de chanter tous les soirs, presque en chaque famille, des *nouels* qui estoient chansons spirituelles, faites en l'honneur de Nostre-Seigneur; lesquels on chante encore en plusieurs églises, pendant que l'on célèbre la grand'messe le jour de Nouel lorsque le prestre reçoit les offrandes. »

Que les temps sont changés! Depuis la mort du docte Estienne Pasquier, l'enfantillage des vieux « nouels » s'est mué en ces liturgies parisiennes dont le paganisme n'est même pas athénien.

Le carême est aussi, pour nos fêtards, une occasion d'ascétisme folichon.

Si nous pouvions, en temps d'abstinence obligatoire, oublier un seul instant notre devoir, les conférenciers de la Bodinière — à défaut du Bœuf gras, des étudiants et des blanchisseuses — suffiraient à nous avertir que la semaine sainte est proche et qu'il va falloir se mortifier.

Les personnes qui vont tous les jours, dans la salle de la rue Saint-Lazare, vaquer aux soins de leur intelligence et à la parure de leur cœur n'ont pas pu se plaindre qu'on négligeât les intérêts de leur salut. Elles ont pu se sanctifier sur place, sans quitter ces fauteuils de velours rouge où elles aiment à dépenser leurs après-midi en écoutant des dissertations harmonieuses ou des musiques follettes. Il y a temps pour tout. Un programme sagement combiné et dirigé par les nobles préoccupations leur permet, pendant le temps pascal, d'aller, séance tenante, du doux au grave et du plaisant au sévère. Sur ces mêmes planches où Mlle Yvette Guilbert nasilla (oh! combien!) la cantilène du *Petit Cochon*, l'administration de la Bodinière fit retentir la parole de

Dieu. On a pu alors dire, comme Victor Hugo dans la *Légende des siècles* :

Le pourceau misérable et Dieu se regardèrent.

Sur l'affiche où étaient indiqués les offices de la semaine sainte on a pu lire ceci, que je transcris fidèlement : « Mardi 24 mars, à trois heures, *Chansons libertines;* mercredi 25, à trois heures, *Sermons de Bossuet;* jeudi 26, à trois heures, *Chansons libertines.* »

Donc, Bossuet prêcha, plusieurs fois, du haut de la chaire de la Bodinière, devant une assemblée fleurie de chapeaux printaniers, gantée de suède clair, chaussée de chevreau verni, et drapée des plus fraîches couleurs. Après tout, il a bien prêché devant les perruques, les dentelles et les baudriers de l'hôtel de Rambouillet... Mais quelle concurrence pour les autres prédicateurs du carême! Sans doute les pénitentes du Révérend Père Ollivier désertèrent, ce jour-là, l'église de Saint-Thomas-d'Aquin. Les paroissiennes de Sainte-Clotilde abandonnèrent le Père Léonard. Les dévotes de la Trinité quittèrent le Père Jacquot. Le Père Léon fut négligé dans la nef de Notre-Dame-de-Lorette. Le Père Édouard ne fut pas écouté à Saint-Merri. Les ouailles de Saint-Honoré d'Eylau n'entendirent pas l'appel du Père Étourneau. Et il n'y eut sans doute personne

pour recueillir, au pied de la chaire de Notre-
Dame, le verbe un peu froid de M. l'abbé d'Hulst.

Bossuet prêcha à la Bodinière. Il prêcha par
l'organe impérieux de M. Mounet-Sully. Le grand
artiste qui, presque tous les soirs, donnait alors
quelque chose de son âme au triste Arétin, voulut
se prêter à cette pieuse entreprise. L'auditoire, en
fermant les yeux, a pu se procurer de fortes sensations d'histoire. Rien n'empêcha les auditrices
intelligentes d'imaginer cette vieille église des
Minimes de la place Royale (devenue, si je ne
me trompe, une caserne de gendarmes) où le
doyen de Metz (c'est ainsi qu'on appelait, en ce
temps-là, l'aigle de Meaux) a flétri les grands de
la terre en présence du prince de Condé. J'aurais
désiré que M. Mounet-Sully consentît à extraire
du fameux sermon sur la *Parole de Dieu* le morceau que voici :

Que chacun parle ici à sa conscience et s'interroge soi-
même en quel esprit il écoute! Que chacun pèse devant
Dieu *si c'est un crime médiocre de ne faire plus, comme nous
le faisons, qu'un jeu du plus grave, du plus important, du
plus nécessaire emploi de l'Église.* Car c'est ainsi que les
saints conciles nomment le ministère de la parole. Mais
pensez maintenant, mes frères, quelle est l'audace de ceux
qui attendent ou exigent même des prédicateurs autre
chose que l'Évangile, qui veulent qu'on leur adoucisse les
vérités, ou que, pour les rendre agréables, on y mêle les
inventions de l'esprit humain! Ils pourraient avec la même
licence, *souhaiter de voir violer la sainteté de l'autel, en fal-
sifiant les mystères. Cette pensée vous fait horreur...*

Et aussi, tâchant d'accommoder ses lectures au caractère de ce public choisi qui fut tout oreilles, le doyen de la Comédie-Française aurait pu récolter d'abondantes moissons dans le sermon sur l'*Impénitence finale*, qui fut prêché au Louvre, devant le Roi, le dimanche de la deuxième semaine de carême de 1662. On aurait voulu l'entendre, gourmandant ses fidèles, de cette même voix impérieuse et vengeresse dont il profère, au troisième acte de *Ruy Blas*, la fameuse interjection : *Bon appétit, messieurs !*

Que dirai-je maintenant, messieurs, de cette humeur inquiète, curieuse de nouveautés, ennemie du loisir et impatiente du repos? D'où vient qu'elle ne cesse de nous agiter, en nous engageant d'affaire en affaire, avec un empressement qui ne finit pas?... La nature même nous enseigne que la vie est dans l'action; mais *les mondains, toujours dissipés, ne connaissent pas l'efficace de cette action paisible et intérieure qui occupe l'âme en elle-même*; ils ne croient pas s'exercer s'ils ne s'agitent, ni se mouvoir s'ils ne font du bruit : de sorte qu'ils mettent la vie dans cette action empressée et tumultueuse; ils s'abiment dans un commerce éternel d'intrigues et de visites...

Si l'on avait voulu que cette retraite pascale fût féconde en grâces spirituelles et produisit tous les fruits que l'on devait en espérer, il était nécessaire de frapper l'esprit des pécheurs et des pécheresses par une de ces troublantes paraboles que les habiles prédicateurs savent si bien appliquer, toutes chaudes de généreuse inquiétude, à la rosserie des consciences veules. La muflerie du mauvais riche est peinte en traits vigoureux dans ce même sermon sur l'*Impénitence finale*. Ailleurs, dans le sermon *Sur la loi de Dieu* (pour le dimanche de la Quinquagésime), je trouve une description du carnaval si parfaitement juste, qu'elle s'applique très exactement aux joyeux ébats dont la troisième République, bonne fille, prend maintenant la tutelle et presque l'initiative. Le sermon sur l'*Amour des plaisirs* aurait engagé la clientèle de la Bodinière au mépris des « voluptés sensuelles » et à la recherche « d'une félicité toute chaste ». Le sermon *Pour la profession de Mlle de La Vallière* est merveilleusement adapté à l'état d'âme des diablesses qui se font ermites. Bossuet le prononça devant la Reine, ce qui était, pour les dilettantes, un raffinement de haut goût.

M. Mounet-Sully aurait pu arrêter son choix sur le sermon qui se rapporte à l'*Ardeur de la pénitence*. Jamais on n'a mieux dit comment et pourquoi l'incorrigible Madeleine ajourne perpétuellement la date de son retour à la vertu :

Une lumière soudaine et pénétrante brille aux yeux de Madeleine; une flamme toute pure et toute céleste commence à s'allumer dans son cœur; une voix s'élève au fond de son âme, qui l'appelle par plusieurs cris redoublés aux larmes, aux regrets, à la pénitence; elle est troublée et inquiète; sa vie passée lui déplait, mais elle a peine à changer si tôt : sa jeunesse fleurissante lui demande encore quelques années; ses anciens attachements lui reviennent, et semblent se plaindre en secret d'une rupture si prompte; son entreprise l'étonne elle-même, enfin toute la nature conclut à remettre et à prendre un peu de temps pour se résoudre...

En écoutant ces paroles, les cœurs présents auraient peut-être battu sous l'armature des corsets cambrés. L'effet aurait été d'autant plus décisif que les organisateurs de cette séance avaient chargé un conférencier spécial de seconder Bossuet et M. Mounet-Sully. Dans l'intervalle des lectures faites par l'illustre tragédien, le conférencier prenait la parole et donnait des explications.

Une remarque, pour finir sur ces détails. On voyait, sur le programme de cette sainte journée, que cette audition de sermons coïncidait avec l'exposition, dans cette même Bodinière, des aquarelles originales d'Albert Guillaume. Ceux ou celles en qui l'éloquence de la chaire suscitait des réflexions trop moroses pouvaient s'égayer en regardant frétiller, sur les murs, des silhouettes serpentines, joliment croquées au Moulin-Rouge, au Jardin de Paris et autres lieux... On sait que le crayon du philosophe Guillaume raconte aussi sincèrement que la plume de Lavedan ou de Donnay la vie tourmentée et cocasse de nos pauvres fêtards.

On pouvait croire qu'un industriel ingénieux

irait jusqu'à confier au dessinateur des *P'tites Femmes* le soin d'illustrer les *Oraisons funèbres*.

Cette entreprise eût été le digne symbole de la religion du « Tout-Paris », qui s'amuse, qui saute, qui gambade et qui, de temps en temps, est réveillé par les surprises de la politique ou par les crises de la conscience nationale.

CHAPITRE IV

PORNOGRAPHIE ET SCANDALES

La littérature de la troisième République. — Pornographie
et dilettantisme. — Le Lit. — L'Acropole de Paris. — La
course aux scandales. — La presse et le public.

Dans une démocratie, remarque Tocqueville,
il y a un grand nombre de lecteurs et qui sont
d'un goût peu exigeant, souvent grossier. Ce qui
fait que le talent n'est plus nécessaire pour faire
fortune dans les lettres[1]. On voit alors éclore la
littérature industrielle. On assiste à l'avènement
de la *pornographie* qui n'est, en somme, que la
forme la plus cynique du mercantilisme littéraire.

Ici encore, Tocqueville a vu le mal, débridé la
blessure et touché du doigt la plaie vive.

La pornographie nous obsède partout. Nous ne
pouvons passer dans la rue sans en être assaillis.

Allez sur le boulevard, entre chien et loup, à

1. *Démocratie en Amérique*, t. III, chap. XIII et suivants.

l'heure bleuâtre où les premiers becs de gaz commencent à clignoter dans l'ombre indécise... C'est l'instant où les cafés projettent la clarté de leurs lustres sur des hectolitres d'apéritifs et sur les derniers boulevardiers, provinciaux de Paris, qui continuent, depuis des années, à se raconter les uns aux autres, avec d'intrépides éclats de rire, les mêmes histoires et les mêmes potins. Il faut bien que chacun s'amuse... M. le contrôleur de Batignolles-Clichy-Odéon vous a donné un carton vert, dont le numéro vous permet d'espérer, à longue échéance, une « plate-forme » ou une « impériale ». Mais, comme les omnibus de cette ligne sont toujours complets, vous flânez devant la boutique de Flammarion. Une lumière crue fait flamber les couvertures bleues, jaunes, rouges, violettes, vertes ou zinzolines des bouquins nouveaux. En grosses lettres, les titres s'étalent, prometteurs. Les plus récentes ignominies s'enorgueillissent du chiffre formidable de leurs éditions. C'est la course au gros numéro. Des images coloriées allèchent le passant, le poursuivent d'une obsession tenace, et de tout ce tas de livres semble sortir une cacophonie de supplications câlines et impertinentes : « Prends-moi, monsieur, achète-moi... moi... moi.... »

De la boutique des libraires, la pornographie a émigré, depuis longtemps, sur les planches des théâtres. Et l'on ne peut plus nous tracer, sur la scène, une peinture des mœurs contemporaines, sans y mettre une alcôve et un lit.

Certes, la comédie a toujours besoin d'accessoires. C'est entendu. Et nos rates se désopilent malaisément si nos yeux n'aperçoivent un faux nez sur le mufle impudent de Scaramouche, un bonnet pointu sur le crâne de Pierrot, ou quelque outil de médecine préventive entre les mains de M. Purgon.

Nos ancêtres usaient largement de la scatologie. Ils pataugeaient avec délices dans les plaisanteries grasses. C'est pourquoi les médecins et les pharmaciens les faisaient rire à gorge déployée. Diafoirus, Macroton, Fleurant n'avaient qu'à se montrer sur la scène, avec leurs ustensiles, pour éveiller dans l'âme des spectateurs toutes sortes d'idées drôles. Le public des matinées populaires est encore sensible à ce genre de drôlerie. Tâchez d'entrer au Théâtre-Français le jour du 14 juillet, et vous entendrez le rire sain, sonore, salubre qui accueille ces simples mots du *Malade imaginaire* : « Un petit clystère insinuatif, préparatif et remollient, pour amollir, humecter et rafraîchir les entrailles de monsieur. » Ce n'est rien, et c'est d'un effet sûr, d'une ressource inépuisable. La rhubarbe, le miel rosat, la casse, le séné et surtout la triomphante seringue font partie du génie de Molière.

Nous avons changé tout cela. Ces innocents

joujoux ne suffisent plus à notre neurasthénie. Il
faut déshabiller, rhabiller, redéshabiller. Des
messieurs en caleçon, des dames en chemise, des
tables de nuit, des cabinets de toilette, tout l'attirail, tous les abandons, toutes les disgrâces, toutes
les gaudrioles de la vie nocturne, voilà ce que
nous voulons regarder, du fond d'un fauteuil ou
d'une loge, pour assurer la paix de nos digestions.
Et, sur les scènes de nos théâtres, parmi toute
cette sarabande d'hommes débraillés et de femmes
dégrafées, s'étale, massif, insolent, farceur et
lugubre, le monument où converge désormais ce
qui nous reste de force et de sève, l'autel où sacri-
fient consciencieusement tous les pontifes de l'art
nouveau : le Lit.

Vous savez qu'à présent une pièce en trois ou
quatre actes ne peut pas se terminer décemment
sans une petite coucherie. C'est réglementaire,
comme autrefois, dans les tragédies, l'unité de
lieu, de temps et d'action. On compte les drama-
turges courageux qui ont eu l'insigne audace de
se rebeller contre la tyrannie de ce rite. Nom-
mons ces insurgés : Paul Hervieu et ses *Tenailles*;
Edmond Rostand et son *Cyrano de Bergerac*;
François Coppée et son *Pour la Couronne*;
l'héroïque M. de Bornier et son *Fils de l'Arétin*...
Ce qui revient à dire que, seul ou à peu près seul,
le Théâtre-Français résiste à l'invasion des pei-
gnoirs, des serviettes-éponges, des traversins et

des courtes-pointes. Cela durera-t-il? Qui sait?
Nos petits-enfants verront peut-être (heureux
polissons!) le déshabillage de Pauline dans la
prison de Polyeucte, don Diègue en bonnet de
coton, le Cid en pantoufles, Chimène en corset,
Phèdre, en jupon court, essayant sur le fier Hippo-
lyte « le pouvoir de ses charmes ». L'intéressante
Junie s'avancera vers la rampe

dans le simple appareil
D'une beauté qu'on vient d'arracher au sommeil.

Enfin, on verra peut-être, grâce aux innovations
d'un habile metteur en scène,

Le fils, tout dégouttant du meurtre de son père,
Un bougeoir à la main réclamer son salaire.

Cette mode (disons tout de suite qu'elle est
déplorable, n'est-ce pas?), cette mode commença
par des exhibitions quasiment clandestines, dans
les bouis-bouis de Montmartre. J'ai tâché d'appliquer à ce sujet les sévères procédés de la méthode
historique. J'ai suivi les prescriptions de nos bons
maîtres les philologues. J'ai réuni des témoignages, compulsé des textes, critiqué des sources.
J'ai recherché les origines de cette coutume, aussi
impartialement qu'eût fait Fustel de Coulanges
pour l'étude des titres romains de la monarchie
franque ou M. Wiener pour les filigranes des

papiers lorrains. J'ai abouti à cette conjecture, que je n'ose pas encore soumettre au jugement de l'Académie des inscriptions et belles-lettres : c'est aux environs du boulevard Rochechouart, dans un local appelé le Divan japonais, que commença, sous la direction du « colonel » Lisbonne, la navrante coutume de ces insipides « couchers d'Yvette », dont les lingeries intimes, flairées par les vieux messieurs et par les potaches, finiront par abrutir tous les Parisiens.

De ces hauteurs, Yvette se répandit vers les boulevards, infligea ses « dessous » à tout un peuple, se précipita vers l'objectif des photographes, apparut dans son tub, dans sa baignoire, multiplia ses poses, ses sourires, ses œillades sur les planches des théâtres et aux devantures des papetiers. Ah! ce qu'on s'amuse à Paris! disaient les bons rastaquouères. Et ils demeuraient stupides devant ces étalages ineptes, avant d'aller, dans leurs lointaines provinces, tonner contre les vices de notre grande Babylone.

Maintenant, c'est une obsession. Vous ne pouvez pas aller au spectacle sans assister à cette cérémonie. Partout, des expositions de blanc, des trousseaux nombreux, des assortiments de bretelles et de jarretières. On dirait des réclames de bonnetiers. Partout des pastiches de cette Yvette, apparemment inévitable. On ne fait plus que des pièces (comment dirai-je?) cubiculaires. C'est sur

un sommier que se trouve le centre de gravité où
retombent et d'où rebondissent tous les personnages créés par l'adresse inventive de nos drama-
turges. Tout le monde se couche, dans ces drames.
Et ceux qui ne se couchent pas voudraient bien
se coucher. Et ceux qu'un mauvais sort exile du
lit convoité vont rouler sur des divans propices.
On se couche partout, dans les coins, dans les
coulisses, à l'étage au-dessous, à l'étage au-dessus.
Dieu! quelle orgie d'oreillers, quelle débauche
d'édredons, quel abus de duvet, de crins et de
plume! C'est troublant, fatigant. Et cela produit,
si je ne me trompe, cette espèce de gaieté bizarre
que les théologiens appellent la délectation
morose.

Tout de même, en sortant de là, on réfléchit.
On se dit : Voyons... Supposons (car enfin tout
est possible) qu'on veuille sortir un jour de cette
dramaturgie égrillarde et déprimante. Imaginons
que notre pauvre nation ait envie d'aller au
théâtre pour y chercher autre chose que des
piments et des poivres funestes à l'estomac. Après
tout, cela peut arriver... Figurons-nous qu'un
nouveau Beaumarchais entreprenne d'avertir, par
un sonore pétard, notre insouciante Démocratie.
Admettons qu'un nouvel Aristophane ou qu'un
nouvel Eschyle (voilà des gros mots, mais tant
pis, je les risque!) essaie d'évoquer des victoires
ou des calamités et de nous dire : Assez de pei-

gnoirs, de jupons et de chemises! si nous parlions
un peu des *Acharniens* ou des *Perses*!... Oh! alors,
la censure n'aura pas assez de crayons rouges, de
lunettes et de ciseaux. La police mettra sur pied
tous les argousins dont elle dispose. Y pensez-
vous? Représenter par de vives images l'urgence
des questions sociales? Amener sur la scène le
souvenir des infortunes et des sacrifices, la vision
de la patrie inconsolée, le fantôme d'un passé
récent, la rancœur de ce qui peut, en nous humiliant, nous relever et nous sauver? Mais ne crai-
gnez-vous pas des complications diplomatiques,
des inquiétudes, des difficultés? N'avez-vous pas
scrupule de causer ainsi des ennuis à ce gouver-
ment tutélaire dont la force armée escorte le
Bœuf gras? Donc, amusons-nous. Et, pour ne rien
voir des tragiques nécessités qui nous menacent,
regardons Yvette vaquer à sa toilette de nuit.
« Où y a de la gêne, y a pas de plaisir. » Débou-
tonnons, délaçons, déshabillons!

Voilà comment, sous la troisième République,
on comprend la liberté[1].

On hésiterait, dans une étude sociale, à parler
des « bouis-bouis » de Montmartre, si ces établissements n'avaient pris, grâce aux progrès de la
pornographie, une importance qui les signale aux
méditations des sociologues.

1. La censure a interdit récemment une innocente farce où
M. Mesureur apparaissait sous le nom de M. Larpenteur, et
M. Bourgeois sous le nom de M. Laristocrate...

Les cabarets « littéraires » de Montmartre ont joui jusqu'à ces temps derniers, de ce qu'on appelle, dans le langage des ministères et des préfectures, un « régime d'exception ». Ils étaient les enfants chéris de la République. On aurait déboulonné une seconde fois la colonne Vendôme, revisé la Constitution, dénoncé le traité des Pyrénées et rompu l'accord du concert européen, avant de toucher aux libertés de la Butte. Tous ces « chats », noirs, blancs ou rouges, tous ces « chiens » de pelage varié, tous ces « rats » morts ou vivants, tous ces « divans » plus ou moins levantins, tournaient à l'état d'institutions nationales. Déranger le coucher d'Yvette ! troubler son lever ! agiter l'eau de son bain ! allons donc ! autant renverser dix ministères, susciter vingt crises présidentielles, déclarer la guerre à toute l'Europe, et prendre le Grand Turc par la peau du cou pour le mettre dans le cul de basse-fosse qu'il a si bien mérité !

Ainsi Montmartre devint l'Acropole de Paris.

La Butte, glorifiée par des annonciers très malins, apparut à nos yeux comme le dernier asile de nos divinités « poliades », comme le refuge imprenable où s'entassaient les trésors de la cité, comme la cime glorieuse où s'achevait l'évolution d'une race. Saluez, mesdames et messieurs, vous voyez le tabernacle de la vieille gaieté française ! Ohé ! ohé !

Et l'on monta, presque en procession, avec une piété quasiment triste, mais convaincue, vers les cérémonies diurnes et nocturnes des bouis-bouis. On écouta, là-haut, des boniments qui ressemblaient à des sermons sur la montagne. Des éclats de voix prophétiques furent entendus aux environs du Moulin-Rouge et du Moulin de la Galette. On put croire, un instant, que l'Évangile des temps nouveaux allait naître sur ces hauteurs. Les étrangers de distinction, les rois en exil, les princes en voyage, les ministres en vacances, les grands-ducs en goguette ne manquaient pas d'accomplir le pèlerinage de la rue Pigalle et du boulevard Rochechouart, après ou avant la tournée obligatoire des 'goûts. On leur disait que l'esprit français, la fantaisie gauloise et aussi (n'oublions rien) le sérieux des peuples latins s'étaient retirés dans ces lieux. Sur ces tréteaux, on vit des limonadiers cossus se grimer en « révoltés sublimes » et psalmodier, à leur façon, la revendication des affamés et des « miséreux ». Ce cabotinage attendri s'assaisonnait de couplets parfaitement immondes. La question sociale, inscrite sur les programmes de ces brasseries, à titre de « numéro » sensationnel, fut égayée par des exhibitions qui n'avaient rien de sentimental. On rentrait chez soi à la fois édifié, émoustillé, dégoûté. Il paraît que c'était charmant. De là se répandirent sur Paris cette mode de l'érotisme maussade, qui, vraiment, nous donne des hauts-le-cœur, cette manie des « dessous » où se mêle une forte part de débilité sénile et, enfin, ce culte du Lit dont la plupart de nos théâtres furent infestés.

Cependant, la liberté sacrée dont le privilège sans limites avait été octroyé si généreusement aux cafetiers de Montmartre effraya, par ses excès, les hommes qui veillent au bon renom de la France. L'idée que ce faubourg excentrique représentait éminemment la civilisation de notre pays prenait, tout de même, quelque chose d'affligeant pour notre réputation chez les peuples étrangers. De plus, ces boîtes à musique semblèrent, aux yeux des moins puritains, un peu trop favorisées. On usait, envers ces maisons, d'une tolérance vraiment illégale. L'exploitation de l'obscénité humanitaire devenait un monopole. Car enfin, cette « fantaisie gauloise » se concilie très bien avec la tenue des livres. Ce dévergondage est un commerce. On paye pour entrer dans ces conservatoires qui, pour un peu, seraient devenus officiels. La scène où ces demoiselles ôtent publiquement leur pantalon et leur chemise est voisine du guichet où le caissier, prudemment, aligne des écus. Alors, pourquoi cette industrie serait-elle protégée par un traitement spécial? Pourquoi le gouvernement persisterait-il à rester le tuteur bénévole de ce négoce? Les trafiquants de Montmartre ne peuvent plus exciper

de ce « caractère privé » qui seul pourrait mettre
leurs entreprises à l'abri du contrôle public. Il ne
s'agit pas ici de petites fêtes intimes. Ces messieurs organisent des divertissements qui rap-
portent, des polissonneries contre rembourse-
ment, des orgies à bénéfices. Par conséquent, il
est déraisonnable que ce métier, qui est, paraît-il,
un bon métier, soit affranchi même de ces formalités très simples que la République impose à
tant de professions, réputées plus honorables. Les
directeurs de théâtre sont soumis à une puissance
mystérieuse, qui s'appelle la censure. On ne voit
pas pour quel motif les patrons des bouis-bouis
de Montmartre obtiendraient, dans l'État, une
situation plus considérable que l'Odéon, le Vaude-
ville ou le Théâtre-Français.

Cette anomalie, au moment même où elle ten-
dait à s'établir comme un usage et à devenir
presque aussi vénérable que nos plus anciennes
coutumes, choqua la logique rectiligne qui est
naturelle aux Français. Les notables de Montmartre furent donc invités à modérer le zèle de
leurs déshabillages, à tempérer l'ardeur de leurs
innovations coutumières, et, en tout cas, à soumettre leur industrie au droit commun.

Un préfet de police, M. Lépine, et un « chef du
bureau des théâtres », M. des Chapelles, invitèrent
les bouis-bouis de Montmartre à soumettre leurs
exhibitions au contrôle de l'État. En somme,

puisque la République a encore des censeurs,
autant vaut s'en servir que de les appointer pour
ne rien faire [1]. Et puis, encore une fois, on ne
comprendrait pas pourquoi les gérants des spectacles de Montmartre seraient dispensés d'une
sujétion qui régit nos théâtres même subvention-
nés. Et, tout compte fait, notre censure est si
discrète que, même après ses sages avertisse-
ments, la clientèle des bouis-bouis trouvera
encore, sur la Butte, une quantité suffisante de
gros mots à entendre et de chair humaine à
regarder.

Le mieux, assurément, serait que nous fus-
sions à nous-mêmes nos propres censeurs, et
qu'un restant de bon goût nous préservât des
calembredaines sales dont la contagion se répand
de proche en proche et menace de tout atteindre,
de tout gâter... Certes, il ne faut pas exagérer
l'influence des bouis-bouis, ni redouter outre
mesure le rayonnement de Montmartre sur la
France. Pourtant nous assistons depuis quelque
années, sous prétexte de manifestations littéraires
et artistiques, à des mystifications très calculées,
qui n'ont aucun rapport ni avec la littérature ni
avec l'art. Nous avons vu naître, à la surface de

1. D'après la dernière édition de l'*Almanach national*, le service de la censure est confié à sept inspecteurs et inspecteurs
adjoints des théâtres. Vraisemblablement, ces messieurs ne
travaillent pas beaucoup.

notre société, cette tare nouvelle, que deux écrivains très différents, M. Maurice Talmeyr et
M. Francisque Sarcey, ont appelée d'un commun
accord le « snobisme de l'obscène ». On voit de
grandes dames, de très grandes dames, peut-être
honnêtes, donner à leurs cochers l'adresse de certains coins de la Butte, afin de prouver qu'on est
« à la hauteur », qu'on ne « retarde pas », qu'on
est « dans le train » et qu'une « femme intelli-
gente » doit aller partout. Le meilleur monde, ou
du moins celui qui croit l'être, s'en est allé dans
les bouis-bouis, et même ailleurs, afin d'apprendre
l'argot des souteneurs et des soutenues. M. Talmeyr a vu, dans un de ses cabarets chantants,
un général, en uniforme, applaudir, béat, à des
mimiques significatives et se pâmer à des monologues encore plus expressifs, tandis que plusieurs rangées de dames « très bien », les yeux
arrondis et la lèvre veule, recevaient en plein
corsage des poignées d'ordures sans sourciller[1].

Ce n'est rien, diront les dilettantes. C'est à
peine un détail infinitésimal dans la vie multiple
d'une nation... Soit. Mais c'est toujours le krach
de quelque chose. Le déclin des sociétés est fait
d'une série de menus déclanchements. Il est impossible de croire (et ceci est une remarque de simple
bon sens) que cette atmosphère de vice puisse

1. On pourrait multiplier ici les témoignages.

s'épaissir et se propager autour de nous sans que
nous en soyons intoxiqués. Il en résulte une
habitude de plus en plus exigeante et envahis-
sante, qui amincit, par une usure quotidienne,
presque insensible mais désastreuse, la cloison
entre ce qui se dit, ce qui se pense et ce qui se
fait. C'est un affouillement quotidien, un effrite-
ment continu de tous les supports sur lesquels
reposait la santé morale de l'individu et de la
société. Nous en devenons plus indulgents, sinon
pour les fautes d'autrui, du moins pour nos propres défaillances. Blasés par des piments inouïs,
saturés de poivre et de gingembre, nous nous
acheminons peu à peu vers cette limite de
l'ignoble où l'on est obligé de s'arrêter, parce
qu'au delà il n'y a plus rien. Il nous faut de l'arti-
ficiel, du nouveau. La nature toute nue à présent
nous paraît fade. Doucement abrutis par ce liber-
tinage forcené, nous sommes à bout d'équivoques,
à bout de transparences, à bout de chatouille-
ments. Nous avons beau unir les gravelures aux
sermons, la folichonnerie à la mysticité, et chercher, jusque dans les catacombes, je ne sais quelle
excitation macabre, le monstrueux lui-même ne
nous étonne plus. « Avez-vous lu ce livre? demandait récemment une maîtresse de maison aux
habitués de son *five o'clock*; c'est très bien, c'est
très obscène. » Et notre vie fiévreuse devint, peu
à peu, une véritable course aux scandales.

Depuis la fameuse affaire des « Décorations »,
il faut toujours que nous ayons une « affaire » en
train. L'*Affaire* d'aujourd'hui a changé la société
française en un tohu-bohu où s'entre-croisent les
paroles mauvaises, — en une pétaudière où sévit
la guerre civile des couteaux à papier, prélude,
peut-être, des autres batailles...

Notons, ici, quelques « instantanés », d'après
nature.

— Madame est servie !..

Dès que le valet correct, rasé de frais, ganté de
blanc, vêtu de noir, a prononcé, à la porte du
salon étoilé de lustres, les trois mots de cette formule quasiment sacramentelle, la maîtresse de la
maison prend le bras gauche du « vieil invité ».
Les plastrons raides se dirigent vers les corsages
décolletés ; les manches des habits noirs s'arron-
dissent ; les bras nus, souples, posent leur fraîche
couleur de chair sur les plis cassants du drap
triste. Et le cortège (telle une noce) se dirige vers
la salle où les cristaux étincellent parmi les
fleurs.

Chacun, tout en adressant à sa compagne des
phrases vagues, se dit à part soi : « C'est
entendu ! Je parlerai, ce soir, de la pluie et du
beau temps. »

On s'assied autour de la table. La maîtresse de
la maison laisse comprendre, par des précautions
habiles, qu'elle voudrait bien, en effet, que l'on

parlât du beau temps et de la pluie. Les convives, courtoisement, font un effort sincère pour songer à cette pluie et à ce beau temps. Et cela jette un froid sur le potage.

La conversation languit, molle, incertaine, tâtonnante. On dirait que les gens essayent de s'éprouver par des touches légères, comme des duellistes sur le terrain. La discorde est dans l'air. On pressent un combat.

Les hommes prudents, voulant éviter un conflit, tendent des perches.

— Vous savez! Fogazzaro est arrivé!

En tout autre temps, cette nouvelle aurait fait tressaillir d'aise toutes les lectrices de *Daniel Cortis*. A présent, l'annonce de cet événement ne suscite que des *ah!* sympathiques ou deux ou trois questions bienveillantes et brèves.

Les femmes sages s'ingénient à trouver des sujets intéressants, actuels, palpitants et cependant pacifiques.

— Avez-vous vu *la Dame de chez Maxim*?

— Pas encore. Impossible d'avoir des places.

— Oh! Allez-y! C'est charmant! Délicieux! Exquis!

La Dame de chez Maxim apaise, pendant quelques minutes, les esprits, adoucit les cœurs, délie les langues. Et puis, la gêne recommence. Enfin, au moment du champagne, tout éclate. Et les hommes se dépêchent de se sauver au fumoir,

afin de pouvoir lâcher tranquillement des gros
mots.

La cloche sonne dans la cour du lycée. Les
portes s'ouvrent. Et, de toutes parts, les potaches
se précipitent, avec ces cris excessifs et ces gestes
un peu débridés que recommandent les plus
récents manuels d'indiscipline.

Vous croyez peut-être que ces heureux jeunes
gens vont jouer à quelque vieux jeu, tel que les
barres, l'*ours*, la *balle en l'air*, ou que, du moins,
ils s'exerceront à quelque acrobatie anglo-saxonne
— récemment inventée par le modernisme excessif
de nos pédagogues?

Erreur!

Ces doux enfants vont se former en groupes,
pour pérorer. Ils disserteront, à perte d'haleine,
sur les scandales du jour. Quelques-uns, les plus
malins, ceux qu'on appelle les « fortes têtes »,
trouveront le moyen d'exhiber une découpure de
journal. Et aussitôt, comme si le contact de ce
papier mettait tout en feu, les imaginations s'en-
flamment, les yeux brillent, les coups de poing
partent tous seuls. Et, d'un bout à l'autre de la
cour, on entend ces mots : « Bandits!... Canailles!... Crapules!... Vendus!... »

C'est ainsi que les jeunes Français font l'apprentissage de la vie parlementaire...

On pourrait, tout le long de l'échelle sociale, décrocher des tableaux de ce genre.

J'entrai, un jour, chez un mastroquet, afin de prendre un « canon ». Je voulais, grâce à ce prétexte, contempler face à face le peuple souverain et recueillir quelques paroles mémorables de la bouche même de la Démocratie.

Deux citoyens causaient devant le comptoir de zinc où chatoyait, vénéneuse, toute la gamme rouge, verte, bleue, violette, jaune des poisons populaires, autorisés par le gouvernement.

Derrière les « bitters » variés, les « amers » savamment dosés, les « picons » lucratifs et les alcools falsifiés, le Marchand de vins trônait, agent officiel de notre alcoolisme national. Il m'impressionna, ce « bistro »! Je crus voir, sous les apparences abjectes de ce gros homme roublard et sournois, le conducteur de nos destinées, le pasteur des peuples nouveaux, le président effectif d'une République dont tous les autres dignitaires ne sont que les « présidents d'honneur ».

Ce majestueux « bistro » présidait le dialogue des deux citoyens, tout en leur versant des liqueurs frelatées et en s'emparant de leurs gros sous.

— Moi, disait l'un, si je *les* tenais, je les ferais passer au peloton.

— Oui, appuyait l'autre, au peloton!

— Au peloton d'exécution! reprenait le premier.

— Au peloton d'exécution! insistait l'autre.

Ces litanies et ces répons durèrent longtemps.
(Les personnes qui vivent dans la familiarité du
peuple savent que les causeries des simples sont
interminables, parce que chacun répète à satiété
ce qu'a dit le précédent interlocuteur.)

Cependant, le « bistro » prodiguait à ses deux
clients les plus précieuses quintessences de ses
chimies démagogiques. Si bien qu'au bout d'un
quart d'heure, les deux citoyens, ivres et mou-
rants, bégayaient de vagues injures : « Bandits!...
Canailles!... Crapules!... Vendus!... »

Voilà un « léger crayon » de l'état moral et
intellectuel de la France, en l'an de grâce 1899,
après trois révolutions, et malgré les efforts généreux qui ont été faits pour répandre des lumières.

Je ne parle pas des bagarres du Tivoli-Vauxhall,
où l'on doit, de temps en temps, éteindre les
« lumières », afin d'arrêter l'effusion du sang.

Cherchez donc la vérité au milieu de ce brouhaha, de ce tohu-bohu, de ces coups de poing et
de ces gifles!

Hélas! je crains bien que la vérité ne soit le
dernier souci d'un certain nombre de citoyens,
actuellement surexcités, ahuris, follement bavards
et gesticulants.

Au fond, nous sommes affamés de scandales. Il
nous en faut un tous les hivers. Et, quand nous

en tenons un, nous ne voulons plus le lâcher. Autrement, on ne s'expliquerait pas pourquoi des questions, qui ne sont pas insolubles, traînent ainsi en longueur, pour la plus grande joie des badauds. Si l'on répondait tout de suite, si le dénouement arrivait trop tôt, nous serions déçus, comme ces gens qui vont au spectacle et qui trouvent les actes trop courts.

Un bon scandale doit durer quatre ou cinq mois, depuis le commencement d'octobre jusqu'aux environs de mai, c'est-à-dire pendant le temps où les Français, et surtout les gens du monde, ont besoin d'un sujet de conversation.

A chaque hiver suffit son scandale. Celui de cette année dure décidément trop. Il est temps, grand temps, que la toile tombe sur le cinquième acte.

A moins que nous ne prenions plaisir à continuer nos contorsions devant l'Europe... On m'a rapporté, récemment, un mot d'un diplomate hongrois qui dînait à côté d'un fonctionnaire éminent du quai d'Orsay.

« Il faut avouer, disait ce diplomate, que si la France disparaissait, quelque chose manquerait à l'Europe. »

Le fonctionnaire, inquiet et flatté, allait répondre par des remerciements évasifs.

« Oui, reprit le diplomate, vous nous donnez la comédie, avec vos journaux. »

Les maladies du journalisme (qui ne sont que l'exacerbation des maux de la société) attendent le vigoureux docteur qui saura en fixer le diagnostic et en préparer la guérison. A ceux qui seraient tentés d'entreprendre cette cure gigantesque, j'indiquerai rapidement quelques points douloureux [1].

1° *Les progrès stupéfiants et les aberrations du reportage.* — Notez que rien n'est plus intéressant que le récit détaillé, circonstancié, d'un fait. En soi, le reportage est utile, nécessaire. Le reporter peut s'élever à la dignité d'historien. Plusieurs historiens (Hérodote, Froissart, Jehan d'Auton) furent d'excellents reporters. Le fameux *Entretien de Pascal avec M. de Sacy sur Épictète et Montaigne*, qu'est-ce autre chose qu'une *interview* d'un genre supérieur? Mais voyez ce que deviennent, dans notre recherche éperdue de l'inédit et du nouveau, les faits et gestes de nos contemporains. Coq-à-l'âne, pataquès, bouffonneries, commérages, racontars, potins, tout cela passe devant nos yeux et bourdonne à nos oreilles, en un pêle-mêle ahurissant. Oh! les pauvres historiens, qui plus tard voudront extraire de ce capharnaüm un résidu de vérité! Toutes les calembredaines du roman-feuilleton, jadis reléguées au « rez-de-chaussée », émigrent sous la rubrique des « infor-

1. V. le *Reporter*, par Paul Brulat. 1 vol.

mations ». On dirait que la vie contemporaine est un perpétuel mélodrame de l'Ambigu. C'est à croire que la nation française se compose uniquement de concierges surexcités.

2° *L'hypertrophie de la rhétorique injurieuse.* — Avoir raison, paraît-il, ne suffit plus, il faut crier. Le *trait d'esprit* qui fut jadis une de nos coquetteries nationales, est remplacé par le coup de gueule. Cette évolution des genres met le journalisme à la portée de tous. Rien de plus facile que de lâcher un gros mot, surtout lorsqu'on est un goujat. Aussi le métier d'aboyeur professionnel commence à se gâter. Les concurrents sont trop nombreux et arrivent trop vite à l'épuisement. Les malheureux font peine à voir. Leurs grimaces deviennent des tics. Leurs fureurs s'achèvent en convulsions. Leurs invectives tournent au bégaiement. Leur rage aboutit à de pitoyables impuissances. Car, enfin, on a beau faire : le champ de l'ordure n'est pas infini et le dictionnaire poissard a des limites, que le brave Cambronne a marquées d'un mot, et au delà desquelles on risque de trop patauger. Les virtuoses du verbe sale et du geste canaille sont acculés à des impasses. Leurs derniers hoquets ont quelque chose de tragique. Le plus petit choc détermine, dans ces tempéraments ruinés, une crise d'épilepsie, jointe à une éructation de bile. Égosillés, époumonés, la moindre discussion provoque en eux un vomissement d'injures tel que leur voix s'engorge, que leurs phrases s'entrecoupent de nausées, et que la langue française, sous ce flot d'immondices, devient je ne sais quel bafouillage empoisonné, baveux, ignoble.

3° *La complicité du public dans les erreurs du journalisme.* — Oh! sur ce point, il faut que chacun fasse son examen de conscience et prenne sa part de responsabilité. C'est ici que se vérifie la loi de l'offre et de la demande. Est-il vrai, oui ou non, que les plus paisibles citoyens, les plus zélés fonctionnaires, les plus majestueux propriétaires prennent un plaisir de dilettantes (plaisir d'ailleurs grossier) à voir traîner dans la boue le gouvernement qu'ils approuvent, les chefs qui les commandent, le contrat social auquel ils doivent leur sécurité? Est-il vrai, oui ou non, que nous sommes affamés de scandales? Est-il vrai, oui ou non, qu'il y a, entre les journalistes et les lecteurs, une course éperdue, ceux-ci demandant toujours plus, ceux-là offrant davantage, et que cette course risque de finir par un casse-cou qui mettra tout le monde d'accord? Quand nous refermons, le matin, notre journal, en disant : « Il n'y a rien », c'est que nous n'avons trouvé, dans ces quatre pages, ni un assassinat, ni une catastrophe, ni des « révélations ». Nous n'avons pas eu notre pitance accoutumée. Si nous errons par la ville, entre chien et loup, nous attendons avec impatience l'heure des camelots, l'heure hurlante et folle où

les scandales, vrais ou faux, annoncés, en tout
cas, par de grosses lettres noires ou rouges, ré-
pandent la démence à travers les rues et semblent
tourbillonner en un vertige fantastique sous les
lueurs incertaines du gaz.

Surviennent les journaux de six heures. A ceux-
là aussi, même aux plus discrets, nous demandons
des noms, des visages, une proie. Enfin, au moment de nous mettre au lit, nous cherchons encore
quelque chose de sensationnel, un procès macabre, une séance meurtrière, de la viande fraîche,
les éléments d'un délicieux cauchemar.

De sorte que, sans être particulièrement glou-
tons ou féroces, mais en étant toujours à la merci
des incidents et à l'affût des accidents, nous voulons quatre repas par jour, quatre repas d'anthro-
pophage.

Je m'arrête. La matière est infinie. Elle implique
presque toutes les questions sociales qui nous préoccupent. On en pourrait faire une gigantesque
étude de mœurs. Ce problème est fait pour tenter
un grand artiste. Je crois que ce sujet est mûr,
qu'il est « dans l'air », qu'il s'offre aux audacieux,
aux sincères, à ceux qui croient que la littérature
n'est pas une vaine amusette et qu'elle doit s'emparer de tout ce qui intéresse les destinées de la
nation. Les matériaux sont dégrossis. Les outils
sont prêts. Le modèle est là. Il ne reste plus que
le chef-d'œuvre à faire. Avis à notre futur Balzac.

Le spectacle des passions féroces, des intérêts insatiables qui envahissent la presse devient, de jour en jour, plus complexe, plus dramatique. Pendant longtemps, les politiciens et les journalistes ont marché d'accord. Maintenant, ils se battent pour la possession du pouvoir et pour le partage des bénéfices. Cette violente dispute sera peut-être l'événement principal de la période où nous entrons.

CHAPITRE V

LES AUMONIERS DE LA DÉMOCRATIE

Le malaise du siècle. — Du pouvoir spirituel dans la Démocratie. — Chateaubriand et Lamennais. — Victor Cousin et le spiritualisme. — Auguste Comte et le positivisme. — Michelet et Quinet. — L'Université de France. — La nouvelle Idole. — Les philosophes et les historiens.

Le jour de Pâques de l'année 1802, les prêtres et les fidèles de l'Église de France s'abandonnèrent aux transports de la plus vive allégresse. Les cathédrales, les basiliques et même les plus humbles chapelles venaient de se rouvrir après dix années de clôture et de désolation. Les cloches, longtemps muettes, recommençaient à chanter dans la lumière d'un tiède renouveau. Et le peuple, content d'aller à la messe, se réjouissait.

Dans les palais où les simples citoyens ne pénètrent pas, une longue et difficile négociation

venait d'aboutir à un « concordat ». Trois prêtres
italiens, l'archevêque Spina, le cardinal Consalvi
et le père Caselli ; trois plénipotentiaires français,
Joseph Bonaparte, M. Cretet, conseiller d'État,
et le fougueux abbé Bernier, s'étaient enfin mis
d'accord pour signer, sous les ordres du Premier
Consul, un papier qui semblait régler pour toujours les relations du Saint-Siège avec le gouvernement français.

C'est pourquoi, ce jour-là, 18 avril, jour de
Pâques, un *Te Deum* fut chanté dans l'église
métropolitaine de Notre-Dame. Le Premier Consul y vint en cérémonie, précédé et suivi par des
laquais en livrée verte et par des diplomates en
frac brodé. Il portait, à la garde de son épée, un
fameux diamant, connu sous le nom de *Régent*.
Il fut encensé par le cardinal Caprara. Cet attirail, ce protocole, ces formalités irritèrent quelques généraux qui, pour marquer leur mécon-
tement, s'amusèrent, pendant la messe, à traîner
les pieds et à faire du bruit avec leurs sabres.
Bernadotte, le plus indiscipliné de tous, faillit
passer en conseil de guerre...

Malgré tout, on crut avec quelque sincérité
qu'une ère de concorde et d'apaisement allait
s'ouvrir pour la patrie, si cruellement déchirée
par les discordes civiles. Cette espérance, univer-
sellement répandue, causa le succès d'un gros
livre, le *Génie du Christianisme*, qui, méprisé par

l'Académie française, mais porté par l' « actualité », fit un beau chemin dans le monde.

« Bonaparte, dit Chateaubriand, désirait alors fonder sa puissance sur la première base de la société... Il avait à lutter contre les hommes qui l'entouraient et contre des ennemis déclarés du culte ; il fut donc heureux d'être défendu au dehors par l'opinion que le *Génie du Christianisme* appelait. Plus tard, *il se repentit de sa méprise : les idées monarchiques régulières étaient arrivées avec les idées religieuses.* »

Il me semble que Chateaubriand définit ici, avec une précision singulière, le drame bientôt séculaire, où s'agite notre société. Cent ans d'histoire politique, intellectuelle et morale tiennent dans cette formule. Le malaise du siècle y apparaît clairement. Depuis le prodigieux branle-bas de la Révolution, le peuple français a perdu son équilibre. Il le cherche plus que jamais, désespérément. Tous, tant que nous sommes, n'est-il pas vrai que nous tâtonnons comme les aveugles qui ont perdu leur bâton ou leur caniche? Nous voudrions trouver des principes capables de soutenir nos constitutions politiques. Nous n'avons plus de règles fixes même pour diriger les moindres démarches de notre vie privée. De temps en temps, après d'effroyables crises de scepticisme, nous sommes tentés, comme les viveurs fatigués et comme les filles repenties, d'implorer, en bal-

butiant, les secours de la religion. Mais l'Église
est impérieuse. Elle a entrepris d'être à la fois
militante et triomphante. N'étant plus tenue en
régie par des gouvernements capables de la
modérer en la protégeant, elle envahit tout dès
qu'on lui octroie la licence de participer à la gestion des affaires publiques. De gré ou de force il
faut qu'elle confisque et qu'elle accapare. L'idée
d'une domination suprême est sa raison d'être.
Elle a fléchi devant Napoléon, mais sans désarmer.
Et quand l'Empereur tomba, elle oublia le pro-
moteur du Concordat, le protecteur du *Génie du
Christianisme*, pour accabler de ses anathèmes
l' « usurpateur », l' « ogre de Corse », le « César
jacobin ». Peu s'en fallut qu'elle n'excommuniât
Louis XVIII et son ministre Decazes. Elle trouva
un roi selon son cœur dans la personne de
Charles X (qui cependant fut invité officiellement
à expulser les jésuites). La chute lamentable de
ce malheureux prince entraîna l'écroulement d'un
système qui répugnait aux habitudes libérales des
Français.

Alors, notre nation, qui pendant ce siècle a
toujours oscillé entre les servitudes extrêmes
de la théocratie et les licences périlleuses de la
laïcité, suivit les bourgeois voltairiens de 1830
dans leur mouvement défensif vers la philosophie
du libre examen. Les écrivains, les moralistes,
les penseurs, les professeurs, les poètes eux

mêmes furent obligés de donner au peuple les consultations que l'on ne voulait plus demander aux prêtres. La Démocratie — qu'elle soit soumise à la sujétion d'une monarchie constitutionnelle, ou tenue, tant bien que mal, par les rênes flottantes d'une république parlementaire — ne peut pas vivre sans direction morale.

La foule, qui ne connaît point l'art des distinctions subtiles, n'est point apte à se contenter, comme les dilettantes, d'une vague religiosité littéraire.

La multitude qui ne comprend que les symboles, ne paraît pas, jusqu'ici, capable de s'élever à une religion exempte de catéchisme et de rites.

L'homme ne peut pas vivre de négations. Dès lors, où seront les soutiens de la société?

Il est nécessaire de substituer aux anciens étais de la société un support nouveau. Il faut inaugurer un *pouvoir spirituel* qui soit capable de s'imposer à nos sentiments, à nos pensées, à nos actes, sans exiger de notre intelligence une trop complète abdication. C'est à quoi s'employèrent (généreusement), tout le long du siècle, des hommes tels que Lamennais, Victor Cousin, Auguste Comte, Michelet, Quinet. Ils sont venus, les uns après les autres, essayer de ranimer la France par des cordiaux ou de l'apaiser par des stupéfiants. Ils ont tous échoué.

Le récit de tous ces échecs et de toutes ces

déconvenues a quelque chose de tragique. Tant de science, de bonne volonté, de raison et d'éloquence, dépensées en pure perte!

Par une rencontre quasiment unanime, les médecins de notre société mourante ont formulé le même diagnostic. Ils disent tous la même chose. Sans doute, ils ne peuvent pas faire autrement, comme le Pierrot de Molière, qui dit « toujours la même chose parce que c'est toujours la même chose ».

Au commencement de la Restauration, en un temps que Victor Hugo, alors royaliste, appelait « une époque de stérilité littéraire et de monstruosités politiques », on disait déjà qu'il fallait « refaire l'âme de la France ». Et la nécessité de cette « réfection » effrayait les uns, ranimait les autres.

Il y a quelque ressemblance entre le désarroi mental où la France tomba lors de l'invasion de 1814 et la détresse intellectuelle où notre pays tâtonna, pendant les années qui suivirent la guerre de 1870.

La Royauté restaurée et la République recommençante eurent recours aux mêmes expériences, presque aux mêmes formules.

Faisons une nouvelle nation! Telle fut la devise des hommes bien intentionnés qui, sous le nom de « libéraux », entreprirent d'installer le trône de Louis XVIII au sommet d'une société rajeunie.

Ce dessein fut l'origine des décrets par lesquels
M. Royer-Collard, président du conseil royal de
l'Université, scandalisa M. de Bonald et Chateaubriand. En ce temps-là, M. Villemain, directeur
de la librairie, et M. Guizot, professeur d'histoire,
passaient pour de dangereux esprits. Alors,
comme aujourd'hui, les antiques méthodes d'enseignement furent bouleversées. Ce remue-ménage
inquiétait M. de Bonald et le faisait gémir. « Libéraux, disait ce conservateur endurci, libéraux,
vous transportez dans les collèges les passions
de la société; les enfants retrouveront dans la
société l'étourderie, la déraison, l'enfantillage du
collège! » Alors comme aujourd'hui, on inaugura
des systèmes pédagogiques, dont l'instabilité risquait de troubler la paix et la sérénité qui sont
nécessaires aux études. Ce tumulte scolaire indi-
gnait Chateaubriand et le faisait tonner. « Nos
enfants, disait ce grondeur sublime, nos enfants
s'élèvent au milieu du désordre des idées morales... Quelle race doit donc sortir du milieu de
nos exemples? La jeunesse, naturellement généreuse, sera flétrie avant l'âge où l'expérience
détruit les illusions. Ces systèmes que nous pro-
menons sur la France, loin de la fertiliser, la
rendront stérile; ils ne ressemblent pas à ces
charrues qui fécondent la terre, mais à celles qui
coupent les fleurs... »

Enfin, on parlait d' « éclairer les masses », de

« répandre l'instruction », de « divulguer la science ». Lamennais critiquait avec âpreté cette « vague inquiétude qui pousse au changement », ce « malaise général », cette « pénible difficulté d'être ». Le futur apôtre des *Paroles d'un croyant* s'écriait : « Les sources de la vie ont été fermées, on en cherche de nouvelles. C'est ce qu'on nomme le mouvement du siècle, le progrès des lumières et de la civilisation ; mots pompeux dont nous recouvrons notre irréparable misère. »

Il semble que les deux tendances contradictoires du siècle aient lutté dans l'âme impétueuse de ce prophète, rarement consolé par ses visions béatifiques et longuement foudroyé par le drame intime qui lui brûla le cerveau et lui dévora le cœur. Un traditionalisme rigoureux, un désir immodéré de nouveauté se disputèrent l'âme passionnée de cet archange volontiers démoniaque et de ce démon archangélique. Rendons justice à Lamennais. Il n'a changé d'idée qu'une fois dans sa vie. Le rédacteur du *Conservateur* et du *Drapeau blanc*, l'apologiste de l'*Essai sur l'indifférence* devint l'éloquent journaliste de l'*Avenir*, et l'hérésiarque des *Paroles d'un croyant*. Le confrère de M. Martainville et du cardinal de la Luzerne fut le collaborateur de George Sand et siégea, sur les bancs de l'Assemblée constituante, au milieu des Montagnards. Mais il sacrifia tout à ses convictions. Il perdit, dans la rupture que lui imposa le scrupule de sa conscience, tous les biens auxquels pouvait prétendre son ambition. Le professeur Villemain avait salué, en pleine Sorbonne, ses premiers écrits, annonçant au monde un nouveau Bossuet. Il pouvait, comme tant d'autres qui refoulèrent en eux le secret de leurs désillusions, officier pontificalement, en mitre blanche et chasuble immaculée, la crosse d'or à la main, l'anneau pastoral au doigt... Mais il ne voulait pas que ces ornements fussent de grossiers symboles. Il se rappelait que la crosse avait été donnée aux évêques pour représenter à leurs yeux la houlette du bon pasteur. Il aurait voulu être le berger de ses ouailles. Il songeait à l'infinie charité, à la pitié inépuisable que la primitive Église répandait en baume d'amour et en parfum de tendresse sur la souffrance des humbles, des laborieux et des opprimés... C'est pourquoi les évêques du pape Grégoire XVI et du roi Louis-Philippe censurèrent cinquante-six propositions extraites de ses écrits. M. Guizot le traita de *malfaiteur intellectuel*. Il fut jugé par une cour d'assises. Il fut enfermé pendant un an à la prison de Sainte-Pélagie. La curie romaine l'accabla sous le latin de plusieurs encycliques. Il paya de cette rançon l'erreur d'être venu trop tôt. Cinquante ans plus tard, il aurait vu son socialisme chrétien autorisé en France par un pape libéral, et son rêve d'un clergé démocratique repris par

de jeunes et ardents vicaires, qui font des conférences dans les quartiers riches et des visites
dans les quartiers pauvres, sans que d'ailleurs
notre malaise social semble notablement soulagé
par le débordement de cette bonne volonté.

Tandis que l'abbé de Lamennais s'efforçait de
sauver la société par une réforme de la tutelle
cléricale, le philosophe Cousin essayait de soutenir la royauté de Louis-Philippe par une nouvelle organisation du spiritualisme universitaire.

M. Cousin, conseiller de l'Université, chef de
l'École normale, pair de France, grand personnage dans la hiérarchie officielle, écrivain goûté,
orateur applaudi, homme énergique, vraiment
né pour être directeur, entreprit d'être le pape
laïque d'une religion scolaire. Il se considéra
comme une espèce de pontife et rêva de transformer le personnel universitaire en une sorte de
clergé enseignant. Il fut, sous la monarchie de
Juillet, ministre secrétaire d'État au département
de la philosophie. Administrativement, il distribua
aux fils de la bourgeoisie censitaire la ration
d'idéal dont ces jeunes gens avaient besoin pour
être de bons citoyens selon la Charte.

M. Cousin était très éloquent. Son éloquence
était instinctive, merveilleusement spontanée,
non point travaillée ni artificielle, mais riche
d'images et de sonorités, éloquence d'improvisa-
teur et de ténor. Son enseignement, comme celui

de tous les grands professeurs de ce siècle, fut oratoire. Pour s'emparer des Français, — qui, malgré la légende, ne sont pas nés malins, — il faut crier fort. On s'est trompé lorsqu'on a cru devoir introduire dans nos Facultés l'usage des leçons bredouillées à la manière allemande. Le bégaiement et le huis-clos ne réussiront jamais dans notre pays... M. Cousin avait déjà essayé son spiritualisme sur l'auditoire de la Sorbonne, avant de le divulguer dans les lycées et collèges du royaume. Il avait remarqué, autour de lui, dans les esprits et dans les cœurs, une lassitude qui n'allait cependant pas jusqu'au reniement complet du rationalisme. On éprouvait un vague *besoin de croire*, sans toutefois se résigner encore à la foi du charbonnier. M. Cousin sut inventer un catéchisme qui, sans choquer l'humeur voltairienne de MM. les officiers de la garde nationale, s'accordait assez bien avec les cantiques modulés par Béranger en l'honneur du Dieu des bonnes gens.

La religion de Cousin fut prêchée par Amédée Jacques, par Émile Saisset, même par Jules Simon. Le *Dictionnaire philosophique* d'Adolphe Franck en fut le résumé et, pour ainsi dire, la *somme*.

C'était un édifice harmonieux où l'on apercevait d'abord l'âme immortelle dûment séparée du corps. Le dogme de la liberté humaine, démontré

par un raisonnement péremptoire, se prêtait
habilement aux exigences de la rhétorique parlementaire. La responsabilité humaine, logiquement
supposée par la liberté, réservait aux représentants officiels de l'ordre social le droit de punir.
L'idée du devoir était sauvée. Le vice et la vertu
n'étaient pas simplement des « produits comme
le sucre et le vitriol ». Les procureurs du roi pouvaient, en toute sécurité de conscience, poursuivre
les crimes et les délits. La propriété était sauve-
gardée, par égard pour les acquéreurs de biens
nationaux. Au-dessus des lois humaines, la loi
divine était appliquée régulièrement par un Dieu
vigilant, que M. Cousin sembla considérer comme
le fonctionnaire suprême de sa hiérarchie et
comme le gendarme providentiel des propriétaires. Le dogme de la Providence était un argument contre les mécontents, contre les aigris,
contre les émeutiers qui récriminent, rechignent,
regimbent, se plaignant des prétendues imper-
fections de la société capitaliste. Un commissaire
de police intelligent pouvait s'en servir pour
fermer la bouche à Blanqui. Et l'immortalité de
l'âme! la vie future! Quelles admirables perspectives, au delà des « tristesses de l'heure présente »! Quelle compensation sublime à offrir
aux ouvriers qui réclament une condition plus
heureuse et un salaire mieux proportionné à leur
labeur! Oubliez, mes amis, ces mesquines misères,

inséparables de ce bas monde! Élevez vos regards vers l'infini! Aussitôt, vous sentirez moins votre faim et votre soif. Pour Dieu, ne regardez pas d'un œil si allumé les dividendes que nous partageons à vos dépens! Toutes vos peines vous seront comptées au double dans un monde meilleur. On vous payera. Soyez tranquilles. Vous passerez bientôt à la caisse de l'éternité. Un peu de patience, que diable! Au nom du ciel, laissez-nous digérer en paix, et ne faites pas de barricades!

Ainsi les bourgeois du temps de Louis-Philippe espéraient vaincre le socialisme, l'anarchie, tous les fléaux, toutes les « hydres », qui troublaient la sécurité de leur conscience et la sûreté de leurs coffres-forts.

Ils se crurent à l'abri du danger, lorsqu'ils virent leurs enfants enrôlés de gré ou de force par les sergents de M. Cousin, sous la bannière du *Vrai*, du *Beau*, du *Bien*.

On risquerait de ne point comprendre ce spiritualisme d'État, si on le séparait de la tragi-comédie, où naquit, où végéta, où mourut la monarchie de Juillet.

Louis-Philippe, lorsque Lafayette le fit monter à cheval, marcha vers la royauté à travers un chaos de rues dépavées et des acclamations de gens avinés. Son cheval renâclait à chaque pas, butant contre des moellons et flairant l'odeur du sang frais. Il fut proclamé roi, sur la place de l'Hôtel-de-Ville, par des insurgés qui lui présentaient les armes. Et quelles armes ! Une femme battait du tambour. Les députés présents, MM. Gisquet, Odilon Barrot, Labey de Pompierre, Viennet, de Champlouis, Tronchon, qui n'étaient pas des hommes de plein air, craignaient que leurs redingotes ne fussent éclaboussées. Après avoir profité de l'insurrection, ils jurèrent d'en finir avec elle. Le « lion populaire » avait bien rugi : on chercha une cage où l'on pût tranquillement lui rogner les dents et lui limer les ongles. La Révolution était finie, dès l'instant où les révolutionnaires habiles étaient en place. Leur intérêt exigeait qu'on opposât une digue « aux mauvaises doctrines » qui avaient d'ailleurs favorisé leur élévation. C'est pour eux que M. Cousin travailla.

Il travailla d'autant plus qu'à chaque instant de nouvelles émotions vinrent accroître les angoisses de sa clientèle. Des coups de fusil, rue Transnonain !... Ah ! monsieur Cousin, voilà des gens qui ne respectent pas les décrets de la Providence !... Des meetings à Lyon, des ouvriers qui déploient un drapeau noir avec cette devise : *Vivre en travaillant ou mourir en combattant !*... C'est affreux ! Allons, monsieur Cousin, ordonnez à vos professeurs de philosophie de répandre partout le bruit que l'âme est immortelle !... M. Delessert, préfet de police, et M. Duchâtel, ministre de l'Intérieur, sont inquiets. Oh! monsieur Cousin, daignez les aider à maintenir la société sur sa base!... Monsieur Cousin, sauveznous!... Ainsi se développa, d'émeute en émeute, la philosophie spiritualiste.

On s'étonne qu'un système, ainsi accommodé aux nécessités quotidiennes de la politique, et dont les aphorismes rassurants ressemblent, en définitive, à une vaste déclaration ministérielle, soit si bien coordonné. C'est que M. Cousin fut vraiment un homme supérieur, presque un grand homme. Quel dommage qu'il n'ait pas vécu assez longtemps pour être président de notre République! Il eût d'emblée porté à la perfection ce genre littéraire du « message », qui, depuis la mort de M. Thiers, n'existe plus.

Il était d'ailleurs très capable, s'il l'eût voulu, de réussir dans les vanités de la métaphysique. Il connaissait, autrement que par ouï-dire, les métaphysiciens d'outre-Rhin. Il avait fumé des pipes avec le brumeux Hegel. Il se vantait, avec raison, de pouvoir improviser, en une semaine, les tenants et les aboutissants d'une métaphysique complète. Il refusa de se livrer à cet exercice, soit que son instinct des grandes choses ait répugné à ce jeu puéril, soit que son élégance native ait dédaigné ce pédantisme fastidieux. Il sacrifia délibérément sa renommée d'artiste à ses soucis d'ordre social et, somme toute, à son

patriotisme inquiet. Ses disciples, qu'il faisait
manœuvrer au doigt et à l'œil, se sont vengés de
sa tyrannie par des épigrammes. Les collégiens
ne lui savent pas gré d'avoir abaissé son génie
jusqu'à leur nullité. Le corps enseignant, dont il
voulut faire un clergé, ne se souvient plus qu'il
doit à M. Cousin une grande part du respect qui
continue de l'entourer et de le défendre. Enfin, la
postérité n'aime pas les vaincus. Or, M. Cousin
fut vaincu, lui aussi, par le monstre qu'il avait
résolu de dompter. La bourgeoisie arrivée et la
Démocratie « arriviste » ont rué dans les brancards
délicats et sous les harnais fragiles qu'il leur
avait imposés. Vainement, il distribua aux maîtres de la jeunesse une provision de martingales
et de caveçons pour apprivoiser la société effarée.
Ses disciples, Amédée Jacques, Émile Saisset,
Jules Simon, Paul Janet se sont usés dans cette
besogne. La méthode de Cousin n'empêcha ni les
utopies de 1847, ni les boucheries de 1848, ni le
guet-apens de 1851, ni l'aplatissement de la nation
devant un césar de rencontre, ni le retour offensif
d'une métaphysique délirante, ni la sarabande
exaspérée, le trémoussement dans le vide, que
nous voyons présentement[1]...

Dans une position fort éloignée de celle où

[1]. V. quelques pages très justes de M. Émile Faguet sur
Victor Cousin, *Politiques et moralistes du XIXᵉ siècle*, deuxième
série. Préface, p. VII-IX. — P. 230, 380.

Victor Cousin pontifia, Auguste Comte a cherché, lui aussi, les moyens de remédier à l'anarchie intellectuelle et morale qui a été la maladie chronique de notre siècle tumultueux. Effrayé par la folie de l'individualisme, il a cherché un principe positif, pour y asseoir la société. Sur les débris des religions révélées et des métaphysiques arbitraires, il a entrepris d'édifier la doctrine morale et la « physique sociale » du positivisme [1]. On aimerait à insister sur cette doctrine; mais n'ayant pas été une « philosophie d'état », elle n'occupe pas, dans l'histoire politique de ce siècle, une place aussi considérable que dans l'histoire des idées.

Il est visible que les fondateurs de la troisième République, lorsqu'ils ont mis la main aux affaires, ont senti, comme leurs prédécesseurs, le besoin de créer un nouveau « pouvoir spirituel ».

Avant même que la constitution de 1875 eût été promulguée, on s'occupa de distribuer à la France républicaine une indispensable provision d'idéal.

Le génie de Michelet, la poésie vertueuse de Quinet furent d'abord les deux principales sources d'idées et de sentiments où s'alimenta la morale laïque du régime nouveau.

L'Université reprit, sous la troisième Répu-

---

1. V. Faguet, *ibid.*, 269, 281.

blique, l'empire intellectuel et moral qu'elle avait
perdu depuis le coup d'État du 2 décembre. Ses
maîtres reçurent, sinon en droit, du moins en
fait, le monopole de la direction spirituelle du
peuple français.

C'est en s'inspirant, d'ailleurs, d'une pensée de
Tocqueville, que l'on confia au corps enseignant
de l'Université française le soin de présider au
progrès des intelligences et des courages.

« Si ceux qui sont appelés à diriger les nations,
disait Tocqueville, apercevaient clairement et de
loin les instincts nouveaux qui bientôt seront
irrésistibles, ils comprendraient qu'avec des
lumières et de la liberté, les hommes qui vivent
dans les siècles démocratiques ne pourront manquer de perfectionner la portion industrielle des
sciences, et que désormais tout l'effort du pouvoir
social doit se porter à soutenir les hautes études
et à créer de grandes passions scientifiques. De
nos jours, il faut retenir l'esprit humain dans la
théorie : il court de lui-même à la pratique, et,
au lieu de le ramener sans cesse vers l'examen
détaillé des effets mondains, il est bon de l'en dis-
traire quelquefois pour l'élever jusqu'à la contem-
plation des causes premières [1]. »

1. Cité par Jules Ferry. Discours prononcé à la Chambre des
députés, dans la séance du 3 juin 1876, lors de la discussion
du projet Waddington sur la collation des grades. V. *Discours
et opinions de Jules Ferry*, publiés par Paul Robiquet, t. II,
p. 252.

Par l'effet naturel de cette idée, le gouvernement des âmes échut aux philosophes universitaires. Quelques-uns d'entre eux avaient servi dans le régiment de Victor Cousin. Jules Simon, ministre de l'instruction publique, était un des plus brillants officiers de la caserne spiritualiste. Il fonda de grandes espérances sur l'avenir d' « un enseignement d'État, fortement organisé, avec des traditions, un esprit de corps, une hiérarchie, une autorité ancienne et incontestée » [1].

Nulle corporation n'était plus digne que l'Université, de veiller au développement intellectuel et au réconfort moral des multitudes incertaines et tâtonnantes qui acclamaient la République, après avoir éprouvé la faiblesse ou la vilenie des autres gouvernements.

Après la chute du régime césarien, dont la suspicion taquine avait pesé si lourdement sur le libéralisme des professeurs, l'Université de France, par sa propagande efficace en faveur de la liberté, par son opposition aux retours offensifs du « sabre » et du « goupillon », acquit des titres à la faveur populaire. Elle eut très longtemps, sous sa toque et sous sa robe, cette gaieté frondeuse, cette probité narquoise, ce don de chansonner, qui, dans notre pays, viennent à bout des pires tyrannies.

---

1. Discours prononcé par Jules Ferry, ministre de l'instruction publique, à la distribution des prix du concours général, le 6 août 1879.

J'ai connu quelques professeurs qui, après avoir
subi les rigueurs de M. Fortoul, se consolèrent
de toutes les tracasseries administratives en suivant les cours d'archéologie subversive du normalien Beulé, en lisant les articles du normalien Despois, en applaudissant, à huis clos, ces
fameux *Propos de Labienus*, œuvre retentissante
et éphémère du normalien Rogeard. C'étaient des
hommes paisibles et indomptables. L'esprit de la
Satire Ménippée revivait en eux. Ils n'avaient rien
de la violence habituelle aux révolutionnaires ni
de la mine sombre dont les conspirateurs sont
coutumiers. Ils savaient attendre. Ils se disaient
que la France ne consent pas à rester longtemps
sotte ou servile. En attendant, ils savaient mé-
priser. Étant familiarisés, par l'étude de l'histoire,
avec les revirements de la politique, ils connais-
saient le boulangisme intermittent d'un peuple
impressionnable qui éprouve, au moins une fois
par siècle, le besoin de proclamer un césar de
grand chemin ou de couronner un roi des Halles.

L'Université, instituée par Napoléon pour
être une machine d'administration intellectuelle,
échappa, dès qu'elle fut adulte, à l'impulsion de
son fondateur et travailla surtout à l'affranchis-
sement des intelligences. Son histoire, agitée par
des fortunes diverses, se confond avec celle des
hautes parties de la société moderne.

Jules Ferry pouvait, avec raison, à la Chambre

des députés, le 19 juillet 1879, pendant la discussion de la loi sur le conseil supérieur, rendre
hommage aux vertus laïques de l'Université de
France. « Cette corporation, disait-il, n'a pas sans
doute fait vœu de pauvreté, mais elle la pratique...; elle la pratique avec simplicité; elle fait
son devoir patiemment, obscurément; et vous
voyez encore, après le travail du jour, beaucoup
de ses membres s'imposer, en prenant sur leurs
veilles, dans les cours du soir, un travail supplé-
mentaire et verser à des milliers de Français la
science... Vous les voyez se sacrifier à cette tâche
pénible, car il n'y a pas au monde de métier plus
fatigant, qui use plus vite le corps et l'esprit, que
le métier de l'enseignement, et surtout de l'enseignement secondaire... En présence de ce spectacle,
nous avons le droit de dire — tout en nous incli-
nant profondément devant les vertus religieuses...
— qu'il y a aussi des vertus laïques qui méritent
nos respects. La société moderne, quand elle
n'aurait à invoquer d'autre exemple que celui de
l'Université française, peut opposer à bien des
calomnies un glorieux démenti : après avoir sécularisé bien des institutions, on peut dire qu'elle a
sécularisé la vertu [1]. »

Si l'on veut connaître exactement les efforts qui
furent tentés pour substituer aux méfaits de la

1. *Discours et opinions* de Jules Ferry, t. III, p. 438-439.

théocratie traditionnelle les bienfaits d'une aristocratie rationaliste, il faut étudier d'abord l'action
exercée, depuis 1870, par les nouveaux maîtres
de la philosophie universitaire.

De dix-huit à vingt-cinq ans, on appartient
d'ordinaire à l'ivresse des premières amours et
au culte de la philosophie. Parfois l'enthousiasme
pour les idées pures prend la place de toutes les
autres passions. Heureux ceux qui, en songeant
aux conflits du moi et du non-moi, ont oublié le
reste! De leur séjour aux solitudes glacées où dort
le mystère de l'être, ils garderont dans l'âme
une saveur divine, comme un bon goût de neige
immaculée demeure aux lèvres des voyageurs
descendus des sommets.

Parler des problèmes qui s'imposeront toujours
à l'esprit changeant des hommes, entr'ouvrir les
nuages qui nous cachent l'éternel et l'absolu,
aviver les sources de la vie intérieure, c'est un
sûr moyen de conquérir les jeunes gens intelligents. L'élite — comme au temps où la doctrine
des sages tâcha de remplacer les dieux de l'Olympe
— demande un viatique à ceux qui font profession de vivre en commerce quotidien avec les
idées. Le professeur de philosophie, jadis réduit
par des ministres au rôle de régent de collège,
redevient peu à peu un directeur de conscience.

Le public les connaît à peine, ces hommes
modestes, subtils et vertueux, dont les leçons,

dont les livres attirent, par la seule séduction des pensées harmonieuses, le respect presque religieux de la jeunesse pensive.

Qui peut se vanter d'avoir jamais vu M. Charles Renouvier? Hormis M. Pillon et M. Dauriac, qui sont ses fidèles acolytes, nul ne peut raisonnablement songer à le voir de près.... Pourtant, depuis vingt années, cette vigoureuse intelligence, malheureusement trop insoucieuse de s'enfermer en des formes élégantes et précises, enrichit de son labeur incessant notre enseignement public. Ce grand docteur, qui n'est jamais monté en chaire, ce polytechnicien que l'École polytechnique a oublié d'inscrire sur les feuillets de son livre d'or, renouvelle toutes les questions qu'il touche, ouvre aux entreprises intellectuelles une immensité, presque vertigineuse, de perspectives et d'issues. Sa doctrine a pénétré, par une infiltration lente, dans la plupart des thèses qui ont été présentées à la Sorbonne par les philosophes universitaires. Telle de ses formules, pleine de substance et grosse de moelle, est devenue un volume in-octavo. La force de sa dialectique, l'unité de son système ont vaincu, sans fracas, toutes les résistances. Si l'éclectisme est mort, M. Renouvier est un de ceux qui ont contribué le plus efficacement à le tuer. Ce métaphysicien, qui semblait vivre hors de toutes les préoccupations contemporaines, a clairement compris les obligations qui s'imposaient à tous les esprits, à tous les cœurs, après les désastres et les défaillances de 1870. Sa tentative pour mettre au centre de toutes nos préoccupations spéculatives la loi morale, et pour consolider cette théorie de la liberté et du devoir, à laquelle Emmanuel Kant a tant travaillé, mérite d'être associée, dans le souvenir de la postérité, à l'histoire de notre relèvement national. Quelques initiés puisent à ce fleuve caché la vérité et la vie. Ils croient que tôt ou tard les minorités finissent par avoir raison.

M. Félix Ravaisson est plus connu que M. Charles Renouvier. Il a été, en 1845, chef de cabinet d'un ministre. Haut fonctionnaire de l'administration des Beaux-Arts, il possède un grade élevé dans la Légion d'honneur. Il a voulu rendre des bras à la Vénus de Milo. Membre de l'Académie des Inscriptions et Belles-Lettres, il a risqué, sur divers sujets d'archéologie, des hypothèses aussi séduisantes que téméraires. Ce sont là ses titres à la notoriété. Sa gloire est ailleurs.

Ses ouvrages philosophiques sont peu nombreux : une thèse sur l'*Habitude*, un essai sur la *Métaphysique d'Aristote*, un rapport sur la *Philosophie en France au* xixe *siècle*, quelques articles dans les revues spéciales. Et c'est tout. Mais dans ces pages sobres et rares, quels ingénieux raisonnements! Le système de M. Ravaisson est une œuvre d'art. Ce sage reconstruit l'univers à sa façon. Il refait les choses selon le rythme qu'a dû suivre le créateur. Dieu seul pourrait nous dire si cette doctrine est vraie.

On éprouve apparemment, lorsqu'on a compris M. Ravaisson, une volupté pareille à celle que ressentaient les dévots d'Eleusis lorsqu'ils étaient admis à la célébration des mystères. Je connais des personnes pour qui son approbation équivaut à un sacrement. Entrer dans les hypothèses où il nous invite, c'est renoncer, comme par un acte de baptême, à tout ce qui souille et rabaisse, c'est s'élever aux ravissements de la liberté reconquise par l'amour. L'objet suprême, pour ce penseur ivre de métaphysique et de morale, c'est d'unir étroitement les hommes à la divinité. N'est-ce pas un plaisir divin, que de contempler l'ordre universel qui s'organise et se meut, hors de toute matérialité, comme une pensée absolue qui se pense elle-même et qui échappe au mécanisme des causes par une libre finalité? Grâce à M. Ravaisson, « l'intelligence intuitive (l'intellection pure de Descartes) cherchant à atteindre les choses en leur intérieur, arrive, dans la conscience, sinon jusqu'à ce saint des saints où habite la divinité, au moins jusqu'à un seuil d'où s'entrevoit la mystérieuse profondeur. »

Avez-vous compris?

La méthode de M. Ravaisson (si l'on peut appeler

de ce nom trop lourd la démarche aisée d'une
intelligence souriante et libre) consiste surtout à
se porter d'un vif élan hors des apparences sensibles, au centre même de l'être, là où s'évanouit
la tyrannie de l'étendue et de la figure, où les
sciences particulières se fondent dans l'harmonie
du savoir universel, où tout est musique, beauté,
lumière, amour. « En tout d'abord, le parfait,
l'absolu, le Bon, qui ne doit son être qu'à lui-
même; ensuite ce qui est résulté de sa généreuse
condescendance, et qui, par la vertu qu'il y a
déposée, remonte de degré en degré jusqu'à lui. »

Avez-vous compris?

Le style de M. Ravaisson est inimitable. C'est
proprement un style d'oracle. Du fond du sanc-
tuaire de Delphes, à travers le feuillage pâle des
oliviers et les fleurs des lauriers-roses, sous le
ciel clair où vibraient, en rayons innombrables,
les flèches d'Apollon, des paroles cadencées, mys-
térieuses et consolatrices arrivaient ainsi aux
oreilles des Grecs charmés et inquiets. L'auteur
de la *Métaphysique d'Aristote* est un Grec qui est
venu jusqu'à nous en passant par Alexandrie. Il a
enrichi sa pensée de certaines nouveautés imagi-
nées par Plotin, par Jamblique, par les chrétiens.
Mais son langage a épuré ces doctrines surchargées
et diffuses. Je ne connais pas d'écrivain qui puisse
lui être comparé. Vraisemblablement il empor-
tera son secret avec lui. Écoutez-le... On dirait

parfois la confidence, à peine chuchotée, d'un maître qui se penche vers un disciple, pour lui indiquer, aux confins de l'intelligible, des apparitions vite effacées... Le mot hésite, se trouble, n'ose pas... Tel un amant qui craint d'effleurer du doigt la forme de l'aimée, de peur que ce sacrilège ne fasse envoler son rêve... Puis, la voix s'affermit, le ton s'élève, le rythme s'élargit; les périodes, souples et graves, se déroulent autour des idées, comme ces femmes, drapées de tuniques transparentes, qui nouent des chœurs de danse autour des vases doriens. Voltaire dirait que ce style impalpable manque de clarté; il est pourtant pénétré d'une lumière subtile qui, au lieu de se jouer sur les surfaces, éclaire les dessous, s'insinue dans les replis profonds, fuit, en brusques échappées, vers l'infini. L'art d'écrire, ainsi conçu, devient l'art de suggérer. Substituer à la désignation claire des objets, l'allusion, le geste abandonné qui laissent à l'esprit le plaisir de deviner des énigmes; adoucir les contours où le dessin ordinaire enferme le monde, et faire soupçonner à notre esprit ce qui est imperceptible à nos yeux; se hasarder vers ce mystère sans limites qui flotte et tremble aux environs du réel, c'est le jeu très raffiné, très aristocratique, où se plaît, où excelle M. Ravaisson. C'est aussi le programme esthétique de ce qu'on appela jadis le symbolisme littéraire. Les « jeunes » ont dû à ce philosophe vénérable ce qu'il y eut de meilleur dans leurs désirs et de plus aimable dans leurs prétentions.

Tandis que les esthètes se donnaient volontiers à la synthèse de M. Ravaisson, la dialectique de M. Lachelier attirait surtout les logiciens.

M. Lachelier, qui fut, au commencement de son évolution intellectuelle, le disciple préféré de M. Ravaisson, a encore moins écrit que son maître. Une thèse française sur le *Fondement de l'induction*, une thèse latine sur la *Nature du syllogisme*, deux articles dans la *Revue philosophique*, c'est là tout le bagage qu'il put présenter à l'Académie des Sciences morales, lorsqu'il fut candidat aux honneurs officiels. Ceux qui ne l'ont pas lu disent sans doute que la « pile » de ses ouvrages n'est pas importante et que ses titres sont minces. Il a fait mieux que des livres. Il a par ses doctrines, par ses exemples, excité des admirations passionnées, éveillé des vocations, stimulé des esprits, semé des idées dont vivent, autour de nous, beaucoup d'intelligences et beaucoup de consciences. Il y a des gens pour qui le *Fondement de l'induction* fut une espèce de bréviaire sibyllin. On aime la sévérité scrupuleuse, la sobre exactitude qui fait, de cet ouvrage, après le *Discours de la méthode*, une des dissertations les plus achevées que possède notre littérature philosophique. Le mouvement dialectique, la chaîne de raisons ser-

rées par où l'auteur s'élève d'une question particulière à une conception générale de l'univers est
très apte à flatter le goût des jeunes gens pour les
solutions illimitées, pour les vastes ensembles où
l'âme, longtemps captive, retrouve enfin sa liberté.

Les douze années d'enseignement de M. Lachelier à l'École normale (1864-1876) seront consi-
dérées plus tard comme une des périodes les plus
importantes de notre éducation nationale. C'est là
qu'il faut chercher principalement les origines de
cette réaction, si exagérée, contre les exigences
du positivisme. Dans une École où les professeurs
ne s'imposent que par l'évidence du labeur et la
supériorité du talent, M. Lachelier a mérité un
culte enthousiaste, dont l'ardeur n'est pas éteinte.

Les professeurs d'histoire travaillèrent, d'accord
avec les philosophes, à refaire l'âme de la France
et à restaurer un « pouvoir spirituel » capable de
rivaliser avec les enseignements de l'Église.

Henri Martin, que les historiens universitaires
tiennent en médiocre estime, avait déjà entrepris,
sous la forme d'un long récit, une sorte de prédication patriotique et républicaine. Nommé professeur en Sorbonne par la République de 1848, ce
vieux druide, si vénérable et si touchant, avait
essayé, du haut d'une chaire magistrale, de caté-
chiser les jeunes écoliers et les vieux messieurs
qui formaient l'ordinaire auditoire de ses cours.

Il se tut pendant toute la durée du second empire[1]. Quand il reprit sa place dans les assemblées, il avait la mine d'un revenant. La mode avait changé dans la manière d'écrire l'histoire. Cependant on croyait toujours à l'efficacité morale des études historiques. Aux funérailles de Gambetta, on vit M. Gabriel Monod, président de la Société historique, porter une bannière sur laquelle était inscrite cette phrase du grand tribun : *L'Histoire est la science maîtresse.*

Le nom de M. Monod, par le respect dont il est entouré, par l'influence qu'il rappelle, par les tendances qu'il indique, suffirait à montrer dans quel sens furent orientées les préoccupations de nos professeurs d'histoire.

L'Université moderne semble avoir perdu le goût des grandes synthèses historiques. Si l'on excepte Fustel de Coulanges, dont le principal ouvrage est antérieur à la guerre de 1870, la plupart des maîtres éminents qui furent les guides de la génération nouvelle s'adonnèrent principalement à de minutieux travaux d'érudition.

La tradition des grands livres d'ensemble où triomphait jadis l'esprit classificateur et généralisateur de la race française fut abandonnée, semble-t-il, par la nouvelle Université de France. Le professeur Guizot, qui fit un cours en Sor-

---

1. *Henri Martin, sa vie, ses œuvres, son temps,* par Gabriel Hanotaux, 1887.

bonne sur l'*Histoire de la civilisation*, ne recon-
naîtrait pas toujours sa postérité, dans les chaires
de notre jeune Faculté des Lettres.

Le public a été systématiquement écarté de
l'enseignement supérieur. Des hommes tels que
Michelet n'avaient pas dédaigné d'ouvrir toutes
grandes les portes du Collège de France à tous
ceux qui avaient soif de vérité. La nouvelle école
censura, au nom de la science, cette hospitalité
si libérale et si efficace. « En 1838, dit M. Gabriel
Monod, Michelet fut appelé à la chaire d'histoire
et de morale au Collège de France. *Au lieu d'un
petit auditoire d'élèves auxquels il devait enseigner,
sous une forme simple, des faits précis et une
méthode rigoureuse, il eut devant lui une foule
ardente, mobile, enthousiaste, qui lui demandait
non plus la jouissance austère des recherches scientifiques, mais l'entraînement momentané d'une
parole éloquente et généreuse*[1].* »

Alors, pour mieux éviter l'*entraînement momentané d'une parole éloquente et généreuse*, les
réformateurs de l'enseignement supérieur s'ef-
forcèrent de restreindre, autant que possible, la
publicité obligatoire à laquelle les Facultés ne
peuvent échapper. Et une sorte de conspiration
du huis-clos organisa, dans nos seize académies,
le mystère des cours fermés.

---

1. Gabriel Monod, *Les maîtres de l'histoire, Taine, Renan,
Michelet*, p. 203.

Les professeurs, chargés d'enseigner l'histoire dans nos Facultés, se réglèrent, presque tous, sur les modèles adoptés par l'« École pratique des Hautes-Études ».

Cette École — ainsi nommée bien que les études n'y soient pas plus « hautes » qu'à la Sorbonne, au Collège de France ou à l'École Normale — a été fondée sous l'empire, par le grand ministre Duruy. Mais c'est surtout à partir de 1870 que l'action de cette École se fit sentir dans l'Université tout entière.

« Cette École, dit M. Lavisse, fut divisée en cinq sections; la plus originale est celle des sciences historiques et philologiques, logée à la Sorbonne dans des salles de la bibliothèque de l'Université, toutes petites, où l'on ne peut lever les yeux ni faire un mouvement sans voir et toucher des livres... Des étudiants, curieux de critique et de méthode, chercheurs de vrai savoir, obtenu par l'effort personnel, affluèrent aux conférences d'histoire et de philologie. Il se fit de singulières rencontres dans les petites salles : Bourget, Hanotaux, Graux y travaillèrent ensemble... Ainsi commença l'évolution de notre enseignement supérieur, qui, chaque jour, chemine plus loin à travers les obstacles des préjugés, des habitudes et des manies : le terme, encore lointain, sera *la haute éducation par la science*[1]... »

1. Ernest Lavisse, *Un ministre, Victor Duruy*, p. 81-83.

Certes, l'École pratique des Hautes-Études a
rendu des services. On aurait mauvaise grâce à
ne point reconnaître un fait que les étrangers
proclament hautement.

Je citerai un exemple entre plusieurs.

Au mois de juin de l'année 1882, un professeur
de l'université de Liège, M. Paul Frédéricq, vint
en France, afin d'étudier l'organisation de notre
enseignement supérieur[1].

Historien et philologue, M. Frédéricq s'appliqua surtout à fréquenter nos professeurs de
philologie et d'histoire. Il grimpa l'escalier vénérable et très obscur par où l'on atteignait les
« locaux » que la vieille Sorbonne avait prêtés
aux maîtres et aux élèves de la jeune École des
Hautes-Études. C'était au quatrième étage, dans
un logis que les reconstructeurs des bâtiments
universitaires n'ont pas encore détruit, et qui
sera bientôt, avec l'église voisine, le dernier
débris des bâtisses de Richelieu. Là-haut, sous
les combles, parmi des livres nouveaux et des
idées modernes, on retrouvait involontairement
le souvenir de ces anciens « messieurs de Sorbonne », qui étaient (à ce que dit l'histoire) « toujours très pauvres et toujours très contents »,
qui « n'allaient point aux fêtes, faute d'argent »,
et qui, parfois, les dimanches d'été, retroussaient

1. Son rapport a paru dans la *Rev. intern. de l'Ens. sup.*

leurs toges pour faire une partie de balle après dîner, en pleine rue Saint-Jacques.

Le professeur belge, venu pour observer la renaissance morale et scientifique de notre pays, fut séduit par ce grenier où la France nouvelle entassait, de son mieux, des réserves de science, et où je ne sais quel parfum de vétusté se mêlait à de consolantes promesses d'avenir. Ému par ces chambrettes d'étudiants, où l'École des Hautes-Études avait émigré après une courte halte dans l'appartement particulier de M. Gabriel Monod, le professeur Frédéricq ne put s'empêcher de noter, sur son carnet, cette impression : « C'est un *petit local adorable* qui doit laisser un profond souvenir aux élèves et aux maîtres. »

Ainsi disposé à une gaieté sérieuse, M. Frédéricq entra dans la section d'histoire et de philologie. Il prit un plaisir extrême à entendre M. Gabriel Monod discuter une série de problèmes, relatifs au roi Robert et à Hugues Capet. Il vit M. Thévenin expliquer la loi salique à sept étudiants, dont trois Français, un Hongrois et trois Roumains. Ensuite, il entra dans un réduit, auquel il ne craignit pas de donner « le nom vulgaire de *boyau* ». Cet endroit, qui était en effet une sorte de corridor clos par deux portes vitrées, servait à l'enseignement de M. Gabriel Hanotaux, maître de conférences.

Une table peinte en noir, avec des porte-

plumes sans ornements et des encriers sans faste.
Cinq ou six chaises de paille. Un poêle de porce-
laine blanche, « simulant une colonne sur son
socle ». Des livres partout. Les murs, du haut en
bas, en sont littéralement tapissés. On n'a qu'à
étendre la main pour trouver le texte désiré, la
preuve obligatoire, la démonstration exigée par
la probité impérieuse de la science. Ils sont là,
les bons et braves bouquins, complaisants sous
leur vêtement un peu sombre, prêts à répondre à
qui les interroge. Nulle grille ne s'interpose entre
eux et le passant, la Sorbonne étant un lieu où
tout le monde se fie à l'honnêteté d'autrui. Si l'on
regarde par la fenêtre, on admire la belle ordonnance de la cour intérieure. Le silence est égayé
par les carillons de la vieille horloge universitaire, qui mesure, de quart d'heure en quart
d'heure, le temps bien employé.

C'est dans ce décor que M. Gabriel Hanotaux
étudiait, en 1882, l'histoire du règne de Louis XIII
et les *Mémoires* du cardinal de Richelieu. Le jour où
il reçut la visite du professeur belge, il était arrivé
au récit que fait Richelieu de l'assassinat de Henri IV
par Ravaillac. A ce propos, il exposa sommairement la théorie du régicide d'après saint Thomas
d'Aquin et les jésuites. « Ce cours, dit M. Frédéricq,
était fait sur le ton de la causerie. C'était une
leçon très vivante ; les élèves échangeaient souvent
des observations avec le professeur... »

Quelques jours après, nouvelle leçon sur les sources de l'histoire de Louis XIII. Cette fois, on s'occupa des *Mémoires* de Bassompierre. « Les élèves, dit M. Frédéricq, s'intéressaient vivement au cours et intervenaient de temps en temps. Après la leçon, l'un d'eux, un Suisse élevé en Angleterre, demanda au professeur des conseils sur un travail qu'il avait sur le métier et qui portait sur les relations de la Suisse et de la France au XVᵉ siècle. M. Hanotaux lui fournit toutes sortes d'indications de la meilleure grâce du monde. »

Et le Belge, décidément enchanté, inscrivit sur son carnet cette note : « C'est un professeur accompli, qui paraît très jeune... Maigre, nerveux, secouant sa petite tête où brûlent, derrière ses lunettes, des yeux perçants, il parle avec une volubilité extrême, qui n'a rien de fatigant. On sent, à le voir, qu'on a devant soi un esprit original et un travailleur entêté. Son élocution abondante, pittoresque, mordante, et l'amabilité qu'il témoigne à ses élèves rehaussent la valeur de son enseignement solide et érudit. Il a un entrain superbe, et ses cours sont assurément au nombre des meilleurs et des plus vivants de l'École des Hautes-Études. »

Si gracieux que soient ces tableaux quasiment idylliques, on peut se demander s'il était bon de vouloir étendre à tous nos établissements d'enseignement supérieur ce système allemand de « cours fermés » et d'analyses infinitésimales.

Que le Collège de France continuât, selon le principe même de son statut organique, d'être un « laboratoire d'érudition »; que l'École des Hautes-Études fût un « séminaire de philologues », rien de mieux. Mais fallait-il imposer à toutes nos Facultés et, par contre-coup, à tous nos collèges l'uniformité de la règle germanique?

C'est ce qu'on tâchera d'examiner dans le chapitre suivant.

CHAPITRE VI

LA PÉDAGOGIE ALLEMANDE

Souvenirs historiques. — La Prusse après Iéna et la France
après Sedan. — Gabriel Monod à l'armée de l'Est et à l'armée
de la Loire. — Le choral de Luther. — Les *Discours* de Fichte
à la nation allemande. — Les discours des pédagogues et des
philologues à la nation française. — M. Buisson. — M. Pécaut.
— Échec de la pédagogie allemande. — Réflexions sur la littérature française.

Le 7 juillet 1807, trois grands personnages,
très décorés, très chamarrés, très solennels, se
réunirent autour d'un tapis vert, à Tilsit, en
Prusse.

C'étaient :

M. Charles-Maurice de Talleyrand, prince de
Bénévent, grand chambellan et ministre des
relations extérieures de S. M. l'Empereur des
Français, grand cordon de la Légion d'honneur,
chevalier grand-croix des ordres de l'Aigle-Noir,
de l'Aigle-Rouge, de Saint-Hubert, etc.;

M. le prince Alexandre Kourakine, conseiller

privé de S. M. l'empereur de toutes les Russies, membre du Conseil d'État, sénateur, chancelier de tous les ordres de l'empire, chambellan, ambassadeur extraordinaire et ministre plénipotentiaire, chevalier des ordres de Saint-André, de Saint-Alexandre, de Sainte-Anne, de Saint-Vladimir, de l'Aigle-Noir, de l'Aigle-Rouge, de Saint Hubert, bailli de l'ordre souverain de Saint-Jean de Jérusalem, etc.;

M. le prince Lobanof, lieutenant général, chevalier des ordres de Sainte-Anne, Saint-Georges, Saint-Vladimir, etc.

Ces messieurs, après avoir été introduits par un maître des cérémonies, selon les règles de l'éternel protocole, signèrent un traité dont le premier article est ainsi conçu :

Il y aura, à compter du jour de l'échange des ratifications du présent traité, paix et amitié parfaite entre S. M. l'empereur des Français roi d'Italie, et S. M. l'empereur de toutes les Russies.

Mais « toute alliance, selon la forte expression d'Albert Vandal, est faite de haines partagées ». Le traité de Tilsit réduisit la Prusse au désespoir. On a pu dire que ce contrat fut un chef-d'œuvre de destruction. L'alliance franco-russe fut fondée sur les ruines de la puissance prussienne.

Or, tandis que les courriers des « hautes parties contractantes » parcouraient l'Europe au triple galop, afin d'annoncer à toutes les nations l'aube des temps nouveaux, un professeur, peu considéré des militaires et peu compris des diplomates, résolut de réparer par des moyens philosophiques le mal que les canons et les traités venaient de faire à son pays. Il prêcha, en de vives harangues, le retour à l'*énergie individuelle*. Les Prussiens, réconfortés par son éloquence, s'empressèrent de le nommer professeur de l'université de Berlin. Il s'appelait Gottlieb Fichte. Ses *Discours à la nation allemande* furent des coups de clairon qui sonnèrent le ralliement de la vieille Germanie autour d'un idéal nouveau. « Les idées métaphysiques mènent le monde. » C'est, je crois, M. Alfred Fouillée qui l'a dit. Et M. Lévy-Bruhl, en un livre intéressant, a entrepris de le prouver par l'exemple du professeur Fichte.

Le 10 mai 1871, soixante-quatre ans après le traité de Tilsit, quatre plénipotentiaires se réunissaient autour d'un tapis vert, à Francfort-sur-le-Mein.

Leurs conférences furent peu cérémonieuses, souvent bruyantes, parfois troublées par de sinistres plaisanteries. Celui des quatre qui parlait le plus fort s'appelait Bismarck. Il n'avait aucune considération pour le protocole et tenait en petite estime les mystères de la « carrière ». Quand on lui parlait des rapports rédigés par les agents diplomatiques, il déboutonnait sa tunique afin de rire plus à son aise. « Tout cela, disait-il, c'est de la littérature de feuilleton; on se dit en la lisant : il va venir quelque chose, et ça ne vient pas. *Es kommt aber nicht....* Et Bismarck, les bottes allongées sur le plancher, commandait une chope, devant M. d'Arnim, gêné, M. de Goulard, penaud, et M. Jules Favre, abasourdi.

Ce hobereau du Brandebourg, devenu chancelier de l'empire allemand, obligea MM. Favre et de Goulard à signer un papier qui enlevait à la France deux provinces et qui semblait réduire les vaincus à une longue agonie.

Après le traité de Francfort, quelques Français, au milieu des décombres amoncelés par cette paix monstrueuse, résolurent d'appliquer à notre patrie blessée les remèdes intellectuels et moraux qui avaient paru sauver et grandir l'Allemagne. L'étonnante fortune de ce Guillaume de Hohenzollern, qui fut cornette à Iéna, général en chef à Sadowa et empereur à Versailles, ne leur parut pas suffisamment expliquée par la prétendue supériorité du fusil à aiguille. Ils pensèrent qu'un système d'éducation conçu sous la forme d'un *entraînement national* pourrait contribuer à régénérer la France.

Parmi les hommes qui entreprirent de collaborer à ce grand dessein, nul ne mit plus de cœur à l'ouvrage que Gabriel Monod.

Ancien élève de l'École normale — où il avait
pu coudoyer Lavisse, Rambaud, Albert Duruy,
Vidal de la Blache, Augustin Filon — Gabriel
Monod, habitué, par des traditions de famille, à
regarder au delà de nos frontières, fut attiré de
bonne heure par l'Allemagne. Il la considérait
comme la seconde patrie de tous ceux qui étudient et qui pensent. Il partageait cette opinion
avec la plupart de ses maîtres et de ses amis.
Du fond des vallées de l'Elbe et de l'Oder, l'écho
des romances sentimentales venait, rue d'Ulm,
jusqu'aux cellules de la jeunesse pensive. A ces
musiques dolentes se mêlait un parfum de fleurs
bleues; et sur les casques pointus des fiancés
d'outre-Rhin, sur les têtes blondes des fiancées,
planait, dans la fumée des pipes, la solennité
du choral de Luther : *Ein feste Burg ist unser
Gott.*

Joignez à cela que la science allemande, en
ce temps, régnait souverainement sur toutes
les intelligences curieuses et actives. Quiconque,
au sortir de l'École normale, voulait échapper
aux partis pris de l'ancienne rhétorique était
obligé d'apprendre l'allemand. Chaque province
de la philologie était occupée, labourée par un
savant de Bavière, de Saxe ou de Poméranie.
Nos érudits étaient les tributaires des universités
de Leipzig ou de Bonn, de Halle ou de Gœttingue.
Renan n'aurait peut-être pas écrit la *Vie de Jésus*

sans les recherches de Strauss. Boissier s'avouait le disciple de Mommsen. Foucart apprenait l'épigraphie grecque dans les commentaires de Bœckh. Winckelmann, Ottfried Müller, Gerhard, initiaient Georges Perrot, Léon Heuzey, Albert Dumont à la connaissance de l'art grec. Michel Bréal traduisait la *Grammaire comparée* de Bopp. Enfin, les romanistes français, Gaston Paris en tête, s'enrôlaient sous la bannière de l'illustre professeur Diez.

Gabriel Monod passa de bien belles soirées, à Gœttingue, dans la maison qu'habitait le professeur Waitz, en face de l'Université. Deux fois par semaine, huit ou dix étudiants se réunissaient là. Et tandis qu'une bonne odeur de victuailles se répandait dans ce logis patriarcal, le professeur expliquait, d'une voix lente, d'un ton un peu hésitant, les règles de la critique historique. Parfois un élève prenait la parole, risquait une objection. Le professeur griffonnait des notes, d'une écriture serrée, sur de petits morceaux de papier qu'il tirait un à un de la poche de son gilet. Il examinait chaque point avec une rigueur minutieuse. « On sortait de ces leçons, dit M. Monod, non seulement avec les idées plus claires et l'esprit mieux ordonné, mais avec plus d'amour et de respect pour la vérité et la science... »

Le professeur Waitz était bon. Il disait : « Mes

meilleurs ouvrages, ce sont mes élèves; ce sont ceux auxquels je tiens le plus et que je crois avoir le mieux réussis. Mes livres seront dépassés et oubliés, mais ils auront servi à former des savants, qui en feront des meilleurs. »

Il y avait, en 1870, un Français parmi les étudiants de Gœttingue. Quand la guerre fut déclarée, ce jeune homme résolut de s'engager et vint faire ses adieux à M. Waitz. Le professeur très ému lui prit les mains, se lamenta sur les conséquences de cette guerre, laissa entrevoir l'effroyable aventure où la France se précipitait et dit à son disciple, en le quittant : « Dieu bénisse votre patrie [1]! »

Quelle ne fut pas la consternation des jeunes Français germanophiles lorsqu'ils virent toute la jeunesse universitaire de l'Allemagne se ruer sur la France comme pour accomplir une mission providentielle! Ils comprirent alors que la perfection de nos mitrailleuses, l'entrain de nos zouaves, l'héroïsme de nos turcos ne pourraient rien contre des sentiments et des pensées savamment cultivés dans l'âme de nos ennemis par trois générations de professeurs tenaces. Moltke et Bismarck n'étaient que les exécuteurs d'une sentence lentement ruminée à l'ombre des chaires doctorales.

Monod, infirmier volontaire à l'armée du maré-

1. Gabriel Monod, *Portraits et souvenirs*, p. 103.

chal de Mac-Mahon, puis à l'armée du général d'Aurelles de Paladines, crut voir la vraie figure de nos envahisseurs lorsqu'il rencontra sous la tunique de la landwehr certains philologues auxquels il aurait voulu pouvoir tendre la main.

Vers le même temps, un autre Français, le vicomte de Vogüé, soldat dans le corps d'armée du général Douay, cheminait tristement dans une de ces interminables colonnes de prisonniers qu'allongeait chacune de nos défaites. C'était dans la nuit du 1er au 2 septembre 1870. Le lamentable convoi descendait les coteaux de Bazeilles. La vallée de la Meuse, à perte de vue, était étoilée de feux par les bivouacs des vainqueurs. Tout à coup, au milieu de la nuit et du vaste silence, une immense clameur retentit, répercutée par tous les échos des collines et des forêts. Cent mille hommes chantaient le Choral de Luther. Chanson grave, un peu triste, moins gaie que les refrains de la *Mère Angot*, et sans doute plus capable de hausser les courages au niveau des grands devoirs.

Lorsque la dernière bataille eut achevé de détruire nos dernières espérances, Gabriel Monod, tout en restant au chevet des blessés, des varioleux et des typhiques, se rappela qu'il était aistorien.

Il écrivit la relation de ce qu'il avait observé depuis le jour de son arrivée à Raucourt — petit village de Lorraine où Napoléon III, pâle, l'œil

éteint, la moustache et les cheveux très blancs, lui
fit l'effet d'un fantôme — jusqu'à son départ d'Ou-
zouer-le-Marché, gros bourg de cette région orléa-
naise qui a vu l'inflexible courage de Chanzy et le
dévouement de Sonis.

Il raconta ce douloureux itinéraire, d'un ton
calme et grave, sans tirades ni invectives, selon
les règles de la scrupuleuse méthode qu'il avait
enseignée à ses disciples de l'École des Hautes-
Études. Il s'efforçait d'appliquer aux misères
récentes de la patrie les procédés d'enquête dont
les érudits sont coutumiers lorsqu'ils étudient les
temps carolingiens ou l'époque des Croisades. Il
était persuadé que la vérité, quelle qu'elle soit, est
toujours bonne à dire. Par là, ses *Souvenirs de
campagne* sont un témoignage précieux et, comme
disent les Allemands, une « contribution » importante à l'histoire contemporaine [1].

Ces *Souvenirs* ne sont pas seulement le rapport
d'un témoin attentif; c'est aussi l'examen de
conscience d'un patriote qui voudrait, sans se
payer de mots, clore son récit par un acte de foi
dans les destinées de la France.

A chaque page de ce livre, les raisons de notre
défaite sautent aux yeux du lecteur, pour ainsi
dire. La sincérité de l'auteur est impitoyable. Cette
sincérité native, encore accrue, exaltée par l'ap-

---

1. Gabriel Monod. *Allemands et Français, Souvenirs de campagne.* 1 vol.

prentissage de la discipline scientifique, a valu à Gabriel Monod les reproches de tous ceux qui pour agir ont besoin d'illusions. Lorsqu'on songe à l'excès contraire, lorsqu'on voit où nous a conduits la politique des blouses blanches, de Tartarin et des dépêches mensongères, on hésite à blâmer le zèle d'un honnête homme qui, songeant aux « coups de tête » possibles, crie bravement : « Casse-cou ! »

Le 21 janvier 1871, sur les bords de la Loire, un marchand de nouveautés dit à Gabriel Monod :

— Vous ne savez pas? Bourbaki est à Berlin !

— Ah ! bah !

— Mais oui, avec Garibaldi. Voyez-vous, en Allemagne, il y a une grande montagne. Bourbaki a envoyé Garibaldi à droite ; lui-même a pris à gauche ; il a délivré en passant Metz et Strasbourg. Il est entré en Allemagne par Maubeuge, et les deux armées se sont rejointes par Berlin, à l'autre bout de la montagne.

— Mais, cher monsieur, remarquez que Bourbaki s'est mis en marche il y a un mois à peine, et que, s'il a déjà délivré Belfort...

Le marchand de nouveautés toisa Gabriel Monod et s'écria indigné :

— Vous n'êtes pas Français !

Monod eut envie de répondre :

— Vous n'êtes pas historien !

La plupart des personnes qui ont été fâchées

par les récits scrupuleux de Gabriel Monod rai-
sonnent comme ce marchand de nouveautés.

On peut toutefois regretter que l'auteur des
Souvenirs de campagne, écrivant au lendemain de
nos désastres, n'ait pas touché d'une main plus
douce les plaies encore saignantes de notre amour-
propre national. Un sourire indulgent ne messied
pas au médecin et encourage le malade. L'amer
breuvage qu'il nous a versé n'eût pas été moins
efficace s'il eût quelque peu emmiellé le bord de la
coupe. Ainsi, l'œuvre de guérison qu'il se proposait eût été plus assurée de réussir. On ne gouverne les peuples qu'en s'adaptant à leur tempérament.

Mais Gabriel Monod n'a jamais brigué l'emploi
de premier ministre. Maître de conférences à
l'École normale, président de section à l'École des
Hautes-Études, membre de la commission des
archives diplomatiques, directeur de la *Revue critique* et de la *Revue historique*, il s'est contenté
d'exercer dans les régions sereines de la science et
de l'enseignement une sorte d'apostolat idéaliste
et de sacerdoce romanesque. Les ouvrages qu'il a
livrés au public ne donnent pas une idée complète
de son influence et de son action. Pour l'appré-
cier à sa juste valeur il faudrait le peindre dans
ses entretiens avec ses élèves, avec ses collaborateurs, avec ses amis, prodiguant autour de lui les
ressources d'une science qui ne semble amassée

que pour être aussitôt multipliée en bienfaits. Il faudrait dépouiller sa correspondance, libéralement offerte à tous ceux qui, dans tous les pays, travaillent à la propagande du bien et à la connaissance de la vérité. Un jour, M. Lavisse, parlant, dans une jolie fête universitaire, au nom des disciples de Monod, pouvait adresser à son camarade ce compliment : « Tu te donnes une peine infinie pour épargner la peine d'autrui. Tu ne refuses à personne tes conseils ni ton aide. Tu ne te dérobes à aucune conversation; les lettres qu'on t'adresse n'attendent pas longtemps une réponse. Une maison de commerce qui emploie autant de timbres-poste que toi est une maison très active; tu as en effet une clientèle nombreuse, une clientèle d'obligés. »

Très ambitieux pour ceux qu'il aime, Gabriel Monod essaya de développer chez les universitaires l'esprit de solidarité. Sans doute, il fut hanté par l'image de ces *Vereine* et même de ces *Kneipen* dont les écharpes multicolores et les solides beuveries sont, en Allemagne, symboles d'association amicale et de ligue pour la science. Il fonda la Société historique, appelée aussi le cercle Saint-Simon. C'était bien du Monod, cette idée d'installer en plein Paris un cercle sans croupiers ni pontes, un cercle idéaliste! Jamais la « rive gauche » n'avait risqué une pareille entreprise. Le cercle Saint-Simon, d'abord logé dans un magnifique immeuble du boulevard Saint-Germain, habite maintenant un étage au numéro 25 de la rue Serpente. Il n'a pas tout à fait répondu aux espérances de son fondateur.

Le nom de Gabriel Monod restera lié au souvenir de l'effort qui fut fait, dans ce dernier quart de siècle, pour imposer définitivement aux historiens la stricte observance de la probité scientifique et les lois de la critique moderne. C'est dans sa chambre d'étudiant que naquirent les entretiens familiers et austères de l'École des Hautes-Études. Sa *Revue critique* corrigea et découragea les hypothèses hâtives qui ne sont que la singerie de la science. Sa *Revue historique*, moins accessible aux articles brillants qui séduisent les profanes qu'aux travaux utiles où se réchauffe la vocation des initiés, a rendu des services inappréciables.

Quant aux savants qui se réclament de sa doctrine, je ne puis les énumérer tous.

J'ai sous les yeux un volume intitulé *Études d'histoire du moyen âge, dédiées à Gabriel Monod* [1]. C'est un recueil, offert au maître, selon la coutume allemande, afin de célébrer une circonstance mémorable de sa vie. Parmi les donateurs de cette offrande je vois les noms les plus divers : M. Charles Bayet, directeur de l'enseignement primaire, M. Étienne Charavay, archiviste-paléo-

1. 1 vol. in-8°, 1897.

graphe, M. Étienne Dejean, député des Landes, M. Louis Farges, chef de bureau au ministère des affaires étrangères, M. Hanotaux, ministre des affaires étrangères, M. Homolle, directeur de l'École d'Athènes; j'y vois aussi des avocats et jusqu'à de simples rentiers.

Les thèses qui lui furent dédiées sont innombrables.

On remarque aisément que Monod n'a pas cédé à la tentation habituelle des professeurs, qui est de former avant tout des professeurs et de recruter un excédent de diplômés, dont on ne sait plus que faire. Nous avons trop de professeurs. Ce qui nous manque, dans toutes les carrières, ce sont les intelligences façonnées par la haute culture et trempées pour la lutte aux sources vives de la vérité et de la beauté.

Donc, l'idée directrice à laquelle Monod et ses amis ont obéi depuis l'année terrible peut se résumer ainsi : Nous avons mérité nos malheurs. Les Allemands ont mérité leurs victoires. Que cette leçon nous serve! La mêlée sociale est inclémente aux frivoles et aux étourdis. Désormais notre tâche est tracée : nous devrons penser toujours aux moyens de régler un litige dont les conséquences mettent en péril notre existence nationale et la paix du monde. Les vainqueurs nous ont pris deux provinces, cinq milliards et notre antique prestige. Nous leur prendrons leurs vertus.

Les Allemands nous ayant vaincus en 1870, il est naturel (vu notre amour des solutions simples) que les Allemands soient devenus, après la guerre, nos professeurs d'énergie, et qu'ils nous aient accablés de leurs doctrines après nous avoir traités par le fer, par le plomb et par le feu. Nous avons toujours été ainsi. Le comte de Saint-Germain, ministre de Louis XVI, ayant entendu dire, après Rosbach, que la schlague faisait merveille en Prusse, voulut introduire dans les régiments français la schlague.

Plusieurs de nos maîtres les plus illustres ont pensé, après nos défaites, que le remède à tous nos maux était dans une sorte d'imitation intellectuelle des Allemands. Par eux fut reprise la tradition de Mme de Staël; par eux la prétendue vertu des méthodes germaniques fut appliquée à l'œuvre de notre relèvement national.

Sous leurs auspices, les jeunes maîtres de l'Université réformée allèrent chercher au delà du Rhin des directions et des disciplines. Henri Lachelier, fils du célèbre auteur du *Fondement de l'induction*, s'empressa, à peine sorti de l'École normale, d'aller s'établir à Leipzig, dans le laboratoire de Wundt, et rapporta la doctrine de ce maître aux lycéens de Troyes, de Carcassonne, de Clermont et de Caen, qui peut-être ne surent pas en profiter.

Or, cette pédagogie, qui devait nous donner des générations nouvelles et dont nous espérions une jeunesse forte par le caractère, par l'intelligence, par les mœurs, a déçu notre attente, si nous en croyons des témoins dignes de foi, dont quelques-uns, dans le principe, se montrèrent fort enclins aux innovations.

Les aveux se multiplient très précis, très détaillés, très inquiétants.

Un pédagogue éminent, M. Buisson, ancien directeur de l'enseignement primaire, professeur de pédagogie à la Sorbonne, constate dans la *Revue pédagogique* la « progression de la criminalité enfantine et juvénile ». Selon M. Buisson, nous traversons une « crise morale » dont la gravité doit fixer notre attention.

Un autre pédagogue, M. Félix Pécaut, inspecteur général de l'enseignement primaire, ancien directeur de l'École normale de Fontenay-aux-Roses, homme généreux, passionné pour la vérité et pour le bien, a publié dans cette même *Revue pédagogique* des *Notes d'inspection* qui aboutissent, après quelques détours consolants, à l'expression d'un sentiment d' « *effroi* ».

Un célèbre philosophe, M. Alfred Fouillée, a quitté les hauteurs de la spéculation pour chercher dans les chiffres des statistiques quelques indices sur l'état d'âme de la jeunesse contemporaine. Les découvertes de M. Alfred Fouillée sont lamentables. Si l'on s'en rapporte aux minutes conservées dans les greffes de nos tribunaux, le nombre des jeunes gredins augmente tous les jours. On se tue mutuellement aujourd'hui plus qu'hier; on se suicide davantage; on se vole et on se viole les uns les autres avec une fureur croissante. Les incendies éclairent d'une lueur sinistre cette heure trouble, qui ressemble à un crépuscule orageux. Les prisons regorgent de jeunes détenus. Les maisons de correction, mieux dites « maisons de corruption », sont encombrées de garçons et de filles précocement dépravés.

Des faits récents ont attiré l'attention du public sur ces « colonies publiques d'*éducation* pénitentiaires de jeunes gens », qui sont trop souvent (malgré les huit inspecteurs et l'inspectrice qui devraient s'en occuper), des foyers de pestilence : Aniane, Auberive, Belle-Isle, les Douaires, Saint-Hilaire, Saint-Maurice, le Val d'Yèvre et la « colonie correctionnelle » d'Eysses, tristes logis qui sont la cité dolente des enfants sans mère et sans tutelle...

Et M. Fouillée achève de nous consterner par des totaux effrayants : « A Paris, plus de la moitié des individus arrêtés ont moins de vingt et un ans, et presque tous ont commis des fautes graves; en une seule année (1880), 30 assassinats, 39 homicides, 3 parricides, 2 empoisonnements, 114 infanticides, 4,212 coups et blessures, 25 incendies, 153 viols, 80 attentats à la pudeur,

458 vols qualifiés, 11,862 vols simples, voilà le bilan de cette belle jeunesse! Aujourd'hui, c'est bien pis encore. La précocité est une des marques caractéristiques, un des traits douloureux de notre temps. »

M. Fouillée remarque, d'après M. Adolphe Guillot, ancien juge d'instruction au tribunal de la Seine, que les actes des jeunes accusés se caractérisent par « une exagération de férocité, une recherche de lubricité, une forfanterie de vice qui ne se rencontrent pas au même degré à un âge plus avancé ».

D'autre part, si l'on se détourne des « effets de grossissement » que procurent les statistiques, si l'on s'adresse aux témoins qui n'ont que des « impressions » ou ne donnent que des résumés d'expérience, on arrive à des conclusions presque aussi désolantes. J'ai reçu une lettre d'un des hommes les mieux placés pour juger en cette matière, d'un de ceux qui ont mis le plus de cœur à l'œuvre de notre régénération, et j'y lis ceci : « Les maux dont la France a souffert ne font qu'empirer, et la virilité des intelligences s'affaiblit chaque jour... La jeunesse que je vois autour de moi est beaucoup plus précocement corrompue que celle d'il y a vingt ou trente ans, et elle reste beaucoup plus gamine, faible, enfantine. Il y a chez elle des éléments excellents Mais ce qui m'effraye, *c'est sa faiblesse.* »

La jeunesse contemporaine est malmenée même par les juges bienveillants. Récemment, M. Gustave Larroumet lui disait son fait avec franchise. J'avoue que de voir Larroumet pessimiste et découragé, cela m'a fait craindre la fin des temps.

Ainsi, nous avons devant les yeux ce spectacle bizarre : d'un côté, une Université dont la façade repeinte, l'outillage mis à neuf, les méthodes réformées et le personnel presque toujours excellent pouvaient nous induire en de belles espérances. Notez, en passant, que de toutes les catégories de citoyens, celle des professeurs est placée, par les statistiques récentes, au *premier rang* de la moralité générale. Et voici une jeunesse sur qui l'enseignement universitaire a glissé; des élèves dont l'intelligence et le cœur ne répondent pas à la valeur morale et intellectuelle des maîtres; bref, une France qui échappe aux directions très libérales que quelques-uns des meilleurs d'entre nous avaient rêvé de lui indiquer comme l'unique voie du salut.

Je ne puis énumérer toutes les causes de cette déception. En voici quelques-unes.

« Une certaine pédagogie a régénéré l'Allemagne. Cette même pédagogie régénérera la France. » Telle est l'affirmation et tel est le raisonnement sur quoi les partisans des méthodes germaniques ont fondé leur tentative.

Cette affirmation est-elle absolument conforme

à la réalité? Si séduisante que puisse être cette
illusion pour mon amour-propre d'universitaire,
j'hésite à croire que le verbe de plusieurs professeurs de philosophie ait suffi à tenir en échec la
puissance napoléonienne, le royaume de Dane-
mark et l'empire d'Autriche. La métaphysique,
même en Allemagne, n'a pas cette force. Le sou-
lèvement de 1813 et la curée de 1870 furent autre
chose que des insurrections de pédagogues. Je
veux bien que l'idéalisme de Fichte ait déchaîné
de violents enthousiasmes chez nos voisins, dans
l'*aula* des universités ou dans le sous-sol des brasseries. Mais ne sommes-nous pas dupes d'un
mirage lorsque nous imaginons la diffusion si
rapide de cet idéalisme sauveur dans un pays tel
que l'Allemagne de 1813, où les communications
étaient lentes et où la vie sociale se fragmentait
en un si grand nombre de petites cités? Non, ce
n'est pas Fichte et ses collègues qui ont gagné les
batailles de Sadowa et de Sedan. Et, d'ailleurs,
ôtons l'idéalisme de tout ceci, où il n'a que faire.
Car voyez, je vous prie, l'impasse où s'achop-
perait cette philosophie transcendentale. Nous
a-t-on assez vanté l'idéalisme d'outre-Rhin! Nous
a-t-on assez dit que notre sentimentalité n'était
rien auprès de la sainte *Gemüthlichkeit*! Nous
a-t-on ressassé les vertus de l'honnête Allemand
(*Der ehrliche Deutsch*) comparées à tous les vices
du *Welche* pervers! Nous a-t-on assez vanté la

bonne foi allemande (*deutsche Treue*) et ce sentiment du devoir, ce fameux *Pflichtgefühl*, « si
essentiellement allemand »! Jusqu'à ce pauvre
Amiel, qui s'est permis d'écrire, dans son *Journal*,
que les Français n'ont pas « le culte direct de
l'idéal »! Or, au bout de cette prédication piétiste,
une fois les batteries démasquées, qu'y a-t-il?
Ceci : le réalisme à bras raccourcis, la politique
des poings fermés et des poches pleines, le culte
de la force dans toute sa brutalité; mieux que
cela, l'emploi conscient, avoué, cynique, du mensonge, du dol, de la fraude et, pour tout dire en
un mot, Bismarck! De sorte que, si nous voulions
vraiment installer chez nous les programmes
allemands, il faudrait inscrire au fronton de nos
lycées et de nos Facultés ces cinq mots : *La force
prime le droit*.

Ah! comme Fustel de Coulanges avait raison
lorsqu'il adressa, le 28 octobre 1870, « à messieurs les ministres du culte évangélique de
l'armée du roi de Prusse » une lettre où il pro-
testait contre leurs tartuferies haineuses, contre
leurs tirades sur les mœurs de la « moderne
Babylone » et contre l'outrecuidance avec laquelle
ils osaient associer Dieu à une œuvre de violence
et de destruction!

Avec quelle éloquence ce même Fustel répondait aux brochures hypocrites où Mommsen,
naguère courtisan du gouvernement français,

essayait de justifier par des raisons scientifiques
le rapt de l'Alsace!... Et celui-là, j'imagine, avait
le droit de converser d'égal à égal avec tous les
docteurs des universités d'outre-Rhin [1].

S'il n'est pas vrai que les méthodes tudesques
aient importé l'histoire ni même l'érudition dans
le pays de Guizot, de Michelet, de Silvestre de
Sacy et d'Eugène Burnouf; s'il n'est pas vrai
qu'elles aient pu apprendre aux compatriotes de
Descartes, de Laplace, de Pasteur, l'art de penser
ni le désir de chercher la vérité, on doit reconnaître toutefois qu'elles ont propagé le goût des
enquêtes érudites et qu'elles ont appris à la
jeunesse certaines façons de raisonner (parfois
déraisonnables) qui étaient inconnues aux disciples
de Cousin et aux logiciens de Port-Royal. Mais
quel profit en a retiré notre œuvre d'*éducation
nationale*? Les effets du système ne sont point
sortis d'un cercle étroit de privilégiés. Dans cette
élite, nourrie de quintessence germanique, on ne
voit poindre d'ailleurs ni un nouveau Guizot, ni
un nouveau Fustel, ni rien qui approche de
Michelet ou de Taine. On dirait que la science
française perd en intensité ce qu'elle gagna en
étendue. Nous avons des hommes supérieurs : ils
se dépensent, ils se gaspillent, ils se dispersent
avec une générosité que j'admire, mais que je

1. *Fustel de Coulanges*, par Paul Guiraud. 1 vol.

regrette, parce que cette générosité nous prive
des grandes œuvres qui seules sont vraiment édu-
catrices. Si seulement cette propagande généreuse atteignait les fins qu'elle poursuit! Mais il
ne semble pas que notre Démocratie ait seulement
senti cette poussée qui devait la tourner vers des
destinées nouvelles. C'est triste à dire; mais il
faut avoir le courage de constater ce qui est évident. La nation assiste indifférente à nos pané-
gyriques de la paléographie et à nos illusions sur
la vertu éducative de la critique verbale... Sensible au talent, admiratrice des beaux livres,
même quand elle ne les lit pas, la Démocratie est
incurieuse de ce qui se chuchote dans les « cours
fermés » dont nous avons emprunté le modèle
aux Allemands. Les jeunes bourgeois qui solli-
citent l'entrée de ces clôtures n'y cherchent ordinairement qu'un diplôme dont ils comptent bien
se servir comme d'un titre au porteur pour
demander une place aux guichets des ministères.
Nos universités renaissantes, qui devaient être
des « laboratoires de science », des « séminaires
intellectuels », la pépinière de la France nouvelle,
deviennent trop souvent des fabriques de licenciés
et d'agrégés que l'État honore de son patronage,
subventionne parfois de ses deniers et qu'ensuite
il ne peut plus « caser » dans son cadre de fonctionnaires. Cette multiplication des mandarins
mécontents est juste l'opposé du but que l'on

visait. Alors le public ne comprend plus, et, quand il sortira de son apathie, ce sera pour se plaindre.

On dirait que l'instinct du public aperçoit dans l'insuffisance de ces résultats la trace d'un malentendu qui tout de suite a stérilisé nos efforts. Nous nous sommes trompés sur le sens d'un mot qui était précisément la clef de voûte du système. Persuadés que l'*éducation* nationale des Allemands s'était faite dans les universités, dans les gymnases, dans les associations d'étudiants, nous avons cru aussitôt que les Français étaient capables de faire leur *éducation* dans les écoles. Nous avons donc fondé de bonnes écoles, et nous avons eu raison. Nous avons recruté de savants professeurs, et nous n'avons pas eu tort. Mais ce n'était là qu'une partie de la tâche. Le Français est assurément capable d'étudier en classe, mais il étudie encore plus hors de la classe. Le Français répugne aux excès de la pédagogie. Né malin et naturellement frondeur, il n'aime pas trop à jurer sur la parole du maître. Il écoute, par politesse, les longues homélies; mais il se réserve le droit d'en prendre et d'en laisser. S'il apprend beaucoup sur les bancs du collège, il apprend davantage, et mieux à son aise, les jours de sortie, pendant les vacances, par l'expérience de la vie, au hasard des aubaines et au gré des mauvaises fréquentations. Il a une tendance invincible à étudier ce qui n'est pas inscrit sur le programme des cours. Autant il est prompt à fuir la mainmise des pédagogues, autant il se laisse prendre, docilement, par les journaux, par le théâtre, par les livres, par la sollicitation des choses et par l'exemple des gens.

Plus que jamais l'écho de nos paroles, le reflet de nos spectacles, le contre-coup de nos lectures, la contagion de nos plaisirs, atteignent la jeunesse. Sous prétexte que nos ancêtres ne savaient pas élever leurs enfants, nous avons inventé une discipline moderne qui consiste à dire : *Laissez faire, laissez passer.*

Le libre-échange entre les manuels scolaires et les autres traités d'éducation n'est pas favorable aux ouvrages de pédagogie. Les philosophes commencent à s'en douter.

Un jour, M. Alfred Fouillée prenait le train à la gare Montparnasse, pour se rendre à Bellevue, où il habite la maison du sage[1]. Il vit une petite fille de douze ans acheter, à la bibliothèque des chemins de fer, pour cinq centimes, un « supplément littéraire » colorié, qui tirait l'œil par des images alléchantes. Curieux, le philosophe donna un sou à la marchande pour avoir, lui aussi, la feuille. Dans le wagon, il s'efforça de lire ce que la petite, en face de lui, lisait. C'était : 1° une

1. *Les jeunes criminels, l'École et la presse*, par Alfred Fouillée (*Revue des Deux Mondes*, du 15 janvier 1897).

nouvelle psychologique où un décadent analysait complaisamment un viol qu'il prétendait avoir commis; 2° une histoire d'inceste. Le tout était illustré de dessins appropriés aux sujets. M. Alfred Fouillée réprima une forte envie d'arracher des mains de sa voisine cette littérature immonde. Puis il médita. « Cette charmante enfant, songea-t-il, a probablement de très bons maîtres, et de très bons livres de classe. Elle va peut-être au lycée. Si je regardais dans son pupitre, j'y trouverais un atlas plus ou moins copié sur Stieler, des manuels imités de Gesner, des « morceaux choisis » d'après la méthode d'Ernesti, bref tout ce qu'il y a de plus nouveau en fait de pédagogie franco-allemande. A quoi sert tout cet outillage? Hélas! nous avons beaucoup travaillé, et voici notre récompense! Peut-être avons-nous trop négligé, au début, d'allumer notre lanterne! Nous rêvions aux étoiles, et nous avons trébuché sur des ordures! »

Là-dessus, je pense, M. Alfred Fouillée se récita la fable de l'astrologue tombé dans un puits. Et quel puits!

Si j'interroge M. Buisson, je recueille les mêmes doléances. « S'il y a, dit-il, un *virus de scepticisme religieux et moral* qui s'insinue dans les couches profondes de notre peuple, ce n'est pas à l'école que nos élèves *en ont sucé le lait empoisonné, c'est au logis paternel, c'est à l'atelier, c'est au café*, c'est par les conversations de la rue et par les suggestions de la presse que *ce virus a pénétré dans le cœur de l'enfant ou de l'adolescent.* » Et M. Buisson s'indigne contre « *l'abominable déchaînement de cette presse pornographique que seuls en Europe nous avons laissé s'élever à la hauteur d'une institution*[1]. »

M. Félix Pécaut n'est pas moins explicite ni moins attristé. « Je me demande avec inquiétude, dit-il, je me demande pour qui et pour quoi nous travaillons... Est-ce pour livrer les âmes, à peine débrouillées, à de nouveaux et étranges éducateurs, à ces livraisons de romans à bon marché, à ces feuilles corruptrices parées des plus perfides attraits de l'image illustrée? Et tant de labeur de notre part, tant de sacrifices de la part de l'État, n'aboutiraient-ils qu'à *accroître la clientèle de cette honteuse littérature*[2]? »

Ainsi, deux équipes ont travaillé parallèlement, l'une à reconstruire la France, l'autre à la détruire. Celle-ci a mieux réussi que celle-là.

Ici, les gens d'école, consternés, impuissants, défaits. J'avoue que je suis moins touché de leur affliction que surpris par l'heure tardive de leurs

---

1. *La jeunesse criminelle et l'éducation*, réponse à M. G. Tarde, par F. Buisson (*Revue pédagogique* d'avril 1895).
2. *L'Éducation publique et la vie nationale*, par Félix Pécaut, 1 vol. 1897; *Notes d'inspection*, par le même (*Revue pédagogique* d'octobre 1894); *l'École primaire et l'éducation politique*, par le même (*Revue pédagogique* de mars 1895).

découvertes. On leur avait donné carte blanche.
On leur avait délégué le gouvernement des âmes.
Gouverner, c'est prévoir.

Là, les gens de pornographie, cossus, pansus,
réjouis, achalandés, longtemps honorés des
marques de l'estime officielle, souvent décorés
(ô ironie!) non point par le ministère du commerce, mais par le ministère de l'*instruction
publique*, dans les mêmes promotions que les
pédagogues. Ils sont en effet, eux aussi, des éducateurs.

Voilà où nous en sommes, de l'aveu même des
pédagogues, après vingt-cinq ans de pédagogie!
Et maintenant, déconcertés, las, saturés d'un ger-
manisme qui apparemment ne s'adaptait pas à
notre nature, nous entreprenons d'imiter un
autre peuple. Tel un malade qui se retourne dans
son lit.

Nous pourrons peut-être nous décider à être
Français le jour où nous aurons, de nouveau, à
la place d'une librairie mêlée, une littérature
nationale. En attendant, les doux philosophes, les
disciples de Fichte et de Hegel, les apôtres trop
exclusifs des méthodes germaniques, les petits-fils
de Mme de Staël ont légué à leurs cadets une rude
tâche. C'est une ingrate besogne que de recom-
mencer. N'importe. Nous recommencerons.

CHAPITRE VII

LA MANIE ANGLO-SAXONNE

Les Anglo-Saxons, professeurs d'énergie. — La prédication de M. Demolins. — Les enquêtes de M. Max Leclerc. — Le professeur Ruskin et M. de la Sizeranne. — Esthétisme et snobisme.

A quoi tient la supériorité des Anglo-Saxons? par Edmond Demolins. Tel était le titre, un peu humiliant, d'un livre que M. Jules Lemaître, dans un article du *Figaro*, recommanda naguère à ses lecteurs. Ce signal fut aussitôt répercuté par tous les échos de la presse parisienne. Tout ce bruit, suscité en plein Paris, en plein boulevard, par un homme qui était ni pornographe, ni pitre, ni jockey, sembla d'abord un heureux symptôme. Est-ce qu'enfin l'heure était venue où la France allait s'occuper d'autre chose que de saletés ou de balivernes? Il faudrait, en ce cas, remercier M. Jules Lemaître d'avoir donné ce vigoureux coup de barre hors des marécages où pataugeait

la badauderie des dilettantes, et d'avoir tourné le
visage du public vers des perspectives ordinairement fermées à la niaiserie des snobs.

M. Edmond Demolins, comme MM. Brunetière,
Georges Renard, Gabriel Tarde, Félix Pécaut,
Ernest Lavisse, Gabriel Monod (je prends exprès
des noms très divers et très opposés), appartient
à la catégorie de ceux qui croient que toutes les
questions actuelles sont, en somme, des questions
sociales et nationales. L'avènement nécessaire
de la Démocratie nous oblige à sortir de la quiétude avec laquelle on traitait jadis les problèmes
séparément. Dans le branle-bas où le sort nous a
jetés, et où les choses et les gens se bousculent,
le culte de l'art pour l'art serait une sottise. En
un pays où tout le monde sait lire, la littérature
sera de plus en plus utile ou nuisible à la santé
de la nation. Aveugle ou fou, celui qui ne voit
pas le contre-coup des livres sur la vie! Le génie
de notre race, menacé par de vives concurrences,
secoué par des crises intérieures, anémié par une
sorte de surmenage du système nerveux, court un
danger qui apparaît à tous les hommes de bonne
foi. Ici, l'indifférence n'est plus permise. Le dilettantisme, jadis favorisé par les caprices de la
mode, n'est plus, à présent, qu'une pose vieillotte
et bébête.

Il s'agit de savoir, en définitive, si, dans quelques années, il y aura encore une France, j'en-

tends une France digne du passé, et non pas une république sud-américaine, transplantée par l'ironie du destin sur le sol même où dorment les os d'un Richelieu, d'un Dupleix, d'un Thiers, d'un Ferry.

C'est à l'examen de ce problème effrayant, que M. Edmond Demolins emploie toute sa force et tout son temps. S'il n'a pas encore osé le résoudre, on peut dire du moins qu'il en a énoncé les données avec une volonté persévérante. Son évolution intellectuelle mérite d'être racontée.

M. Demolins est un Marseillais, descendant d'une famille arménienne. Ses origines méridionales auraient dû lui infliger des superstitions jacobines ou césariennes. Or il est résolument particulariste et antisocialiste. Il est donc un argument vivant contre la théorie des « milieux », encore qu'il se plaigne parfois de lutter contre l'esprit provençal et les hérédités levantines qui bouillonnent en lui... Il a suivi les cours de l'École des chartes. Parmi les professeurs dont il reçut alors la doctrine, il s'attacha surtout au catholique Léon Gautier. Il goûta sans doute, chez ce maître impétueux, l'union de la science avec l'enthousiasme et de l'enseignement avec l'apostolat. L'influence de cette âme chevaleresque et violemment amoureuse du « bon vieux temps » aurait pu l'incliner vers un « moyenâgisme » dont il s'est écarté prudemment.

L'amitié du numismate Babelon, avec lequel il vivait fraternellement, dans un modeste logis de la rue du Pré-aux-Clercs, a pu contribuer à l'éloigner des phrases toutes faites, et à lui faire désirer, de tout son cœur, la plénitude de satisfaction intellectuelle que procure la méthode d'observation.

En 1874, M. Demolins essaya de se plier aux disciplines de l'École pratique des Hautes-Études. La vivacité de son intelligence et son aptitude au prosélytisme furent remarquées par les hommes éminents et libéraux qui ont fait de cette école, alors pauvrement installée dans les gale de la vieille Sorbonne, un riche foyer d'idées. On nota aussi quelque chose d'excessif et d'irrégulier dans sa logique rapide et un peu trop absolue. Il était bienveillant pour les personnes, avec de l'intolérance pour les idées, et une certaine propension lyrique aux erreurs de fait.

Son premier livre fut une étude sur le *Mouvement communal en France*. Ensuite il publia, sous les auspices de la Société bibliographique, une *Histoire de France* en quatre volumes. Ce récit, dont l'auteur n'approuverait plus les tendances ni les conclusions, marque un sincère désir de recourir directement aux sources d'informations les plus instructives. L'historien s'est enfermé en tête à tête avec les témoins des événements qu'il raconte. Volontiers il interrompt

sa narration pour laisser parler abondamment les
chroniques, les correspondances, tous les textes
où s'est reflétée la vie des siècles morts. Il n'inter-
vient que pour mettre en ordre les faits et les
dates. Les résultats de son labeur ne sont pas
toujours proportionnés à sa bonne volonté. Mais
cet effacement volontaire d'un écrivain qui semble
se sacrifier à la vérité inspire au lecteur une confiance qui n'est pas toujours trompée.

Le futur auteur du livre sur la *Supériorité des
Anglo-Saxons* appartenait alors au cercle de la
Société bibliographique et de la *Revue des questions historiques*. Les tendances de cette société
et de cette revue sont bien connues. Si respectables que soient les partis pris de M. de Beau-
court, on ne peut que féliciter M. Demolins d'y
avoir échappé.

Une circonstance décisive devait orienter vers
les préoccupations sociales sa pensée encore
irrésolue. Il rencontra, juste au moment où sa
vocation hésitait, l'illustre Le Play, ce polytechnicien apôtre qui, à la façon d'Auguste Comte
et de Jean Reynaud, a fondé plus qu'une école,
presque une religion.

Le Play a exposé sa méthode et répandu sa
doctrine dans de beaux livres qui resteront. Quiconque s'adonne à l'étude des sociétés humaines
doit posséder le recueil de monographies, qui
s'intitule *Les ouvriers européens*, et dont Monta-

lembert disait, dans une lettre à Augustin Cochin :
« Je lis le livre de Le Play, j'en suis *émerveillé...* »
Le Play a fait un chef-d'œuvre de classification
et de méthode, en organisant, à l'Exposition de
1867, non pas des kermesses cosmopolites, ni
des danses du ventre, mais une sorte d'histoire
vivante de l'univers civilisé. Son influence personnelle s'exerça par des causeries intimes où
il conviait ses amis et ses disciples, dans son
appartement de la place Saint-Sulpice. C'est là
que plusieurs nobles esprits s'initièrent à cette
inquiétude dont nous devons être saisis en
voyant diminuer les forces morales à mesure
que croissent les appétits matériels.

Ces réunions, dont l'unique objet était la guérison de nos maladies sociales et la réforme de
nos lois ou de nos mœurs, furent l'origine de
cette *Société d'économie sociale*, qui se proposa
de *refaire des hommes et des familles* sur le sol
amoindri de la France vaincue. Lorsque cette
société résolut de publier périodiquement une
revue, intitulée la *Réforme sociale*, et destinée
à continuer l'œuvre de Le Play, les fonctions de
rédacteur en chef furent attribuées, d'un commun
accord, à M. Edmond Demolins. En même temps,
il fut chargé de professer un cours au nom de la
société.

Les débuts des religions, même laïques, sont
ordinairement dérangés par des schismes. Le

Play mort, ses disciples se divisèrent en deux groupes. M. Edmond Demolins fonda une revue dont il assuma la direction et la responsabilité, et qui s'appelle la *Science sociale*.

En dix ans, la *Science sociale* est déjà parvenue à son vingt-troisième volume. Les principaux collaborateurs de M. Demolins sont M. Henri de Tourville, M. Pinot, M. Léon Poinsard, M. Prieur, tous étrangers au monde des « premières », mais reconnus comme chefs par un groupe de jeunes gens très actifs et très vivants. M. Demolins cherche tous les jours à augmenter sa petite armée. « Je crois, disait Le Play, que nous sommes plus malades encore que le monde païen, et douze apôtres ne seraient pas de trop. »

Désireux de préciser et de compléter la méthode de Le Play, ces messieurs procèdent par des observations minutieuses, par des monographies sur des sujets particuliers. Ils ont horreur des dissertations élaborées devant un bureau, dans un cabinet, dans une salle de rédaction, par une tête chaude et par une main hâtive. Les conceptions abstraites des idéologues et des fanatiques, ces fameux *dogmes*, au nom desquels on s'autorise à régler la société sur un plan préconçu, en guillotinant tout ce qui dépasse le cadre, apparaissent aux disciples de Le Play comme un abominable fléau. Voulez-vous, disent-ils, avancer

vers la solution de la question ouvrière, négligez
les théologies et les métaphysiques, méprisez la
« blaguologie » des rhéteurs, allez voir, *de vos
propres yeux*, en plein air, en pleine vie, comment les choses se passent. Imitez Le Play. Ce
pèlerin passionné, scrupuleux et infatigable,
s'est astreint, pendant vingt-quatre ans (1829-1853)
à faire un voyage de six mois chaque année,
presque toujours à pied. Il vécut avec des
ouvriers de tous les pays. Il a été maître de
forges dans l'Oural. Il a connu de près les
mineurs, les fondeurs, les bûcherons, les char-
bonniers et les charretiers des montagnes du
Hartz. Il a bu le lait fermenté des juments sous
la tente des Baskirs. Il a porté des toasts à la reine
chez les forgerons du pays de Galles. Surtout, il
fut le familier, l'ami, le conseiller des paysans
limousins dans son domaine de Ligoure, où il
s'occupa d'installer et de former sa famille selon
le type idéal qu'il rêvait. M. Le Play, a dit
Sainte-Beuve, « est d'une génération toute nouvelle. Il est *l'homme de la société moderne par
excellence...* S'il a conçu la pensée d'une réforme,
ce n'est qu'à la suite de l'expérience, et en combi-
nant les voies et moyens qu'il propose avec
toutes les forces vives de la civilisation actuelle,
sans prétendre en étouffer ni refouler les déve-
loppements. »

La *Science sociale* est un copieux répertoire

de faits recueillis sur place. M. Demolins, accompagné par son ami M. de Rousiers, a parcouru la France entière, en quête de documents. Il a séjourné dans les Pyrénées et dans les Causses, afin d'y étudier les rapports de l'*art pastoral* et de la *communauté*. Il a suivi les Auvergnats depuis leurs montagnes natales jusqu'aux boutiques parisiennes, où les fils des porteurs d'eau se font volontiers brocanteurs. Il a médité sous les châtaigniers du Limousin, du Périgord, du Quercy, du Vivarais. Les mûriers de la vallée du Rhône, les oliviers, les amandiers, les pêchers, les orangers de l'heureuse Provence lui ont expliqué la genèse du Méridional nonchalant, joyeux, flâneur, bavard et trafiquant. Il est allé chercher dans le Médoc et en Champagne la psychologie du vigneron. Partout, il a pris soin d'ajouter les observations d'autrui à son expérience personnelle, appelant, par exemple, à son secours la monographie du *Porteur d'eau auvergnat*, par le docteur Delbet, ou le livre de Paul Bourde sur la Corse. Le *Voyage en France* d'Ardouin-Dumazet lui a fourni des indications précieuses. Il a consulté les romans d'Alphonse Daudet, de Cladel, de Pouvillon pour mieux connaître l'âme du Midi. Il a pu ainsi, dans ses pérégrinations, esquisser une *Géographie sociale de la France*, qui foisonne de faits, d'idées, d'hypothèses et d'erreurs. Il désire que les parties laissées en blanc sur sa carte soient remplies, le plus tôt possible, par les personnes qui connaissent bien la vie particulière de nos provinces. Ses voyages d'étude et de propagande lui ont permis de fixer, çà et là, les points de repère d'un vaste décalque, où l'on pourra voir toutes les variétés sociales dont se compose notre pays. Il a envoyé des missionnaires en beaucoup de lieux. Les auditeurs de ses cours et de ses conférences, ainsi que les jeunes gens à qui la Société de science sociale accorde des bourses de voyage, grossissent presque chaque jour son dossier. Plusieurs de ses disciples sont allés en Allemagne et en ont rapporté des notes détaillées, où les chances d'erreur sont en proportion de l'étendue des enquêtes.

M. Demolins professe, durant les mois d'hiver, dans une des salles de la Société de géographie. Il parle avec feu et sans élégance, un peu comme M. Léon Gautier. Un ressouvenir de l'accent marseillais assaisonne sa diction et déride la gravité abrupte de ses pensées. Ce n'est pas, à vrai dire, un orateur. Mais la sincérité de ce petit homme replet, noir et tenace, la chaleur de ses improvisations, l'abondance de ses renseignements, que personne ne peut contrôler immédiatement, agiraient sur l'auditoire le plus rétif. Il a provoqué plus d'une fois, à des colloques contradictoires, les plus renommés défenseurs du socialisme. Il a réduit Paul Lafarge aux dernières extrémités, et il ne désespère pas de hacher, par des arguments incisifs, les plus belles périodes du grand orateur Jaurès.

On a vu des étudiants, au sortir de son cours, s'attacher à sa personne, s'associer à sa prédication et se vouer, comme lui, à la réforme de nos lois, qui sont centralisatrices, de nos mœurs, qui sont routinières, de nos ambitions, qui sont médiocres, de nos préjugés, qui tendent malheureusement à l'apothéose du national rond-de-cuir.

Il réunit souvent ses disciples chez lui. Et là, près d'un samovar patriarcal, au milieu d'une assistance où les jaquettes sont plus nombreuses que les habits, il répète sur tous les tons : que nous avons trop de fonctionnaires et trop de politiciens; — que la France agonisera bientôt, faute de Français; — que le mariage disproportionné ou tardif est une calamité; — que la course à la dot est une honte; — que notre patrie semble perdre le premier rang sur tous les terrains, sauf dans la cuisine et la pornographie; — que l'abus de l'internat et des concours produit des fruits secs ou des mandarins et non des hommes; — que nous devenons un peuple de candidats et de budgétivores; — que nous ne colonisons pas nos colonies; — que chez nous les gens riches préfèrent sottement les carrières administratives à l'agriculture, à l'industrie, au commerce, et que ce dédain est une cause d'appauvrissement; — que nos erreurs nous conduisent à l'abandon du foyer natal sans esprit de retour; — que la neurasthénie, l'inaptitude à l'effort, le manque de décision sont nos péchés quotidiens ou no tares coutumières; — que les Français sont le peuple le plus grevé d'impôts; — que notre nation, vaincue militairement par l'Allemagne, risque d'être vaincue pacifiquement par les races anglo-saxonnes...

Toutes ces vérités désagréables procèdent d'une vérité plus générale qui peut se formuler ainsi : notre pays est trop centralisé. M. Demolins souscrirait volontiers à cette phrase de Jules Ferry : *Si vous accouplez ces deux choses, le régime parlementaire et la centralisation, sachez que le régime parlementaire, soit sous une république, soit sous une monarchie, n'a que le choix entre ces deux genres de mort : la putréfaction comme sous Louis-Philippe ou l'embuscade comme avec Napoléon III.*

Ce que j'aime surtout, en M. Demolins, c'est qu'il est un homme d'action et que ses idées se sont emparées de sa vie.

Décentralisateur, il décentralise pour son propre compte et dans la mesure de ses moyens. Dès que son enseignement cesse de le retenir à Paris, il se retire en province, dans un petit domaine rural qu'il a acheté et qu'il exploite. Sa maison de la Guichardière, près de Verneuil, en Normandie, s'ouvre libéralement aux amis, aux disciples, aux fidèles de la *Science sociale*. Cet asile de verdure et d'ombre devient, peu à peu, la Chesnaie d'un Lamennais anglomane.

Partisan de l'initiative privée, apôtre de l'énergie individuelle, admirateur des Anglo-Saxons, M. Demolins fait élever son fils dans un collège anglais, et il exige que cet enfant, qui n'a guère plus d'une dizaine d'années, fasse tout seul le voyage d'outre-Manche. J'imagine que le jeune Demolins n'usera pas ses culottes dans les antichambres des ministères, à l'affût d'une « place ».

Self help! Aide-toi toi-même! tel est le conseil que l'auteur de la *Supériorité des Anglo-Saxons* prodigue à notre société, qui meurt d'être en régie et en tutelle. Il n'a pas eu de peine à montrer, par des faits, l'efficacité de l'initiative particulariste. Voilà bientôt deux siècles que les esprits sérieux interrogent la Grande-Bretagne, pour lui arracher la révélation d'une morale individuelle et d'une hygiène sociale.

M. Demolins a ramassé tous ces faits en de vigoureux raccourcis. Il expose la race anglo-saxonne sous une lumière crue qui en accuse le relief. Il la montre, infatigablement animée par ce culte du travail, que George Eliot a, pour ainsi dire, incarné dans le personnage d'*Adam Bede*.

« Adam Bede n'était pas un homme merveilleux... Il était de ces honnêtes gens dont la vie n'a pas eu d'écho au delà de leur voisinage; mais vous êtes sûr de trouver presque toujours dans le lieu qu'ils habitaient leur nom associé, pendant une ou deux générations après leur mort, à quelque bout de route excellente, à quelque édifice, à quelque nouvel emploi d'un produit minéral, à quelque progrès agricole, à quelque réforme des abus de la paroisse. »

M. Demolins compare l'expansion des Anglais à notre rétrécissement, leur pullulement à notre stérilité, leur marche à nos reculs. Il dit : Voyez ce qu'ils sont, voyez ce que nous sommes.

Et il ne s'agit pas de chanter ici :

Non, non, jamais en France,
Jamais l'Anglais ne régnera !

D'abord l'Anglais « règne » en France plus que je ne voudrais (remontez la rue Saint-Honoré et lisez les enseignes), l'Anglais règne aussi ailleurs. Jetez les yeux sur une carte du monde. Nous avons abandonné aux Anglo-Saxons l'Amérique du Nord, l'Inde, le Delta du Niger, peut-être l'Égypte. On peut craindre que le Levant n'ajoute bientôt de nouvelles conquêtes à l'empire de John Bull. L'Anglo-Saxon domine l'Amérique par le Canada, par les États-Unis, par la République argentine. Il tient l'Afrique aux deux bouts, par l'Égypte et le Cap. Il s'avance en Asie par l'Inde et la Birmanie. Il est suzerain d'Océanie, par ses possessions d'Australie et de Nouvelle-

Zélande. Les cinq continents sont tributaires de son commerce et de son industrie. Sa langue est universelle. Il menace de nous supplanter dans nos propres colonies. Je ne parlerai pas de Fachoda.

Ces faits ne sont pas consolants. Mais on n'écrit pas seulement pour amuser. Ce livre, qui a si fortement ému l'opinion publique, est, en somme, une bonne action, malgré les erreurs sans nombre qui le gâtent [1]. S'il trouble l'optimisme des pontifes et la digestion des satisfaits, tant mieux. Il crie bien haut la plainte patriotique que beaucoup chuchotent tout bas et que certains étouffent en eux-mêmes par l'effet d'un égoïsme inconscient.

Cette verte mercuriale ne peut que profiter au bien public. Il faut écouter cette voix bourrue, interrompant tout à coup le vacarme de nos cabotinages et détournant notre attention de tous les amusements burlesques, de tous les divertissements « bien parisiens » auxquels nous avons voué un culte absurde. Il faut nous résigner aux trouble-fête, si nous ne voulons pas avoir besoin, à brève échéance, d'un syndic de faillite.

Du reste, M. Demolins n'est pas le seul médecin qui nous recommande la méthode anglo-saxonne, et qui nous conseille d'aller nous faire guérir à Londres.

1. Ces erreurs ont été relevées par M. Charles Seignobos dans la *Revue critique* du 9 mai 1898.

Avant lui, M. Max Leclere, à peine sorti de
l'École libre des Sciences politiques, était allé
prendre des leçons d'énergie en Amérique et en
Angleterre. Mⁱˡᵉ Marie Dugard, agrégée des lettres,
« professeur » au lycée Molière, avait célébré cette
fameuse université de Wellesley, où plus d'un
millier de jeunes Américaines étudient énergiquement le grec, le flirt, le latin et le canotage.
Il serait impossible d'énumérer ici tous les apôtres
du cricket, du *self-help* et du *foot-ball* [1].

Voilà déjà longtemps, d'ailleurs, que la supériorité des races anglo-saxonnes tourmente l'âme
versatile des Français, aussi enclins à l'horreur
des étrangers qu'à la passion de l'exotisme. Ce
n'est même pas M. Max Leclere qui a poussé le
premier cri d'alarme en montrant l'univers conquis par la ténacité britannique. Dès l'année 1725,
un Suisse, nommé Béat de Muralt, opposait l'esprit
anglais, « précis, solide, libre, simple, fait de
retenue et de sang-froid », à l'esprit français,
lequel, disait aimablement ce Suisse, « *consiste
principalement dans l'art de faire valoir des bagatelles...* »

Presque toutes les fois qu'on a voulu nous faire
la morale, c'est au nom des vertus anglaises que
l'on a stigmatisé la laideur de nos vices nationaux. Il est vrai que nous aurions beaucoup à

---

1. Gaston Deschamps, *la Vie et les livres*. t. I. p. 163; t. IV.
p. 1-35.

prendre chez nos voisins d'outre-Manche, à condition toutefois que cette imitation ne dégénère pas en singerie. Et, du reste, l'anglomanie littéraire nous a porté bonheur. Nous devons à cette passion quelques-uns des plus étincelants pamphlets de Voltaire et plusieurs tirades éloquentes de Jean-Jacques Rousseau : « J'ai l'âme ferme, dit Bomston à Saint-Preux, dans la *Nouvelle Héloïse.* J'ai l'âme ferme. Je suis Anglais! » On pourrait suivre le courant continu de l'anglophilie depuis l'*Éloge de Richardson* (que Diderot improvisa, dit-on, en pleurant) jusqu'à ces *Carnets de royage,* si pessimistes, où Taine marqua, de coups de crayon corrosifs, l'inertie de notre vie provinciale, la laideur de nos chefs-lieux, la misère intellectuelle, morale et physique de nos fonctionnaires, l'abrutissement de nos apothicaires. l'oisiveté de nos troupiers, la niaiserie ratatinée de nos bourgeois, la brutalité gourde de nos paysans, l'impudence de nos politiciens, l'absurdité de nos hobereaux, bref une France humiliée, perpétuellement comparée, *in petto,* à la triomphante Angleterre et malmenée par le génie d'un grand artiste qui suit Flaubert, rappelle Gavarni. annonce Forain...

On dirait qu'à présent la lignée des anglophiles s'est un peu départie de cette âpreté satirique. L'anglophilie aboutit moins à des réquisitoires négatifs qu'à des enquêtes positives. Toute une équipe d'écrivains très ingénieux, très informés, a entrepris de nous révéler l'Angleterre par des monographies, par des enquêtes, par des recherches historiques qui déjà forment un dossier très divers et très opulent. Le talent frissonnant, visionnaire de M. André Chevrillon, l'érudition friande et délicate de M. Jusserand, le lyrisme de M. Gabriel Sarrazin, l'esthétisme raffiné de M. Gabriel Mourey, les statistiques de M. Pierre Leroy-Beaulieu, la science enthousiaste de M. Auguste Angellier et les fleurs que Mary Darmesteter aime à cueillir sur les haies des cottages ont contribué tour à tour à cette œuvre collective. Il faut signaler aussi un livre très brillant, que M. Robert de la Sizeranne intitule : *Ruskin ou la religion de la Beauté.*

John Ruskin, fils d'un gros marchand de vins de la cité de Londres, et actuellement retiré au bord d'un lac, dans le Lancashire, parmi les jacinthes et les bruyères, est presque aussi célèbre chez les Anglo-Saxons, que M. Gladstone, M. Stanley, M. Cecil Rhodes ou lord Kitchener. Pourtant il n'a jamais été ministre, ni explorateur, ni sirdar. C'est un homme modeste. La charge de professeur d'esthétique à l'Université d'Oxford est, je crois, la plus haute fonction qu'il ait jamais occupée. C'est un homme paisible. Bien qu'il aime toutes les manifestations

de l'énergie humaine, et que le *Napoléon* de
Meissonier ait longtemps orné sa chambre, ses
armes de combat sont la plume et la parole. Ce
conférencier ne semble pas être un cabotin. La
sincérité coule à flots dans les cinquante volumes
d'effusions lucratives que débite, à son compte, la
maison d'édition dite « Ruskin house », 156,
Charing Cross road, London. Ce n'est pas non
plus, du moins en apparence, un intrigant. Quelqu'un lui disant un jour : « Monsieur Ruskin, vos
ouvrages m'ont beaucoup intéressé », il répondit :
« Cela m'est bien égal qu'ils vous aient intéressé.
Vous ont-ils fait du bien? » Une dame vint le
trouver afin de lui recommander « une société
pour l'émancipation de la femme ». Brusquement
il s'écria : « Madame, vous êtes toutes des sottes
en cette matière. » Les étudiants de Glasgow, voulant l'élire recteur, se permirent de l'interroger
sur ses opinions politiques et lui demandèrent
s'il préférait Disraëli à Gladstone. Il répliqua :
« Que diable avez-vous à faire, soit avec M. Disraëli, soit avec M. Gladstone! Vous êtes étudiants
à l'Université et vous n'avez pas plus à vous occuper de politique que de chasse au rat. Si vous
aviez lu dix lignes de moi, en les comprenant,
vous sauriez que je ne me soucie pas plus de
M. Disraëli et de M. Gladstone que de deux
vieilles cornemuses. »

Ce bourru philanthrope a écrit cette page très

noble : « Être ἐλεύθερος, *liber* ou franc, c'est
d'abord avoir appris à gouverner ses passions, et
alors, certain que sa propre conduite est droite,
y persister envers et contre tous, contre l'opinion, contre la douleur, contre le plaisir. Défier
l'opinion de la foule, la menace de l'adversité et
la tentation du diable, tel est, chez toute grande
nation, le sens du mot : *être libre*, et la seule
condition pour obtenir cette liberté est indiquée
dans un seul verset des psaumes : « Je marcherai
en liberté parce que j'ai cherché tes préceptes. »

Son exemple prouve que le public, du moins
en Angleterre, sait rendre justice à ceux qui ne
font point profession de suivre toutes les modes
et de glisser sur toutes les pentes. Tel qu'il est,
Ruskin règne, chez les Anglo-Saxons, sur plusieurs
millions de sujets et sujettes. Les hôteliers de
Brantwood ne craignent pas d'inscrire, à côté de
leurs enseignes, des réclames ainsi conçues :
Belle vue sur la maison du professeur John Ruskin.
Et ces honnêtes industriels font des affaires d'or,
lorsqu'ils possèdent un bon coin d'où les misses,
venues en pèlerinage, puissent braquer leurs
photojumelles ou leurs vérascopes.

Il y a déjà, en Amérique, une ville qui s'appelle Ruskin.

Pourquoi donc tous ces honneurs que ni Pasteur ni Victor Hugo ni même Coquelin n'ont
jamais obtenus chez nous?

Voici :

Les Anglo-Saxons, hommes pratiques et idéalistes, ont toujours associé le souci du bonheur au culte de la poésie. Ils sont reconnaissants à ceux qui les délivrent du spleen en leur élevant l'âme. Or, c'est à peu près le genre de service que leur rendit John Ruskin. Cet homme extraordinaire a initié aux plus rares émotions esthétiques une race qui semble faite surtout pour l'industrie, pour le trafic et pour le sport. Il associe la poésie et la cotonnade, l'héroïsme et l'hygiène, la vertu et le cyclisme. Il est le père des touristes *quattrocentistes*, des athlètes préraphaélites et des jeunes archanges à bandeaux plats, qui, à peine débarrassés de leurs costumes de tennis, versent le thé de cinq heures avec des mines célestes. Depuis cinquante-quatre ans, il enseigne à ses compatriotes la meilleure manière de trouver ou de mettre de la beauté dans la nature, dans l'art, dans la vie. Les vilains chars à bancs de l'agence Cook sont pleins de ses admirateurs et surtout de ses admiratrices. Il a compté, au nombre de ses disciples, non pas seulement des poètes, comme Swinburne, ou des peintres tels que Dante-Gabriel Rossetti, Holman Hunt, Millais, mais aussi des tapissiers, des filateurs, des tisserands. Ses livres, qui lui font gagner plus de cent mille francs par an, ne portent point de ces titres par lesquels nos marchands de papier

aguichent l'œil du passant. Ce ne sont point des
romans ni des drames, ce sont des espèces de
sermons à bâtons rompus, qui portent des titres
très simples ou très prétentieux : *Peintres modernes*, cinq gros volumes (1843-1860); — *les
sept lampes de l'architecture*; — *les Pierres de
Venise*; — *les Éléments du dessin*; — *les Deux
Sentiers*; — *Sésame et Lys*; — *la Couronne d'olivier sauvage*; — *les Lois de Fiesole*; — *la Bible
d'Amiens*; — *Sur la vieille route*, etc. Et pourtant,
cette massive bibliothèque s'éparpille aux mains
des ouvriers, s'installe sur le chevet des femmes
du monde, voyage en sleeping-car, en pulmann-
car, se répand jusqu'aux solitudes du Far-West...
Les Anglais y cherchent les règles d'une sorte
d'hygiène supérieure et le secret d'être heureux
esthétiquement.

Ruskin est le berger des troupeaux d'Anglais
et d'Anglaises qui montent, chaque année, sur la
colline de Fiesole, ou qui descendent vers la
crypte d'Assise.

Cet illuminé flegmatique est, en somme, le plus
grand fournisseur d'idées et de sensations que les
Anglo-Saxons aient connu pendant ce siècle. Les
livres de Ruskin sont nombreux : les ruskiniens
sont innombrables. C'est l'auteur des *Matinées de
Florence* qui a suscité, en Angleterre, cette école
de peinture littéraire qui maintenant déborde sur
le continent.

Un soir, en 1850, Dante-Gabriel Rossetti, anglo-italien, tête chaude et lucide, Holman Hunt, garçon têtu, laborieux et candide, John Everett Millais, lauréat brillant et facile, tous trois fatigués des banalités scolaires et curieux de nouveauté, venaient de feuilleter un album de planches gravées d'après les fresques du Campo-Santo de Pise. L'un d'eux avait apporté un livre de Ruskin et en lut quelques pages à haute voix. L'effet fut instantané.

« C'était, dit M. de la Sizeranne, une causerie étincelante, pleine de faits, pleine d'exemples. Et c'était aussi la plus belle langue, la plus riche, la plus forte, la plus concise à la fois qu'on pût imaginer. Jamais, dans aucun temps ni dans aucun pays, on n'avait parlé de l'art d'une telle sorte, avec ce feu, avec cet enthousiasme, jamais peut-être on n'en pourra parler ainsi une seconde fois. Penché sur ce livre, Holman Hunt y puisait comme une seconde vie... »

Aussitôt fut fondée par ces trois jeunes gens la fameuse Confrérie préraphaélite, *the Preraphaelite Brotherhood*. Sir Edward Burne Jones en a continué les traditions. Si l'on désire connaître jusqu'où peut aller, chez un disciple, la sincérité et la spiritualité, il faut aller voir l'atelier de M. Watts à Londres. C'est dans Kensington, près des futaies de Holland park, en une retraite de verdure et d'ombre, où expire le bruit de l'in-

dustrie moderne et où s'éteint l'âpre clameur de
la lutte pour la vie...

M. Watts a voulu peindre des fresques mora-
lisatrices sur les murs de la gare d'Euston. Malheureusement, la compagnie trouva plus de
bénéfice à traiter avec un entrepreneur d'affiches-
réclames. M. Watts a déroulé quelques-uns de
ses symboles dans une des salles de la corporation des avocats, à Lincoln's Inn. Il ne désespère
pas de trouver un chef d'usine assez bien inspiré
pour lui faire la commande de quelques scènes
bibliques destinées à résoudre la question sociale.
D'ailleurs, il ne songe ni à faire fortune, ni à
obtenir des décorations. Cela, c'est du bon rus-
kinisme.

Avez-vous observé les Anglo-Saxons lorsqu'ils
visitent les Offices, explorent le palais des Doges,
ou s'extasient parmi les lys de Fiesole? Ils ont
presque toujours, à la main, des livrets rouges,
minces comme des bréviaires, et faciles à
emporter dans des sacs de nuit. On croit communément que ce sont des Murray, des Bædeker
ou des Worl. Erreur. Ce sont des résumés de
Ruskin, des extraits des *Matinées de Florence* et
des *Pierres de Venise*, la quintessence de la bonne
doctrine. Les *ciceroni*, les bedeaux, les guides
d'Italie connaissent bien la maîtrise de l'illustre
professeur-prédicateur. Ils savent que c'est lui qui
oblige tous les *milords* à « regarder » ce qu'ils

« voyaient » auparavant. Et dans leur langage
pittoresque, ils appellent ce troupeau nomade la
confraternità di Ruskin. Si vous « interviewez »,
à la table d'hôte, les globe-trotters vos voisins,
ils vous diront sans doute, comme M. Frédéric
Harrison, que Ruskin est « le plus brillant génie
vivant de l'Angleterre, l'âme la plus inspiratrice
qui soit encore parmi nous ».

Il y a quelques années, M. Robert de la Sizeranne, étant à Florence le jour de la fête de saint
Thomas d'Aquin, voulut profiter d'une matinée
de soleil pour étudier à loisir les fresques de
Memmi et de Gaddi, dans le cloître de Sainte-
Marie-Nouvelle. Le sacristain, auquel il donna
quelque menue monnaie, avait refermé soigneusement la porte en poussant les verrous. M. de la
Sizeranne se croyait seul et s'approchait avec
révérence de la chapelle des Espagnols, lorsqu'il
entendit un léger murmure de voix et comme la
mélopée d'une liturgie. Il vit trois jeunes femmes
dont le profil était botticellesque, dont les chapeaux canotiers se voilaient de gaze blanche, et
dont les mains frêles étaient fleuries de mimosa.
Elles étaient debout devant le *Triomphe de saint
Thomas*. L'une d'elles lisait d'un air évangélique
un texte anglais dont voici le sens : « J'ai prié et
l'esprit de sagesse est descendu sur moi... Le
pouvoir personnel de la sagesse, la σοφία ou
sainte Sophie à laquelle le premier grand temple

chrétien a été dédié, cette sagesse supérieure qui gouverne par sa présence toute la conduite des choses terrestres et par son enseignement l'art terrestre tout entier, Florence vous dit qu'elle ne l'a obtenu que par la prière. »

M. de la Sizeranne interrogea du regard le sacristain narquois et celui-ci chuchota : RUSKIN!

Ainsi, John Ruskin, vu de loin et dans un raccourci nécessairement sommaire, nous apparaît surtout comme une sorte d'alpiniste mystique, l'apôtre des *Cook's tours*, le grand pontife des *Terminus*, le président d'honneur du gigantesque *Touring club* institué par la race anglo-saxonne.

L'influence esthétique de Ruskin s'est répandue sur le continent. Beaucoup de Français, beaucoup de Françaises subissent cette influence sans y prendre garde, et même sans avoir lu un traître mot de Ruskin.

Malheureusement, cette influence n'a guère abouti, jusqu'ici, qu'à des résultats matériels. Interrogeons quelques-uns des contemporains, quelques-unes de nos contemporaines.

Vous, madame, n'est-il pas vrai que les mots d' « ameublement moderne » éveillent d'abord en votre esprit quelque chose de clair, de svelte, de léger : des bois laqués, découpés, ajourés; des faïences fraîches et diaphanes; des étains mats; des mousselines aussi vaporeuses que le nuage rose où s'endort Titania; des cretonnes anglaises,

des pannes anglaises, des velours anglais, des
papiers peints anglais (*artistic wall papers*). Vous
aimez la splendeur apaisée des cuirs anciens. Les
nuances subtiles et mourantes vous agréent : pri-
merose, vert de mer, vert de figue, brun noisette,
œillet fané, vert de houx, œuf de moineau. Vous
avez coutume de faire agoniser, en des vases
au long col, des fleurs symboliques et souvent
malades : l'iris, le tournesol, le chrysanthème,
la tulipe, le glaïeul, surtout l'orchidée... Volontiers vous recherchez les artistes qui savent
imposer des contorsions nouvelles au fer forgé,
et des reflets inédits au cuivre repoussé. Vos
lampes ne sont plus des lampes, mais des pétales
de métal, dont les feux, multipliés par des réflec-
teurs, adoucis par des abat-jour, encadrent votre
beauté d'un décor lumineux et fleuri... Eh bien!
sachez que, par cette passion d'esthétique anglaise,
par vos courses chez les marchands d'étagères à
verrerie, par vos stations chez les débitants de
soie translucide, par votre culte du bibelot fragile, mystique et troublant, vous êtes l'élève du
professeur Ruskin.

Vous, monsieur, parmi cette ébénisterie, cette
cuivrerie, cette tapisserie et cette soierie, vous
êtes quelquefois inquiet. Il vous semble que tous
ces petits meubles laqués, ces tablettes multiples,
ces compartiments innombrables, ces guéridons
au carrelage verdâtre, ces tiroirs difficiles à ouvrir,

ces sièges trop bas ou trop hauts, sont à la fois
insignifiants et gênants. Vous n'osez pas remuer.
Vous avez toujours peur de casser quelque chose.
Et puis, vous êtes dépaysé dans ce mobilier spiritualiste. Votre raison, qui est latine, proteste
secrètement contre ces fantaisies, qui sont anglo-
saxonnes. Vous pensez qu'une lampe, pour
éclairer, n'est pas obligée de se suspendre à des
lianes illusoires. Vous estimez que votre bougie
n'a que faire des lys et des nénuphars auxquels
on l'adapte par force. Que vous importent ces
oranges de soie froissée, qui se surajoutent à des
globes électriques? Vous jugez que la prose d'une
bouilloire n'a pas besoin, pour s'excuser, de s'appuyer sur la poésie de deux tiges entrelacées.
Vous désapprouvez, en cachette, les théières à
prétentions moyenâgeuses, les pare-étincelles
excessivement héraldiques, les pieds de samovar
qui ne veulent pas être des pieds. L'éternel Chrysale
qui se réveille au fond du cœur de tout Français,
s'irrite en vous contre ces nouveautés d'outre-
Manche. Avouez que vous regrettez parfois
l'honnête acajou de nos pères, le bon fauteuil
Louis-Philippe, dans lequel on pouvait digérer
paisiblement, en lisant un journal voltairien.
Cela ne vous empêche pas, du reste, de maudire,
en paroles, Gounod et Boïeldieu, de dissimuler
votre malheureuse admiration pour Raphaël, et
peut-être de réciter, quand vous dînez en ville,

des compliments à Sandro Botticelli. Pauvre monsieur! vous êtes victime du professeur Ruskin.

Tant il est vrai que cet effort désordonné pour imiter les méthodes étrangères ne nous mène qu'à des contrefaçons d'ameublements et à des singeries de gestes.

Les nobles utopies ruskiniennes — retour à la beauté spontanée de la nature par la grâce artificielle de l'art; — propagation de la foi esthétique par le moyen des *arts mineurs* et par l'ornement des humbles objets qui sont les compagnons quotidiens de notre vie; — moralisation des foules par des tableaux instructifs et par des affiches morales, — toutes ces idées, toutes ces chimères d'un apôtre essentiellement anglais sont devenues, chez nous, la proie du snobisme, qui les a rapetissées, ratatinées, faussées.

Le préraphaélitisme du maître — effet d'une admiration sans bornes pour l'art sincère et naïf — est devenu, dans le troupeau des imitateurs, un divertissement factice et burlesque.

L'esthétique de cet apôtre devait aboutir à un charitable réconfort des petits et des humbles. L'apostolat de nos esthètes ne pourrait aboutir, si on le prenait au sérieux, qu'à un mépris déraisonnable de la foule, sacrifiée délibérément par une prétendue élite d'artistes, de délicats et de décadents.

Il est malaisé d'imaginer une contradiction plus absurde.

Et l'on peut dire, avec quelque apparence de raison, que l'exportation brouillonne des méthodes anglo-saxonnes sur le continent n'a pas eu plus d'efficacité que les tentatives désordonnées de la pédagogie allemande.

CHAPITRE VIII

LE MALAISE DE L'UNIVERSITÉ

La question des maîtres répétiteurs. — La *Réforme universitaire.* — Doléances et réclamations. — Les professeurs de l'enseignement secondaire et le ministère Combes. — Témoignages de M. Georges Meunier et de M. René Doumic. — Le congrès des professeurs.

Ce n'est pas seulement par l'incertitude des directions, par le tâtonnement des méthodes et par les variations, vraiment ahurissantes, des programmes officiels, que l'Université française risque de manquer à la tâche qui lui fut confiée, et de compromettre le haut magistère d'éducation nationale, qui est sa raison d'être et qui constitue sa dignité.

Le personnel universitaire est agité par des symptômes de malaise et par des signes de mécontentement. Du dernier échelon jusqu'au sommet, on se plaint, on manifeste. Et ces manifestations, il faut bien l'avouer, n'ont pas toujours le caractère discret qui convient aux maîtres de la jeunesse.

Le soir de la Toussaint de l'année 1896, un joyeux banquet fut offert par cent cinquante maîtres d'étude à M. Bazille, député de la Vienne, et à quelques sénateurs. On remarquait, dans cette assemblée, autour du fauteuil présidentiel de M. Bazille, les principaux apôtres, jeunes et vieux, du radicalisme et du socialisme. Ces messieurs étaient membres du Comité de patronage de l'Association des maîtres répétiteurs. Cette fête était un hommage rendu par les patronnés aux patrons.

Entre la poire et le fromage, M. Béjambes, président de l'Association, maître répétiteur au lycée Voltaire, se leva, choqua son verre de champagne contre les verres de ses voisins, et prononça un discours afin d'exposer les doléances de ses collègues, les misères qu'ils endurent, les privations auxquelles ils sont soumis et les besoins urgents dont ils souffrent. L'assistance tout entière fut émue par cette harangue. Le bruit des fourchettes s'apaisa tout à fait, et le silence fut solennel lorsque M. Béjambes, abordant un sujet particulièrement grave, lut, sur son papier, les paroles que voici :

Le désir le plus vif des répétiteurs serait d'obtenir toutes les semaines un congé de vingt-quatre heures consécutives, de pouvoir de temps en temps vivre de la vie de tout le monde, de se sentir hommes pour un jour, et (ma foi, je puis bien le dire puisque c'est le fond de ma pensée) de faire peut-être un accroc hebdomadaire à ce vœu de chasteté qu'on leur impose, mais auquel ils n'ont jamais souscrit [1].

Ayant dit ces paroles, M. Béjambes but à M. le Président de la République et aux membres du Comité. Cet élan oratoire enleva toutes les adhésions. Les législateurs présents promirent de recommander aux deux Chambres le principe de l' « accroc hebdomadaire ». Et, quand on eut achevé de manger et de discourir, les éducateurs de la jeunesse regagnèrent leurs domiciles en songeant, sous les étoiles, aux futures permissions de nuit.

Ce n'est pas la première fois que les maîtres répétiteurs livraient à la sollicitude des pouvoirs publics et à l'attention des pères de famille la confidence de leurs plus chers désirs. Ils disposent d'un organe périodique qui s'intitule *la Réforme universitaire*, et qui revendique hautement, pour chacun des membres de la corporation, le droit de sortir pendant vingt-quatre heures, une fois par semaine. Si ces vœux ne sont pas toujours exprimés avec la rondeur élégante qui est le propre de M. Béjambes, ils se manifestent du

1. Ce discours n'était pas improvisé. L'orateur l'avait rédigé d'avance, et en fit distribuer des exemplaires imprimés aux représentants de la presse. En le commentant, j'use du droit, qu'a tout citoyen français, de critiquer un document public.

moins avec une fougue, une franchise, une abondance qui attestent, chez ces fonctionnaires, une incontestable vigueur de style et un courage entreprenant.

Toutes les figures de la rhétorique des classes apparaissent dans cette déclaration des droits de l'homme. Toutes, ou plutôt presque toutes... Car on peut regretter que les honorables rédacteurs de ces professions de foi n'aient pas usé davantage de la prétérition. Certes, les maîtres répétiteurs sont intéressants. Pas plus cependant que les marins, les soldats, les gardiens de phare, lesquels s'astreignent à des internats autrement rigoureux... Mais enfin j'accorde qu'ils sont intéressants. Ce n'est pas une raison pour dévoiler avec tant de fracas les frénésies qui font bouillir leurs veines. Le public a ri de ces fièvres scolaires. Même en notre pays de gauloiserie, on ne met pas les rieurs de son côté lorsqu'on pérore sur certaines choses, dont il ne faut ni trop se préoccuper avant, ni trop se vanter après.

Il y aurait quelque impertinence à vouloir résoudre l'important problème qui agite les maîtres répétiteurs. L'autorité compétente a été saisie. C'est à MM. les proviseurs, à MM. les inspecteurs, à MM. les recteurs, et enfin, en dernier ressort, à M. le ministre de l'instruction publique, qu'il appartenait d'examiner les pièces de ce procès. M. Léon Bourgeois a décidé que l' « accroc hebdomadaire » ne serait pas compris parmi les licences conférées aux maitres d'étude.

J'oserai toutefois risquer ici quelques réflexions, et je ne crois pas manquer, par cette audace, au respect que m'impose la confrérie des maitres répétiteurs. Car enfin, ces honorables fonctionnaires, même lorsqu'ils ont l'avantage de diner avec des députés et des sénateurs, ne doivent pas oublier qu'ils se sont engagés, sans y être contraints ni forcés, à surveiller nos enfants pendant les heures d'étude et de récréation, à les conduire aux classes des professeurs, à les emmener en promenade le jeudi et le dimanche, à leur expliquer les menues difficultés de leurs thèmes et de leurs versions. Voilà ce qu'ils ont à faire. Ni plus ni moins. Pour remplir cette tâche, où je ne vois pour ma part rien d'humiliant, et que personne, encore une fois, ne les oblige d'accepter, ils ont besoin, s'ils veulent être respectés, de se tenir sur une certaine réserve.

Or, examinons, de ce point de vue, la question qui fut si bruyamment posée au banquet de la Toussaint. En vertu d'un décret de 1891, certains maitres répétiteurs sont « externés », c'est-à-dire qu'ils ont, hors du lycée, un domicile connu, régulier, où ils peuvent se retirer dès qu'ils ne sont plus retenus au lycée par les nécessités du service. Ils ont la faculté de se loger et de se nourrir hors du lycée, et reçoivent, à cet effet, une indemnité de 1 000 francs. 40 0/0 des répétiteurs bénéficient de ce nouveau régime. Ceux-là n'ont donc rien à voir dans les doléances de M. Béjambes. Ceux-là peuvent vaquer tranquillement à leurs amours et rentrer en étude, sans que leur emploi du temps excite des curiosités indiscrètes ou des rires incongrus. Mais les autres, ceux qui sont logés au lycée, qui n'ont point de domicile au dehors, les voyez-vous revenant au milieu de leurs élèves, après le petit « accroc » hebdomadaire, consciencieux et quasiment officiel? Non, mais voyez-vous d'ici leur tête, si j'ose m'exprimer ainsi! Quel sujet de méditation pour les élèves! A Paris, où tout disparaît dans les rumeurs et dans les cohues, passe encore. Mais en province?

La province! elle existe cependant, et il ne serait peut-être pas mauvais de songer à elle, une fois par semaine, si vous voulez. Nous avons quatre-vingt-cinq lycées départementaux, qui coûtent cher au budget. Eh bien! il faut le dire sans vaine réticence : Plusieurs de ces établissements se dépeuplent. Et, si MM. les maîtres répétiteurs continuent leur beau tapage, l'État n'aura plus qu'à fermer boutique et à mettre la clef sous la porte. On pourra organiser des meetings dans les classes désertes et dans les dortoirs abandonnés.

Les provinciaux et même les Parisiens com-

mencent à trouver — et ils n'ont pas tort — que
tout ce tumulte universitaire n'est profitable ni au
bon renom de l'Université, ni au progrès des
enfants, ni (comme dit la chanson) à la tranquillité des parents. Ils payent pour que leurs enfants
s'instruisent. Et, depuis une dizaine d'années, les
échos des lycées apportent aux familles ahuries
un vacarme bien inquiétant. Ces tranquilles maisons, qui ne peuvent prospérer qu'à la condition
de se recueillir dans l'ombre et dans le silence,
sont compromises par toutes sortes de manifestations peu compatibles avec la sérénité qui sied
aux pédagogues.

Je lis assidûment depuis de nombreuses années,
la Réforme universitaire, journal bimensuel
des maîtres répétiteurs. J'ai applaudi souvent à
certaines des réclamations présentées par les
signataires de cette feuille, mais je trouve que
les dénonciations anonymes, les réclames électorales et les boniments de réunion publique y
tiennent trop de place.

Lisez, par exemple, ce morceau d'éloquence,
que j'extrais, au hasard, d'un numéro de *la
Réforme universitaire*.

LA JOURNÉE D'UN « CITOYEN-PION » DE COLLÈGE.

Ronds-de-cuir de tous les bureaux, et vous aussi, bourgeois repus et insolents qui ne nous confiez qu'avec regret
votre si peu (oh! si peu!!) intéressante progéniture,
prêtez-moi, je vous prie, un moment d'attention et

méditez, s. v. p., ce tableau de l'emploi du temps de la
journée d'un répétiteur de collège, sous la troisième République!

a) — Lever cinq heures et demie (une demi-heure avant
celui des élèves qu'il doit présider...). Dieu! quel parfum
pénétrant! quelle collection de tibias et de fémurs! — Il
lui arrive même souvent de voir... la lune.

Inutile de continuer, n'est-ce pas? Le « citoyen-
pion » qui a pondu cela n'a rien de commun,
pour la vocation pédagogique, avec Rollin ou
Pestalozzi.

Voici maintenant un gentil couplet :

Il y a au lycée d'Agen une administration vraiment
remarquable. Nous ne voulons point mettre en cause ici
le proviseur, M. Roussel, qui est certainement un brave
homme. Mais au-dessous de lui « pataugent » un censeur
et un surveillant général, dont le plus grand plaisir
semble être de blesser et d'ennuyer par tous les moyens le
personnel placé sous leurs ordres.

Encore le censeur s'efface-t-il le plus souvent et est-il
assez peu encombrant. Ami de la solitude et de la tranquillité, on le voit rarement. Quelquefois une ombre se
glisse, silencieuse le long des murs, passe puis disparaît...
C'est le censeur.

Quant au surveillant général, ce monsieur qui, peut-être
aujourd'hui, ne serait pas capable de faire un de ces
répétiteurs qu'il méprise, on le voit trop et on l'entend
trop. Infatué de sa personne autant que de son titre de
surveillant général, il est partout, s'occupe de tout, même
de ce qui ne le regarde pas. Ce n'est pas qu'il fasse
quelque chose, oh! non. Semblable à la mouche du coche,
il crie, s'agite, souffle et s'imagine faire marcher le lycée.
En réalité, il a su si bien manœuvrer, éblouir le proviseur
et le censeur, que rien ne se fait sans qu'on le consulte...

Et naturellement quand on suit ses avis, on commet une... « gaffe » qui lèse invariablement les répétiteurs.

Nous n'insisterons pas aujourd'hui. Nous avons voulu simplement le présenter à nos lecteurs.

Ailleurs, ces messieurs posent la question suivante :

Quelle différence y a-t-il entre le principal du collège de Marmande et un goujat?

Ils énoncent l'aphorisme que voici :

Lâche devant les élèves, M. Voisin, censeur du lycée Hoche, est hypocrite avec les répétiteurs.

Bref, ils rabrouent tout le monde à tort et à travers, depuis le ministre jusqu'au plus humble des surveillants généraux. De temps en temps, ils veulent bien donner un témoignage de satisfaction à leurs supérieurs. Exemple :

En se rappelant au bon souvenir de leur ancien censeur, les répétiteurs du lycée de Constantine félicitent leurs collègues du lycée de Grenoble de la chance qu'ils ont de posséder M. Boudier.

Ils trouveront en lui un administrateur habile et éclairé, dont la bienveillance, la bonne humeur, la franche cordialité lui concilieront certainement toutes les sympathies.

En cette circonstance, ils s'empressent de souhaiter la bienvenue à leur nouveau censeur, M. Chacornac, qui, par sa bonne grâce exquise, son affabilité et sa sympathie pour les répétiteurs, est déjà assuré de tout leur dévouement.

Allons, tant mieux! Et nous avons là, en raccourci, le certificat de civisme que les sans-culottes distribuaient à leurs amis au temps de la Terreur. Mais n'est-ce pas que ces documents indiquent un « état d'âme » assez singulier?

Il y a quelques années, un ministre libéral signa un arrêté par lequel il approuvait la formation d'une société dont l'acte de naissance était ainsi conçu : « Une association est formée entre les maîtres répétiteurs des lycées et collèges de France pour favoriser et faciliter leurs études et établir entre eux des rapports de bonne confraternité et de mutuel appui. »

Au lieu de se maintenir dans ces termes excellents, l'Association des maîtres répétiteurs s'est éloignée de ses origines et a dévié de son but. Elle est devenue un syndicat, avec tout ce qui s'ensuit : tribunal d'inquisition, police secrète, procédés d'intimidation, etc. Une différence, toutefois : l'ouvrier syndiqué encourt des risques, il est responsable de ses actes ; s'il fait choir son patron, il s'expose à rester sur le pavé. Le maître d'étude syndiqué, tandis qu'il rédige, avec le papier et l'encre du gouvernement, des réquisitoires et des excommunications anonymes, n'a rien à craindre. Le lycée qu'il compromet peut perdre des élèves. Lui, il garde sa place. On a beau être blasé par les spectacles de l'histoire contemporaine, c'est une chose bien surprenante que de voir les agents d'un service public syndiqués contre les chefs de qui dépend la marche régulière de ce service. A quand le syndicat des adjudants contre les capitaines, des capitaines contre les colonels, et des colonels contre les généraux?

Hélas! tout cela est d'un comique bien attristant. Les ennemis de l'Université ne se font pas faute d'exploiter tous ces faits. Ils n'ont plus guère besoin d'envoyer de prospectus à leur clientèle. Un abonnement de trois mois à *la Réforme universitaire* est pour eux une excellente opération de propagande et de commerce. Les amis de l'Université — et j'ai quelques raisons d'être compté parmi eux — seraient dupes d'une dangereuse illusion s'ils croyaient guérir le mal en le cachant.

J'ai dit ce que je pensais du syndicat des maîtres répétiteurs. Je parlerai avec la même franchise de l'association projetée qui doit, si l'on en croit certains prophètes, syndiquer les professeurs.

Je pense que personne ne pourra se méprendre ici sur le sens de mes paroles.

J'ai dit souvent tout le bien que je pense du corps enseignant. Je n'ai pas à revenir sur un éloge dont les traits risqueraient de n'être jamais assez dignes d'un tel sujet.

Tous les députés et tous les sénateurs, à qui le hasard de nos fréquentes combinaisons ministérielles décerne le portefeuille de l'instruction publique, éprouvent ordinairement, lorsqu'ils s'installent dans le vaste cabinet de la rue de Grenelle, en face du portrait de Fontanes, une sensation de fraîcheur et de réconfort. Nul grand maître, sauf peut-être M. Combes, ne s'est dérobé à ces pures délices. Tous les personnages que la confiance du Président de la République appela dans cette maison salubre ont joui largement de ce changement d'air. On raconte que M. Goblet, aussitôt après la réception des professeurs, appela son chef de cabinet et lui dit : « Jamais je n'ai vu tant de braves gens ensemble! » M. Léon Bourgeois a éprouvé la même impression. « Je ne connais pas, disait-il, je ne connais pas pour l'homme d'État de contact meilleur et plus réconfortant que celui des maîtres de notre Université... Il sent les idées élevées, les sentiments généreux, un je ne sais quoi de sain et de vivifiant qui l'entoure et le pénètre de toutes parts; il respire ici l'air pur des sommets, et les années qu'il y passe lui donnent pour toute la vie comme un renouveau de force morale et de passion pour le bien [1]. »

En effet, dans le malaise de notre Démocratie, le corps enseignant reste une partie saine. Il exhale une fine odeur de probité et même (j'oserai le dire, bien que certains mots très beaux soient devenus ridicules) un parfum de vertu. Les Uni-

[1]. Discours prononcé à la distribution des prix du Concours général, le 29 juillet 1892.

versitaires — surtout les anciens, ceux qui furent
nourris du *De Viris* et du *Conciones* — ont conservé, parmi nos cohues passives et nos sno-
bismes veules, une charmante façon de se raidir
contre l'injustice et la sottise. Ils méprisent dis-
crètement, mais fermement, la plupart des choses
laides et des vilains bonshommes dont notre nation
s'éprend trop fort ou s'indigne trop tard. Ils ont
eu, jusqu'ici, le courage de résister aux engoue-
ments et aux paniques. *Justum et tenacem...* Un
peu de sagesse latine et de tenue classique ne
messied pas à qui veut vivre selon les règles de la
raison. Et cela repose les yeux quand on a vu
trop de rastaquouères et de cancres.

Les professeurs de nos lycées, même ceux qui
ne sont pas encore trop vieux, ressemblent par
plus d'un trait à leurs aînés. S'ils ne portent plus
la même redingote qu'un Géruzez, un Merlet, un
Dionys Ordinaire ou un Challemel-Lacour, ils sont
du moins, presque tous, de la même race et du
même sang. Ils dédaignent habituellement l'intrigue, ne courent pas après l'argent, et, sauf
erreur, ne font pas des platitudes pour être
décorés. Leur vie atteste, presque toujours, un
culte profond pour les idées, un détachement sou-
riant à l'endroit des vanités qui passionnent le
vulgaire, une application sérieuse aux devoirs
d'une profession très noble et très malaisée, enfin
(sauf deux ou trois exceptions que la confrérie

poursuit justement de ses épigrammes) l'horreur
du cabotinage.

Les professeurs de notre enseignement secondaire ont des titres, des grades, une activité qui
souvent rendent leur mérite, littéraire ou scientifique, très supérieur à leurs fonctions. Ils craignent
de s'endormir, comme autrefois, dans la tranquille
possession d'une science immobile et stagnante.
Ils travaillent pour se renouveler. Ils tâchent,
malgré les préoccupations que leur impose le
devoir professionnel, de suivre le mouvement
qui entraîne à la recherche et à la découverte
leurs collègues de l'enseignement supérieur. Plusieurs professeurs de lycée ont soumis à nos
Facultés des thèses qui ne sont point de simples
exercices de style, et qui ont contribué, en histoire,
en philologie ou dans le domaine des sciences
exactes, à la solution de certains problèmes très
délicats.

Les hommes distingués qui occupent les chaires
de nos lycées et de nos collèges ont donc sujet,
en toute conscience, d'être satisfaits d'eux-mêmes.
Je ne vois pas qu'ils aient lieu de récriminer trop
amèrement contre la situation matérielle et morale
qui leur est faite. Certes, ils doivent se donner
beaucoup de peine pour subir l'examen de la
licence et pour affronter le concours de l'agrégation. Mais ils débutent dans la hiérarchie administrative avec un traitement qui est plus élevé

que celui des ingénieurs, des officiers, des magistrats. Ils ont des moyens divers, et fort honorables, d'arrondir ce traitement. Ils sont même plus favorisés, sous ce rapport, que les jeunes maîtres de conférences de nos Facultés, lesquels ne peuvent pas donner de répétitions en ville. A Paris surtout, les professeurs de l'enseignement secondaire bénéficient d'un régime qui n'a rien de vexatoire ni de surchargé. J'en connais qui n'ont que trois classes à faire par semaine. Beaucoup d'entre eux ont assez de loisir pour ajouter à leurs appointements les gains légitimes que leur procurent le journalisme, la librairie ou le théâtre. Ils font des « éditions ». On leur permet de cumuler, avec la préparation des classes et la correction des copies, toutes sortes de besognes attrayantes. Ils deviennent, en quittant leurs élèves, des chroniqueurs abondants, des causeurs appréciés, des conférenciers diserts.

M. Francisque Sarcey, qu'on n'accusera pas de malveillance contre l'Université, s'alarmait un peu de ces nouvelles mœurs. En tout cas, le professeur moderne est plus heureux, plus fêté que les « régents » du temps passé. Il commence à remplacer sur la scène, dans les romans et dans les préoccupations des mères de famille, l'ingénieur des ponts et chaussées et le maître de forges. Il flirte. Il cotillonne. Il trouve, en la cherchant négligemment, l'héritière pour qui les *arrivistes*

déterminés se démènent et se décarcassent. Je
connais plusieurs romans universitaires qui se
sont terminés, très gentiment, ma foi! par des
mariages plus que cossus...

Le professeur devient peu à peu le Benjamin
de la société nouvelle, le Roméo de la troisième
République.

Un universitaire, M. Georges Meunier, professeur de rhétorique au lycée de Sens, et auteur
d'un recueil de *Morceaux choisis de M. Émile
Zola*, disait récemment que ni ses collègues ni
lui ne se reconnaissent dans les portraits où les
romanciers d'autrefois ont prétendu fixer les
caractères moraux et l'aspect physique des professeurs. Il osait blâmer son auteur favori,
M. Émile Zola, d'avoir attribué au professeur
Marty, dans le *Bonheur des dames*, je ne sais
combien d'infortunes conjugales, jointes à un
« profil pauvre », à une « redingote étriquée », à
un « visage blêmi par le professorat ». Le professeur Florent, créé et mis au monde par M. Zola,
dans le *Ventre de Paris*, est toujours « crotté ». Le
professeur Bellombre, compère du *Docteur Pascal*,
craint de se marier « pour n'avoir pas à payer à
sa femme une paire de bottines ». Le professeur Sabathier, dans *Lourdes*, est un « gâteux
apeuré ». Le professeur Jeantrou, dans l'*Argent*,
a dû quitter Bordeaux « à la suite d'une histoire
restée louche ».

A quoi M. Georges Meunier répond :

Le professeur occupait déjà une place considérable dans la vie intellectuelle de la nation, que les gens du monde — aux yeux desquels la valeur d'un homme se mesure à l'argent qu'il gagne ou au tapage qu'il produit — en étaient encore à la légende de l'*éducateur* toujours tremblant devant le pouvoir et dont la vie terne s'écoulait, sans pensée, à manier alternativement la férule ou la grammaire latine. Ce fut une révélation pour ces gens du monde quand ils apprirent que ce professeur dédaigné, ou plutôt inconnu d'eux, touchait *un traitement plus fort que celui des officiers et des magistrats*, qu'il avait conquis des grades difficiles à obtenir, au prix d'efforts considérables et d'une volonté persévérante... Quelle ne fut pas leur surprise, lorsqu'ils surent que ce « monsieur distingué », coudoyé par eux dans un salon, était un professeur du lycée ou de la Faculté! Enfin, leur étonnement fut à son comble, quand on leur dit que le fils un tel — appartenant à une famille des plus aisées et des mieux en vue — séduit par l'attrait d'une carrière libérale et honorée, allait se préparer à l'École normale supérieure! Décidément, c'était fait de la légende du professeur suranné, de l'ours mal léché auquel on avait cru si longtemps. Il fallait bien se rendre à l'évidence, quand on voyait X... ou Y..., un ancien professeur du lycée celui-là, faire brillamment son chemin dans le monde des lettres ou de la politique, se faire recevoir à l'Académie française ou prendre, un beau matin, quelque portefeuille de ministre [1].

Un autre universitaire, M. René Doumic, professeur de rhétorique au collège Stanislas, exprimant son avis sur le même sujet, a constaté, non sans une malicieuse mélancolie, d'autres innovations, qui ont échappé peut-être à M. Georges

---

1. *Revue universitaire* du 15 juin 1897.

Meunier. Il a esquissé, dans la *Revue des Deux Mondes*, le portrait de l'Universitaire « nouveau jeu » :

Y a-t-il encore des gens, disait-il, qui reprochent à l'Université son esprit de routine et sa méfiance à l'égard du temps présent? Il doit y en avoir, car les mêmes clichés servent longtemps; mais ils se trompent. Ce qui caractérise l'Université d'aujourd'hui, c'est la tendance justement contraire. *Les nouveautés la séduisent.* Elle met sa coquetterie à être *moderne.* Ce n'est pas assez de dire qu'elle a le goût du « modernisme ». Elle en pousse le culte jusqu'à la fureur.

Soucieux du qu'en dira-t-on, l'oreille tendue aux propos du monde, attentifs à l'opinion des politiciens et des journalistes, et craignant, par-dessus tout, d'avoir l'air « *professeur* », les maîtres de notre jeunesse tiennent à prouver qu'ils n'ont pas de parti pris contre les idées du jour et qu'ils marchent avec leur siècle [1].

Voilà des témoignages puisés à bonne source et apparemment dignes de crédit. Si l'on en croit certaines rumeurs, quelques-uns parmi nos jeunes professeurs ne seraient occupés qu'à rogner les pans de leurs redingotes. Ils s'efforceraient, avant tout, d'éviter toute ressemblance avec nos bons maîtres de jadis, les Jacob, les Dupré, les Merlet, que, pour ma part, je ne trouvais pas si ridicules... Sautillant, danseur, court vêtu, cravaté de clair, la canne à la main et le monocle à l'œil, sportif, parieur aux courses, étonnamment cycliste, l'Universitaire du « dernier bateau » ferait la joie des

1. *Revue des Deux Mondes* du 15 septembre 1897.

provinces où l'on exile ses élégances. Quand on
lui cite du grec et du latin, il répond, disent ses
plus récents biographes, dans l'argot des bouis-
bouis « littéraires » de Montmartre. Ses vestons,
effroi de M. le proviseur, sont l'entretien de l'aristocratie locale. Aux « apéritifs » du Grand-Café,
et aux *five o'clock* de Mme la préfète, on cite ses
mots, qui n'ont rien de cette urbanité enjouée ni
de cet atticisme un peu apprêté où se plaisaient
les humanistes d'autrefois. La table d'hôte retentit
de ses facéties. Les jeunes filles du pays goûtent
ses conférences parce qu'il compare Racine à
Bourget. Ses élèves sont enchantés. D'un bout de
l'année à l'autre, la monotonie des classes est
égayée par des « rapprochements », par des
« parallèles » où se marque un singulier souci
d'actualité. Heureux potaches, ils croient comprendre mieux l'évolution des littératures, depuis
qu'on leur parle de d'Ennery à propos d'Eschyle,
et que les plus récents manuels scolaires con-
tiennent des opinions sur le Théâtre-Libre !

Mais ce sont là — peut-être — des propos de
mauvaises langues. J'aime mieux apercevoir le
véritable type du professeur moderne entre le
« nouveau jeu » que raille M. René Doumic et le
« vieux jeu » dont s'égaya M. Émile Zola.

Les Universitaires ont raison d'être fiers du
rang que leur corporation occupe dans l'estime
du public. Les effets de cette estime les ont

touchés. Le Conseil supérieur de l'instruction publique, réorganisé, délivré d'une antique tutelle, la Sorbonne, rajeunie, reconstruite sur un plan grandiose, les Facultés de province, logées dans des palais, bref toutes les tentatives généreuses, sans doute efficaces, par lesquelles la France meurtrie essaya de refaire son patrimoine intellectuel et moral, ont tiré le corps enseignant de l'effacement systématique où il était jadis tenu autant par le mauvais vouloir des gouvernements que par la modestie individuelle des vieux professeurs.

D'autre part, nous voyons l'Université rendre largement à la communauté ce qu'elle en a reçu, fournir un contingent de plus en plus fort à nos assemblées délibérantes, à nos académies, et rehausser même, par l'heureuse défection de deux ou trois transfuges, le prestige de notre corps diplomatique. Je sais que la vue des Universitaires-députés, des Universitaires-écrivains et des Universitaires-ambassadeurs, jette en de véritables transports de rage certaines personnes qui sans doute n'ont pas l'habitude de réfléchir. Pourquoi se mettre en colère contre l'inévitable? Pourquoi dépenser en pure perte son écume et sa bile? A quoi bon se congestionner? Il y a beaucoup d'enfantillage dans cette insurrection, quasiment quotidienne, des plumes grincheuses contre un fait social que les gens intelligents auraient pu prédire à heure fixe. Les Universitaires sont partout, parce que presque partout ils sont à leur place. On ne veut point dire par là qu'ils possèdent des dons mystérieux et indéfinissables. La chose est très facile à expliquer. Ils ont gardé, en un temps et dans un pays où la plupart des hommes bien doués s'éparpillent et s'énervent, le goût de l'effort suivi, l'application au travail soutenu, la méthode. Ils étudient toute leur vie, tandis que leurs contemporains, affairés, ne prétendent au titre d' « étudiants » que dans l'âge intermédiaire où l'on cesse d'être un enfant sans être encore un homme. Ils ont le courage, de plus en plus rare, de lire un livre, même un gros livre, depuis la première page jusqu'au point final. Ils ont toutes les qualités que l'on peut acquérir par ferme propos et dessein prémédité. Or, ces qualités trouvent un emploi naturel dans tous les endroits où l'on a besoin d'un esprit clair pour débrouiller une question, d'une plume agile pour bâtir un rapport ou tourner un article, d'une langue bien pendue, pour faire une conférence. Les Universitaires ne savent pas tous écrire (cela ne s'apprend pas). Mais ils savent tous rédiger. Les Universitaires ne sont pas tous orateurs. Mais ils savent tous parler convenablement. Je n'exagère rien en disant que quelques-uns d'entre eux ont maintenu, dans la presse française et à la tribune de nos assemblées, un ton de politesse, de correction grammaticale, de discussion ferme et courtoise, qui, à défaut d'autres mérites, aurait suffi peut-être à leur assurer une renommée de bon aloi.

Le régime représentatif, en mettant, pour ainsi dire, au premier rang des vertus humaines, la capacité de soutenir une opinion raisonnée, devait multiplier, dans la carrière des Universitaires, les tentations et les occasions de quitter l'Université. Aujourd'hui, les abords des chaires professorales sont encombrés. Le personnel est nombreux. Tous les postes sont occupés. On est obligé, faute de place, d'envoyer quelques-uns des élèves sortants de l'École normale dans des collèges communaux. Chaque année, plusieurs agrégés restent en disponibilité, dans leurs familles. Comment s'étonner, après cela, que ces jeunes gens cherchent ailleurs le moyen d'utiliser une instruction supérieure qui ne les prépare pas exclusivement à la pédagogie? Pourquoi surtout s'en indigner? Encore une fois, ces résultats sont conformes aux lois sociologiques. Cela est, parce qu'il est impossible qu'il en soit autrement. A l'exemple des nations heureuses dont le recensement accuse un excédent de population, l'Université colonise.

Que d'ailleurs cette importance croissante de l'Université dans l'État ait pu griser quelques cervelles universitaires, je ne le nie pas. Que des soucis extrascolaires risquent de troubler l'atmosphère calme qui sied aux études, j'en conviens. Qu'une série de gloires normaliennes, qui s'échelonne depuis Jules Simon jusqu'à Jaurès et depuis Francisque Sarcey jusqu'à Romain Coolus, aient pu jeter, dans des âmes juvéniles, les ferments d'une ambition dangereuse, j'en suis d'accord. Jules Lemaître et Jean Richepin, Patenôtre, qui est à Madrid, et Gérard, qui est à Pékin, Gabriel Hanotaux, qui fut maître de conférences (comme M. Bergeret), Adolphe Perraud, qui de professeur d'histoire est devenu cardinal, Louis Ganderax, qui dirige avec Lavisse une Revue déjà célèbre, tous ces Universitaires, plus ou moins « sécularisés », apparaissent en rêve aux camarades, épars dans les quatre coins de nos quatre-vingt-six départements. Il se peut que la conscience d'appartenir à une illustre confrérie enorgueillisse quelques nouveaux venus, au point de leur donner un air d'assurance qui déplaît aux notables des provinces. Je reconnais, avec M. René Doumic, que le rajeunissement de l'Université inspire à quelques universitaires un zèle de modernisme qui ne va pas sans un léger ridicule. Mais ces péchés, d'ailleurs véniels, d'un petit nombre, n'empêchent pas l'Université, prise en masse et en corps, d'offrir un spectacle où le moins minutieux des observateurs peut voir tout de suite autre chose que des sujets de moquerie.

Je serais suspect de complaisance, si j'énumérais les mérites des Universitaires avec la même impartialité qui m'a fait noter leurs défauts. Je me contenterai de répéter que les statistiques les plus récentes placent le corps enseignant *au premier rang de la moralité générale*. Ce témoignage impersonnel des faits en dit plus long que tous les discours.

Quoi qu'il en soit, les professeurs de l'enseignement secondaire se plaignent. Ils ont saisi de leurs doléances leurs collègues et leurs supérieurs. Il est facile de constater cette disposition chagrine en parcourant quelques circulaires récemment envoyées aux quatre coins de la République par divers Comités. Le 25 janvier 1896, le Comité des professeurs de Rochefort répandit un manifeste qui peut se résumer en cette phrase : « Il faut défendre efficacement nos droits. » Un mois après, le 20 février 1896, le Comité de Constantine fut plus explicite. Ce Comité disait :

Dans une voie où nous ont précédés, pour nous donner l'exemple, tant de professions et de corporations déjà *syndiquées* pour la défense de leurs intérêts, nous estimons à notre tour que ce n'est pas seulement notre droit, mais encore et surtout notre devoir de nous serrer les coudes et d'affirmer, en nous organisant solidement, les sentiments de confraternité et de solidarité qui doivent nous rapprocher et nous unir, pour donner plus de force et d'autorité à l'expression légitime de nos vœux, de nos droits et de nos revendications.

Presque au même moment, le 17 février 1896, le Comité de Toulon disait ceci :

L'Université, en réclamant d'un accord unanime des garanties en faveur de la dignité et de la sécurité des fonctions professorales, ne chercherait qu'à étendre, par cela même, sa sphère d'action sur l'éducation nationale, qu'à accroître la diffusion des idées de liberté et de justice qui font la force des pays démocratiques.

Le Comité de Cahors avait dit de même, le 10 février, qu'il fallait « collaborer à la formation d'une *Fédération des professeurs des lycées et collèges de France*, pour prendre, en toute occasion, la défense des intérêts de la corporation ».

Le lycée de Bordeaux, dont le personnel est particulièrement recommandable par ses titres et par ses garanties de capacité, devint, en quelque sorte, le centre de cette agitation fédérale qui surprend le public et inquiète l'administration.

Enfin, plus de *cent quarante* établissements universitaires répondirent à ces appels presque simultanés.

Remarquons la date où l'Université, par la voix de ses Comités locaux, fit entendre ces cris de détresse et de ralliement : janvier-février 1896. C'était le temps où, sous la présidence de M. Léon Bourgeois, le ministre Combes dirigeait le département de l'Instruction publique. M. Combes ne se contentait pas de dire aux instituteurs, en vidant un verre de vin de Champagne : « Messieurs, vous élevez les générations nouvelles dans un moule qui porte sur ses bords la noble image de la République! » M. Combes, dans ce même discours, faisait une allusion exquise aux professeurs des lycées, et regrettait poliment qu'une « hiérarchie vieillotte » ne lui permit pas de les reléguer au dernier degré de l'échelle universitaire. M. Combes employait ses veilles à réorganiser le Conseil supérieur de façon à ôter aux professeurs des lycées les garanties que Jules Ferry leur avait spontanément accordées. M. Combes supprimait les emplois dont ses protégés n'avaient pas besoin, en créait d'autres pour les gens agréables à son cabinet, rognait le traitement des proviseurs, menaçait les uns, amadouait les autres, épuisait (le mot est de lui) le « stock » des palmes académiques, stupéfiait tout le monde, et quittait un beau jour le ministère de la rue de Grenelle en laissant des souvenirs auprès desquels pâlit la mémoire de M. de Cumont.

Ah! il fut remarquable, le règne du ministre Combes! J'en trouve le résumé fort exact dans le journal *l'Enseignement secondaire*, qui n'est point suspect de tendances subversives. Lisez ceci. C'est fort instructif.

Des professeurs sont déplacés pour avoir déplu au maire, député de la ville...

Des fonctionnaires sont disgraciés non pour faute professionnelle, mais pour faute politique... Les chargés de cours des lycées demandent des garanties pour leur stabi-

lité et leur dignité : et on leur répond, en les traitant de
« stagiaires », que des maîtres, mis à l'essai dans des
fonctions « provisoires », n'ont pas à réclamer les avantages de professeurs définitivement installés... Et plusieurs
de ces « stagiaires » ont vingt ou trente ans de service!
Nous en sommes là, que le progrès des idées libérales,
l'avènement au pouvoir du « véritable esprit républicain »
nous sont signalés par une diminution des libertés, une
restriction des droits que nous avait accordés un ministre
dont l'autoritarisme indigna longtemps les purs démocrates[1].

Tandis que M. Combes, se rappelant sans doute
le temps où il avait porté la soutane, jouait ainsi
au Frayssinous, liberté pleine et entière était
accordée aux fonctionnaires qui se chargeaient
de soutenir en province la politique du ministère
Bourgeois. Je pourrais citer un lycée du Centre
où le professeur de philosophie est en même temps
apôtre de radicalisme. Résultat : un habitant du
pays vient de donner 200 000 fr. pour fonder,
dans la ville, un établissement libre. Ailleurs, les
chiffres de rentrée révèlent la défection d'un grand
nombre de familles. « Que voulez-vous? disent
les proviseurs en levant les bras au ciel, on nous
a envoyé des professeurs socialistes! »

Dans ces conditions, il n'est pas étonnant que
l'élite du personnel enseignant ait songé à se
défendre. J'ouvre encore le journal que je citais
tout à l'heure et je lis :

Les professeurs ont compris qu'en face des fantaisies
budgétaires, des décisions arbitraires, des interventions

1. *L'Enseignement secondaire* du 15 avril 1896.

incompétentes, il y avait mieux à faire que d'échanger, dans des conversations privées, des épigrammes dans le tour d'Horace et des consolations à la manière de Sénèque. Ils ont compris que le classique *Suave mari magno* est preuve d'imprévoyance, car nul n'est à l'abri du naufrage, et la mesure imméritée qui frappe l'un de nous atteint la dignité même et la sécurité de la corporation tout entière... La solidarité active de collaborateurs libres, voilà le principe qui, pour la première fois, revêt une forme vivante [1].

Ces déclarations sont datées du 15 avril 1896, peu de temps après la manifestation de Bordeaux. Elles indiquent assez l'« état d'âme » de l'Université sous M. Combes. Peu s'en fallut que ces désirs, fort respectables, de solidarité et d'entente cordiale n'aboutissent à la formation d'un « syndicat », dont la direction aurait été prise, inévitablement, par la moins bonne partie du personnel universitaire. Les professeurs ont compris qu'ils avaient mieux à faire que de suivre l'exemple des maîtres d'étude. Leur charge les oblige évidemment à une réserve que l'opinion publique n'exige pas des autres fonctionnaires. Étant une élite, ils sont à part, et beaucoup de personnes seraient péniblement surprises en les voyant sortir de la région élevée et sereine où ils sont haussés par leur profession même. Ils ont un rôle national et social dont ils ne pourraient perdre le sentiment sans abandonner la meilleure part de leur

1. *L'Enseignement secondaire, ibid.*

autorité. Ils ont évité de se compromettre en des
tapages qui auraient été incompatibles avec la
confiance des familles et avec l'intérêt des études.

Il y aurait eu un sûr remède à cette fièvre
syndicataire : placer, maintenir au ministère de
l'instruction publique des hommes compétents,
capables d'étudier les questions, soucieux des intérêts du service, — et en éloigner les politiciens.

Ce n'est malheureusement pas ce qu'on a fait.

Les professeurs de l'enseignement secondaire
ont été autorisés, toutefois, à former des « sociétés d'études », à tenir « des congrès soit régio-
naux, soit généraux, dans un but philanthropique
ou pédagogique ».

Les deux premiers congrès, tenus à Paris en
1897 et en 1898, ont été, pour les professeurs de
nos lycées, l'occasion d'étudier en commun diverses questions dont le bordereau comprend
notamment la *Solidarité universitaire*, l'*Extension
universitaire*, la *Représentation du personnel enseignant dans les conseils universitaires*. Sur le premier point, on a voté les statuts définitifs d'une
Société de secours mutuels et le principe d'une
Société d'assurance. Sur le second point, l'impré-
cision du problème, malgré des citations de Sadler
et de l'inévitable Ruskin, semble avoir obscurci
les esprits et brouillé le débat. Sur le troisième
point, on ne put que formuler un vœu dont
l'expression n'est pas très claire.

L'assemblée, en se séparant, décida qu'un nouveau congrès serait tenu en 1899. Cette troisième réunion a été fort intéressante.

Malgré ce mouvement, très louable, de fédération et de solidarité, il s'en faut de beaucoup que les doléances du corps enseignant, l'incertitude des programmes, et, comme on dit, la *crise de l'Université* touchent à leur fin.

De magnifiques lycées ont été construits à grands frais. Malheureusement, les familles ne semblent plus si pressées qu'autrefois, d'envoyer leurs fils dans ces palais. Et, comme on dit en style administratif, « la population des lycées diminue ».

Pourquoi? Ce serait ici le lieu, je pense, de céder la parole aux principaux intéressés, je veux dire aux pères de famille. Une grande commission vient d'être instituée au Parlement, sous la présidence de M. Ribot, afin d'étudier les questions multiples que suscite la crise universitaire. Si cette commission n'est pas résignée d'avance à joindre un nouveau dossier de vœux platoniques aux volumineux rapports qui dorment déjà dans les archives de la Chambre, il faut, de toute nécessité, qu'elle connaisse, par quelques témoignages bien choisis, les regrets et les vœux des parents qui confient leurs enfants à l'Université.

Sans avoir le don de double vue, on peut supposer que les familles, justement alarmées par le changement des programmes et des systèmes, ainsi que par l'état précaire d'une pédagogie incessamment remise en discussion, désireraient que les asiles de la science fussent plus calmes, moins ouverts aux tapages et aux frivolités du dehors.

Les maîtres et les parents ne sont pas seuls à se plaindre. Il faut s'occuper, maintenant, de l'état des élèves, et étudier ce que nos docteurs en médecine sociale appellent le « malaise de la jeunesse ».

CHAPITRE IX

LE MALAISE DE LA JEUNESSE

Quelques témoignages. — La course aux examens. — « Complet » partout. — « Allez aux colonies ! » — Remèdes. — La mission lyonnaise.

Il ne faut pas se dissimuler qu'en ce moment la jeunesse est non seulement défiante mais encore morose. Serait-ce donc un « malheur d'être jeune »? Ce mot de jeunesse, qui s'associait jadis à des idées riantes, à des idées d'aurore et de printemps, semble en ce moment s'associer à des idées de tristesse. Il y a des jeunes gens qui semblent s'ennuyer d'être jeunes, et qui voudraient en avoir fini avec les stages obligatoires, avec le vestibule de la vie où ils piétinent sur place. Ils sont, pour ainsi dire, « candidats à la vieillesse ! »

Voici un document, humoristique et instructif, sur ce singulier « état d'âme ».

C'est le jour de l'an ; un père et son fils s'entretiennent à l'occasion de cette fête de famille. Le père se plaint des sentiments mélancoliques que lui inspire le souvenir des années passées ; il évoque les bonheurs d'autrefois. Son fils, le jeune Paul, s'étonne de ces sentiments ; écoutons-le expliquer à son père de quelle façon il comprend l'existence :

— « Vois-tu, papa, le grand point c'est de n'être ni un tendre, ni un emballé. La sentimentalité ne fait que des dupes, et la passion des victimes. Tout ça se paye en monnaie de souffrance. Aussi, zut! En toute chose, garons-nous de l'excès, et même, si tu le permets, de la simple émotion. Le minimum, c'est déjà trop. Je ne veux ni pleurer bien fort, ni rire aux éclats; j'aime mieux passer pour glacé que de donner dans les gobeurs, et quand je pense qu'il y a des gens qui sont admiratifs, je me dis qu'il faut qu'ils aient des rentes et du temps à perdre... Dans l'existence, moi je me borne à constater, à subir et à profiter : je suis un petit sage. »

M. Durieu (c'est le nom de ce père) lève les bras au ciel, et le déplorable Paul reprend son discours :

— « Je suis froid comme un glaçon et sec comme un copeau. Je ne nourris pas de grands rêves et je me fiche de l'avenir autant que du passé, et pourtant... j'ai envie de le dévorer, cet avenir, tout de suite, le plus tôt possible. C'est d'instinct. Je suis né *pressé.* Nous sommes tous

pressés dans notre promotion, même sans savoir
où nous allons... Ce n'est pas : « Tout ou rien »,
notre devise. Mais : « Tout de suite », ou alors
bonsoir. C'est ce qui t'explique notre haine des
vieux. Ah! non, nous n'aimons pas les vieux.

M. Dumieu. — Eh bien, et quand vous serez
vieux, vous aussi?

Paul. — Nous détesterons les jeunes. »

Ce rapport a été sténographié par la plume
tranquillement impitoyable de M. Henri Lavedan.
Il s'intitule : *les Jeunes ou l'espoir de la France*[1].
Ce rapport n'est pas très rassurant. Les « petits
jeunes » dont M. Lavedan déboutonne la jaquette,
ausculte les poumons et dépiaute l'âme, m'ont
donné froid dans le dos. Côté du cœur? Rien. Côté
du cerveau? Presque rien. Mais des muscles, par
exemple, du nerf, du tendon, de l'estomac et du
toupet. Oh! du toupet, surtout.

Si d'un côté les jeunes gens se plaignent de
rester en route, il semble que depuis quelque
temps les pères de famille se plaignent d'avoir
tant de jeunes gens sur les bras. Un journaliste
très apprécié, très souple, très alerte, prompt à
saisir l'actualité, M. Hugues Le Roux, se faisait
récemment, l'interprète du sentiment de tous, dans
une série d'articles intitulée : *Nos fils! qu'en ferons-
nous?* Plus récemment, il disait : *Nos filles! qu'en*

---

1. *Les Jeunes ou l'espoir de la France*, 1 vol.

ferons-nous? Ainsi voilà exactement où nous en
sommes : nos enfants, nous ne savons qu'en faire,
nous sommes tentés de les envoyer se promener
ailleurs, et nous nous répétons en nous-mêmes :
Que ferons-nous de tous ces fils et de toutes ces
filles! Les unes ne se marient pas assez tôt au gré
de notre impatience, ni assez bien au gré de nos
ambitions; quant aux autres, nous craignons qu'ils
ne tournent mal, nous ne savons où les caser. Et
nous voilà en présence d'une espèce de drame qui
met en conflit la société malade et les jeunes gens
mal partis pour la conquête du monde.

Depuis une dizaine d'années les consultations
sur la jeunesse contemporaine se sont succédé les
unes aux autres avec une continuité véritablement
étrange. Pendant un certain temps nous ne pouvions pas ouvrir un journal, feuilleter une revue
sans y voir une nouvelle discussion sur le fameux
problème. Tous les matins on nous révélait l'âme
de cette jeunesse, on nous disait que nous n'avions
pas fait grand'chose de bon ni d'utile et que nous
n'avions qu'à céder la place à la génération « mon-
tante ». Mais voici que les observateurs de la
jeunesse contemporaine ont pris un ton qui semble
aussi découragé que le ton d'avant-hier était pro-
vocant. Les *néanioscopes* se déclarent vaincus.
Non seulement ils ne prédisent plus ce que veulent
faire les jeunes gens, non seulement ils n'aus-
cultent plus les âmes adolescentes, mais ils nous

avouent que des remords leurs sont venus. A les entendre, cette jeunesse serait si négligeable qu'elle ne mérite plus d'être auscultée ni célébrée. Ils expriment tout haut la crainte d'avoir formé non pas des apôtres des temps nouveaux, non pas les représentants d'une idée nouvelle, mais des générations de fonctionnaires, de sous-préfets, de jeunes chefs de cabinets, bref une postérité de « ronds-de-cuir ».

On reproche maintenant aux jeunes gens de ne rien respecter, on leur dit : « Vous êtes irrévérencieux, vous êtes plein de mépris, vous ne croyez à rien ! » Il y a beaucoup de vrai là dedans, mais s'il est certain que la jeunesse ne respecte pas grand'chose c'est que peut-être elle ne trouve autour d'elle rien qui soit très digne de son respect.

Nous devons constater d'abord que l'air respirable manque à cette jeunesse. On lui refuse toutes les satisfactions matérielles auxquelles, après tout, elle a droit. Le réel se dérobe devant elle, comme l'idéal. Un des phénomènes les plus curieux de l'état présent de la société, c'est que toutes les portes sont fermées devant les jeunes gens. Il leur est désormais impossible de se glisser parmi nous, nous serrons les rangs devant l'ennemi. C'est « complet » partout, comme dans les omnibus.

Je suis allé un jour au ministère de l'instruction publique, afin d'y prendre des nouvelles d'un mien cousin qui voudrait gravir un degré, tout au bas de la grande échelle universitaire. Le pauvre garçon ne demande pas grand'chose. Oh non! Il se contenterait de la dernière classe dans le dernier collège de la République. Il est licencié ès lettres. Il est maître répétiteur depuis cinq ans. Il fait son métier honnêtement, tranquillement, à l'écart des meetings, banquets et parlotes où les éducateurs de la jeunesse vont quelquefois prononcer de si étranges discours. Son ambition, vraiment, ne semble pas démesurée. De mon temps (qui après tout ne remonte pas au déluge) les licenciés obtenaient d'emblée des chaires dans les lycées. Au lycée de Niort, où j'ai fait mes études, il n'y avait que des licenciés. Un agrégé nous faisait l'effet d'une bête curieuse, d'un oiseau rare, *rara avis*, comme disait notre censeur, M. Belœil.

Né quinze ans plus tôt, mon cousin le licencié aurait pu être nommé professeur de rhétorique au lycée de Draguignan ou de Pontivy. Maintenant, il ne peut pas prétendre à la huitième de Sisteron. Les temps sont durs pour la jeunesse.

Mes dernières illusions tombèrent dès les premières paroles du fonctionnaire fort éminent auquel je me suis adressé.

— Hélas! ni dans un an, ni dans deux ans, ni dans trois ans, ni dans cinq ans votre cousin ne sera professeur de collège.

— Mais il se marie dans quinze jours !

— Tant mieux pour lui. Il pourra, dans quelques mois, obtenir le payement intégral de son traitement, et le droit de loger en ville, si toutefois le Parlement nous accorde les 250 000 francs que nous demandons.

— Mais il est licencié depuis l'an dernier !

— Ah ! les licenciés ! nous n'en avons que trop. Nous ne savons qu'en faire. Comment voulez-vous que nous placions dans des collèges tous les licenciés que l'on nous amène ? Il nous en vient de partout. Les Facultés en fabriquent tant qu'elles peuvent. Le service militaire en suscite des légions. Nous ne pouvons pourtant pas inventer des collèges pour y caser tous les diplômés.

— Mais mon cousin a cinq ans de services !

— Cinq ans de services ? Par conséquent, il est tout à la fin de la liste d'avancement.

Là-dessus, mon interlocuteur, quittant son rond de cuir en moleskine, voulut bien me montrer un dossier fort instructif. Au-dessous de la ligne où figuraient les cinq ans de services de mon cousin, je vis le nom d'un candidat qui attend depuis onze ans ! J'étais édifié. Je me rendis à l'évidence. N'ayant jamais demandé de faveur — sauf pour aller au théâtre — je pris le parti de traiter la question au point de vue général, abstraction faite de mon cousin le licencié.

J'appris alors des choses que tout le monde sait,

mais qui, vues dans la précision des calligraphies officielles, ont, je vous assure, un air inquiétant. Des centaines de licenciés sans espoir font la queue à la porte des collèges. Les agrégés eux-mêmes deviennent si nombreux qu'on ne sait plus, positivement, où les mettre. On cite un premier agrégé de l'École normale, qu'on a expédié au collège de Saint-Mihiel! D'autres ont dû attendre un an dans leurs familles le poste auquel leur titre professionnel semble les destiner. Même encombrement dans l'enseignement secondaire des filles. Les agrégées de l'École de Sèvres — si méritantes, si dignes d'estime et de respect — seront bientôt réduites à être répétitrices. Plusieurs jeunes femmes, ayant obtenu le difficile certificat d'anglais ou d'allemand, végètent dans des fonctions de surveillantes, où leur science ne trouve point d'utile emploi...

Je sortis des bureaux de la rue de Grenelle, un peu abasourdi et fort perplexe. Le hasard me fit rencontrer, au carrefour de la Croix-Rouge un professeur célèbre, un homme sincère, loyal, un peu rêveur et tout à fait désintéressé, qui, après avoir occupé de hautes fonctions administratives, applique son intelligence aux difficiles problèmes de l'éducation. Je me lamentais avec lui sur les fâcheuses conditions de vie qui sont maintenant imposées par le malheur des temps à la jeunesse française. Il partagea mon opinion sur l'excessive distribution des diplômes. Il souhaita qu'on éteignît les feux des fabriques trop nombreuses où surabondent les ateliers de licence ou d'agrégation. Il y ajouta, après un silence : « Pourquoi ces jeunes gens ne vont-ils pas aux colonies? « Allez aux colonies! » Voilà le grand mot lâché.

L'année dernière, ce mot s'est répercuté dans tous les discours de distribution de prix. Et certainement il renferme une grande part de vérité. Mais enfin, il faudrait s'entendre. Il ne faut pas lorsque nous prêchons d'une façon tardive la doctrine de la colonisation, que nous nous exposions à voir les jeunes gens se retourner vers nous et nous dire : « C'est seulement maintenant que vous nous dites d'aller aux colonies, quand vous nous avez alléchés par l'appât de vos grades, de vos diplômes, quand vous nous avez retenus par vos offres séductrices, et quand nous venons vous réclamer la récompense bien méritée? C'est maintenant que vous nous dites : Allez aux colonies! Mais, dans votre bouche ce n'est plus un conseil; c'est une injonction un peu brutale de gens qui nous disent : Allez-vous-en, nous vous avons assez vu! » Ce n'est pas dans de simples formules, dans des conseils abstraits qu'il faut chercher un remède à cette situation vraiment déplorable. Il faut que ces conseils soient précédés d'une préparation efficace. La colonisation peut être un des nombreux remèdes à opposer au mal, mais jusqu'à nouvel ordre ce n'est guère qu'un fait limité, qu'un des nombreux dérivatifs, que tous, tant que nous sommes, nous devons apporter à cet excédent de jeunesse qui constitue un des phénomènes les plus tristes du temps présent.

Si les jeunes gens ont l'air si « embêté », c'est que depuis dix ans, nous les embêtons. C'est un prêchi-prêcha ininterrompu, où chacun dit son mot, et où finalement personne n'entend goutte. Nous avons eu d'abord la manie de les flatter outre mesure, en leur disant généreusement que nous étions, nous, des badernes, et que la France commençait avec eux. Ça les a grisés. Les jeunes écoliers d'alors (j'en connais), qui ont cru que réellement la France commençait avec eux, sont maintenant médicastres, avocassons ou potards au fond des provinces. Et ni leur médecine, ni leur chicane, ni leur pharmacie ne diffèrent sensiblement de la pharmacie, de la chicane et de la médecine de nos pères. Ils sont obligés de déchanter. Ça les vexe. Et ils songent vaguement à la politique.

Ensuite, nous avons déconcerté cette pauvre jeunesse par des changements de programmes et des volte-face de pédagogie qui seraient capables d'affoler le plus rassis des Sept Sages de la Grèce. D'une année à l'autre, ces malheureux enfants ont dû suivre une nouvelle méthode, acheter de nouvelles éditions, se plier à de nouvelles fantai-

sics, entendre des propos dont le ton fut aussi
variable que les chansons de nos opérettes-bouffes.
A l'âge où l'on ne devrait assister qu'à des spectacles pacifiants, nos jeunes camarades ne voient
que des antagonismes, des concurrences, des
mêlées : les universités en guerre contre les
Écoles spéciales, les maîtres d'études insurgés
contre la discipline, les dispensateurs du baccalauréat en révolte contre le bachot, et la surpro-
duction des diplômes coïncidant avec le chômage
obligatoire des diplômés. Ces antithèses ont de
quoi troubler et décourager les plus fermes intelligences. Nous voulons, malgré ces anomalies,
que les jeunes gens persistent à nous prendre au
sérieux! Nous nous plaignons de leurs irrévé-
rences! Après les gâteries que nous leur avons
prodiguées, la mode est maintenant de les mori-
géner. Je me rappelle un moraliste sévère, M. Jacques Porcher, qui, dans la *Revue bleue*, repro-
chait aux jeunes gens d'être « sceptiques, iro-
niques, prématurément corrompus, indécents,
fricoteurs, et surtout *profondément irrespectueux* ».
Mais que diable voulez-vous qu'ils respectent?
Qu'est-ce que nous leur offrons de si respectable?
Voulez-vous qu'ils respectent le genre de littérature
qu'ils ont vu fleurir depuis dix ans? Par quoi, s'il
vous plaît, sont-ils « prématurément corrompus »,
sinon par une pornographie naguère puissante,
à qui allèrent, longtemps, tous les sourires des

dilettantes et toutes les attentions des pouvoirs publics? Est-il vrai, d'ailleurs que tous nos cadets soient inclus dans ces fâcheuses définitions? J'en connais qui ne sont ni « corrompus » ni « frico- teurs », et qui sont simplement embarrassés par une concurrence plus âpre que jamais.

Cette génération a choisi pour naître un mau- vais moment. L'heure est trouble, incertaine, inclémente. Un jeune étudiant le disait l'autre jour, dans la même *Revue bleue*, avec une naï- veté brutale :

Nous sommes venus à la male heure. Ceux qui nous ont précédés et qu'on a plaints, les jeunes gens de l'Année terrible, furent mille fois plus heureux. La guerre, pour funeste qu'elle fût, avait balayé, déblayé la voie. Le chan- gement de régime avait multiplié les vacances. Aujour- d'hui toutes les places sont prises et occupées pour long- temps. *Tout est plein.*

Comment sortir de là? Quel est le remède? Hugues Le Roux vient de publier un livre inti- tulé : *Nos fils! Qu'en ferons-nous?* M. Le Roux énumère d'abord des négations. Il s'écrie : « Ne soyez pas normalien! Ne soyez pas polytechni- cien! Ne soyez pas saint-cyrien! Ne soyez pas élève de l'École centrale! Ne faites pas votre droit! Ne faites pas votre médecine! » Mon Dieu! Il y a du bon dans ces conseils négatifs, encore qu'il ne faille pas éloigner de l'École normale un futur Pasteur, si par bonheur sa vocation s'éveille, ni détourner de l'École de médecine un nouveau Claude Bernard, que notre race, après tout, ne semble pas incapable de fournir. Mais j'attends des indications plus précises. Or, que dit Le Roux ? Ceci : « Soyez agriculteurs, marchands, mécaniciens. » Et ceci surtout : « Allez aux colonies ! »

J'interroge un autre conseiller, le très éloquent Père Didon. Il a parlé souvent à la France tout entière, par-dessus les casquettes de ses élèves d'Arcueil et par-dessus les biceps des athlètes du Havre. Il a dit ceci : « Soyez agriculteurs, marchands, mécaniciens. » Et surtout : « Allez aux colonies. »

Évidemment, ces conseils sont excellents, à condition toutefois que l'on ne force pas les vocations, que l'on n'oblige pas un ébéniste à labourer la terre, un poète à faire faillite dans les huiles, un ataxique à conduire une locomotive, et un manchot à tenir un gouvernail. Mais les prédicateurs n'ont pas besoin d'entrer dans les nuances. Hugues Le Roux et le Père Didon auront fait beaucoup de bien s'ils réussissent à désencombrer les antichambres où foisonnent les solliciteurs, et à dégager les couloirs de Facultés, où abondent les candidats.

Seulement, j'en reviens à ce que je disais. Le meilleur moyen de réformer la jeunesse, c'est de nous réformer nous-mêmes. N'abusons pas de la *néanioscopie*. Il ne faut pas trop confesser, aus-

culter, tarauder les jeunes gens. Il faut les laisser
un peu libres de chercher leur voie. Si nous désirons que les postulants aux postes administratifs
soient moins nombreux, ne guettons pas les lau-
réats, au sortir des lycées, afin de leur octroyer
des licences illusoires ou des agrégations déce-
vantes. Les excellents conseils de colonisation
viendront trop tard, s'ils sont précédés par une
culture intensive de mandarins. Si nous ne voulons plus de ronds-de-cuir, cessons de recruter
artificiellement des stagiaires... Ayons soin, surtout, de prêcher par des exemples. Ce sont les
meilleurs arguments. Les jeunes gens valent
autant que nous, allez! Faisons notre examen de
conscience. Commençons par mettre un peu d'esprit de suite dans nos préoccupations et dans nos
actes. C'est nous (soyons francs!) qui avons appris
à ces enfants la morale de l'intérêt égoïste, la
mesquine ambition, l'indifférence envers la chose
publique, l'habitude de traiter « à la blague » les
problèmes graves et de révérer considérablement
les fariboles ou les cabotinages. Nous n'avons pas
de grands vices. Nous avons même une quantité
de petites vertus casanières. Mais nous sommes
affligés de menues défaillances dont le total est
attristant. Réagissons là-contre. Sans quoi les
jeunes gens pourront nous retourner nos mercuriales et nous dire : « A qui la faute? »

Lorsque je vois les *néanioscopes* se plaindre de

la jeunesse, et lui dire : « Jeunesse, réforme-toi ! Jeunesse, corrige-toi, sois respectueuse, sois bonne! » je suis étonné de voir que ces mêmes personnes ne songent pas aussi à s'adresser le même discours à elles-mêmes. Ce n'est pas seulement par la réforme de la jeunesse que nous arriverons à obtenir d'elle tout ce que nous en attendons, c'est autant par la propre réforme de nos propres défauts. Il faut que nous fassions un retour sur nous, sur nos sentiments, sur nos pensées, sur nos actions, et, parce qu'en somme la jeunesse nous regarde, il faut que nous songions que nous avons charge d'âmes. Nous devons veiller non seulement aux propos que nous tenons, mais aussi à nos actes.

Tant que nous manifesterons, nous autres, hommes mûrs, cette âpre ardeur à acquérir une parcelle des honneurs publics, et cette impatience non pas à nous mettre au service de l'État, mais à mettre l'État à notre service, nous aurons véritablement mauvaise grâce à vouloir faire, devant la jeunesse, figure de personnages soucieux de la chose publique [1].

Il faut que nous procurions à la jeunesse des occasions de faire montre de son énergie et d'affirmer sa volonté emmurée dans cette « geôle »

[1]. Quelques chiffres. En 1895, 64 places de *commis expéditionnaire* à la préfecture de la Seine, mises au concours, ont été briguées par 2058 candidats.

dont parlait Montaigne qui se connaissait en éducation [1]. Dans l'état actuel de la société, si les jeunes gens sont parfois indisciplinés, c'est qu'ils n'ont pas la place à laquelle ils peuvent prétendre, c'est que vraiment ils sont venus dans un temps où les occasions de se signaler autrement manquent à la jeunesse. Nous sommes dans un état social tel que le stage s'allonge indéfiniment, et que la limite d'âge recule de plus en plus. Autrefois, non seulement aux époques troublées, mais aussi dans des périodes plus calmes, il n'était pas rare de voir des hommes de trente-cinq ans remplir de hautes situations et être investis d'une grande responsabilité.

Qu'est-ce, aujourd'hui, qu'un homme de trente-cinq ans? Je vois des personnes qui le considèrent comme un jeune homme, presque comme un bambin; cela est très flatteur pour beaucoup d'entre nous, mais cela n'est pas tout à fait juste; cela est inexact : c'est à ce moment-là que la vie doit être assise et dirigée vers un certain but. Si je vous signale ce recul évident de la limite d'âge,

1. Les Lyonnais, qui prennent si souvent d'heureuses initiatives, viennent de donner un excellent exemple. La Chambre de commerce de Lyon a organisé un voyage d'exploration commerciale, en Chine, sous la direction d'un jeune homme, M. Henri Brenier. Les chambres de commerce de Marseille, de Bordeaux, de Lille, de Roubaix, de Roanne, ont participé à cette intéressante entreprise. V. *La Mission lyonnaise d'exploration commerciale en Chine* (1895-1897), 1 vol. in-folio, publié chez Rey, à Lyon.

c'est que j'ai un fait à vous citer, une preuve à
vous alléguer; il y a dans un des romans les plus
intéressants de M. Paul Bourget, cet écrivain qui
a si bien observé les vices de son temps, un personnage qui nous est présenté avec cette indi-
cation : un Jeune Homme (avec un grand J et
un grand H); or en lisant la suite du volume,
nous apprenons qu'il est âgé de trente-sept ans.
Trente-sept ans! Ce n'est pas, hélas! le commencement de la vie. Eh bien! aujourd'hui, cet âge
intermédiaire de trente à quarante ans est celui
où l'on débute, où l'on conduit encore des cotil-
lons, en regardant de quel côté viendra la grosse
dot. On voit des garçons qui, jusqu'à ce moment,
ne s'occupent guère que de sports. Vêtus d'une
chemise de flanelle, d'une culotte courte et d'une
paire de cnémides, ils savent se signaler, au *foot-
ball*, par la virtuosité de leur *dribling*. Le torse
moulé dans un jersey, ils sont *sprinters*, c'est-
à-dire coureurs de fond, ou *hurdlers*, c'est-à-dire
coureurs de haies. Ils aiment les biftecks et les
côtelettes grillées, aliments favorables aux *ralliés*,
cross-countries et *steeple-chases*. Bref, ils seraient
complètement abrutis par les matches, les handi-
caps et les records, si le lawn-tennis, qui n'est
autre chose que notre national jeu de paume, ne
leur donnait l'occasion de se divertir élégamment.
Ils sont, entre temps, d'incomparables sauteurs.
Tout de même cette acrobatie salubre est peu de

chose si on la compare à l'étonnante précocité intellectuelle, morale, physique, des hommes d'autrefois. Songez à ces capitaines de dix-huit ans, à ces colonels de vingt-cinq ans, qui jadis menèrent nos armées, tambour battant, à travers l'Europe. J'ai lu la biographie de Marceau inscrite sur une tombe triomphale, à Ehrenbreistein, en Allemagne : *Soldat à seize ans. — Général en chef à vingt-quatre ans. — Tué à vingt-sept ans.*

A vingt-sept ans, aujourd'hui, on passe encore des examens et on suit des cours.

CHAPITRE X

L'ARMÉE ET LA DÉMOCRATIE

La Convention nationale et l'armée. — Choudieu. — Les généraux sans Napoléon. — L'armée d'Afrique. — Les officiers du second empire. — Madagascar. — Questions contemporaines.

C'est un rare plaisir que de feuilleter, au Cabinet des estampes, les héroïques lithographies de Raffet. Je ne connais rien qui soit plus crânement militaire, plus allègrement français, plus spirituellement épique.

L'armée de nos guerres nationales, l'armée victorieuse et indomptable de Jemmapes, de Mayence, de Wattignies, de Fleurus aligne, sur ces pages, déjà jaunies par le temps, le front des compagnies, le carré des bataillons, le défilé des régiments, toute cette magnifique ordonnance qui fut la discipline dans la misère, l'ordre dans l'élan, le ralliement de la nation entière autour du drapeau menacé.

Cet artiste, semblable en ceci à l'admirable

Callot, aime les incidents quotidiens de la vie
guerrière, les chansons de l'étape et les anecdotes du bivouac. Il s'arrête volontiers, dans les
cantonnements, pour crayonner, sur un tambour, en guise de pupitre, la moustache d'un gro-
gnard ou le profil imberbe d'un conscrit, la figure
amusante et tragique d'un chapeau défoncé, d'un
habit rapiécé, d'un panache fatigué par le vent
des batailles... Différent de Van der Meulen qui
fit la guerre en dentelles, il a fait la guerre en
guenilles, naïvement et superbement. Ah! on en
voyait de rudes et de drôles, dans les grenadiers
de Hoche, dans les hussards de Marceau, dans
les cuirassiers de Kellermann, dans les voltigeurs
de Championnet! On marchait souvent nu-pieds
sur la terre dure. On dormait plus souvent à la
belle étoile que sur un lit de plume. Ce qui n'empêchait pas de rire. Les généraux n'étaient pas
fiers. On en vit qui galopaient sur des chevaux
de charrette, dont Raffet a dessiné soigneusement l'encolure lourde, le garrot velu, la croupe
épaisse, la queue trop longue, les paturons ava-
chis et les jarrets fourbus. On était vainqueur
tout de même. Et quels récits, les soirs de bataille,
après le « bal »! Raffet n'a pas oublié ce sergent,
qui disait à ses fantassins, postés comme lui au
creux d'un fossé, les pieds dans l'eau : *Il est
défendu de fumer, mais vous pouvez vous asseoir!*
Raffet s'est souvenu de ce commissaire de la Con-

vention qui, du haut de son cheval, lisait, d'une
voix sévère, un ordre du jour, dont les loustics
ont retenu joyeusement les premiers mots : *Le
bataillon de la Loire-Inférieure s'étant bien com-
porté devant l'ennemi, il sera accordé à chaque
homme une paire de sabots...*

Pourtant, le lithographe Raffet n'est pas seulement un sublime croque-notes. Poète épique à
sa manière, il est historien à sa façon. Il a compris les raisons multiples et les causes profondes
qui ont dirigé d'un commun accord, contre l'invasion des étrangers, la nation et l'armée de la
France. Regardez attentivement ces planches.
Avec du noir et du blanc, le dessinateur ne se
contente pas de raconter. Il explique. Voyez cet
état-major qui, du haut d'une butte, au pied d'un
moulin à vent, suit les détails d'une opération.
Voici le général en chef, reconnaissable à son
écharpe tricolore, aux trois plumes de son chapeau, à son habit bleu, brodé de feuilles de chêne,
sans épaulettes. Les adjudants-généraux ont des
épaulettes dorées, et un habit sans broderies,
sanglé par un ceinturon de cuir à plaque de
métal. Les chefs de brigade ont des parements
aux manches et un passe-poil aux revers. Le commissaire ordonnateur des guerres a des insignes
discrets, des bottes molles et une épée de parade.
Mais, parmi tous ces officiers, militaires ou assi-
milés, il y a un personnage que le vocabulaire

administratif de l'ancien régime aurait appelé un
« officier civil ». Il n'a point l'uniforme d'un
corps, ni le numéro d'un régiment, ni les épaulettes ou les broderies d'un grade. Il porte le chapeau des représentants du peuple, retroussé par
devant, avec la cocarde tricolore et le panache
rouge, blanc et bleu. Cependant, il est à cheval.
Il sait chevaucher par monts et par vaux. Ce
« législateur » n'est pas dépaysé en rase campagne. Tels, ces consuls romains, qui étaient toujours prêts à quitter la chaise curule et la toge
pour chausser l'éperon et revêtir le manteau militaire. Ce conventionnel est armé d'un sabre, et
personne ne trouve cela ridicule, car il sait s'en
servir. Il est impassible sous les balles. Au besoin,
il frappe d'estoc et de taille. Il charge à la baïonnette. Il fait le coup de feu. C'est le *commissaire
de la Convention aux armées*. C'est Carnot et
Duquesnoy, auprès du général Jourdan, à l'armée
du Nord. C'est Merlin de Thionville, auprès du
général Kléber, à l'armée du Rhin. C'est Dubois-
Crancé, auprès du général Dumerbion et du commandant Bonaparte, à l'armée des Alpes. C'est
Fabre (de l'Hérault) qui fut tué. C'est Delbrel,
auprès du général Dugommier et du général Augereau, Delbrel qui, selon le rapport d'un témoin
oculaire, « accourait partout où le danger sévis-
sait et traversait à dessein avec ses éclatants
insignes, les passages où la terre fumait sous les

balles ». L'album de Raffet pourrait illustrer les
onze volumes que M. Arthur Chuquet a consacrés
aux *Guerres de la Révolution*. Il serait aisé d'en
tirer aussi quelques images pour égayer les *Paci-
fications de l'Ouest*, racontées par M. Ch.-L.
Chassin, et les *Mémoires de Choudieu*, récemment
publiés. Regardons un peu ce Choudieu. Il est
représentatif d'un temps et d'un système.

Pierre Choudieu, natif d'Angers, appartenait à
une famille de robe, et fut élevé dans la pratique
de toutes les vertus bourgeoises. Mais les « vertus
bourgeoises », à la fin du siècle dernier, ne con-
sistaient pas seulement dans les mérites négatifs
et insignifiants dont les mères de famille et les
jeunes filles à marier font aujourd'hui tant de cas.
Le Tiers-État, émancipé de la tutelle du clergé,
peu intimidé par l'arrogance des nobles, avait
déjà le verbe haut, la main prompte, le geste vif
et, comme on dit, la tête près du bonnet. On
comprendrait mal l'humeur batailleuse de la Convention, si l'on oubliait que les avocats de cette
assemblée étaient, presque tous, aussi bons cava-
liers, aussi rudes escrimeurs, aussi passionnément militaires que les gentilshommes, plus ou
moins campagnards, de leurs diverses provinces.
Plusieurs d'entre eux auraient voulu être soldats
et ne l'avaient pu, à cause des ordonnances par
lesquelles le marquis de Ségur, ministre de la

guerre, ferma aux vertus roturières l'accès de l'armée.

Choudieu, dès sa plus tendre jeunesse, mit flamberge au vent contre un lieutenant de chevau-légers avec lequel il s'était querellé devant les plus jolies filles d'Angers. Ce petit-maître refusant de se battre avec un *vilain*, le romanesque Choudieu l'y contraignit par une volée de coups de canne.

La place de cet impétueux Angevin n'était pas (surtout après une pareille équipée) au Palais de justice ou dans une étude d'avoué. Volontiers, il eût chanté, à gorge déployée, l'air fameux :

Ah! quel plaisir d'être soldat!

Mais, si l'on ne prouvait pas au moins quatre quartiers de noblesse, par devant M. d'Hozier de Sérigny, généalogiste et historiographe des ordres du roi, on n'était pas admis à endosser l'uniforme quasiment prussien que les costumiers du ministère venaient d'infliger aux officiers français. Le règlement de 1781 était formel. En ce temps-là, un racoleur enrôla dans les gardes françaises un beau garçon, nommé Hoche, en lui disant : « Avec de la bonne conduite, mon vieux, tu passeras peut-être sergent! » Le sieur Jourdan, officier des guerres d'Amérique, n'avait pu obtenir un emploi de son grade dans l'armée française, et vivait, à Limoges, d'un petit commerce de mercerie. Le grand artilleur Sénarmont, le héros de Friedland, ne fut pas jugé digne d'une bourse à l'École militaire de Vendôme.

Cependant Choudieu rapporte, dans ses *Mémoires*, qu' « on était un peu moins difficile pour l'admission dans l'artillerie, parce qu'il fallait des études préliminaires auxquelles beaucoup de nobles dédaignaient de s'assujettir ».

Le père de Choudieu n'était pas assez riche pour s'anoblir en achetant une charge à la chambre des comptes de Nantes ou à la trésorerie de Tours. Mais il avait été jadis quelque peu officier au régiment de Royal-Cravate et possédait une bicoque à girouette, aux environs d'Angers. On exhuma ce vieux souvenir, on exhiba ce pauvre manoir pour « éluder l'ordonnance ». Les principaux seigneurs de l'Anjou attestèrent, par écrit, que Choudieu le père « vivait noblement ». De cette façon, Choudieu le fils fut reçu à l'École militaire de Metz. Il eût peut-être fait une brillante carrière dans ce corps royal de l'artillerie où Bonaparte trouva le chemin de l'empire, si l'orgueil des officiers nobles ne l'avait pas dégoûté de son métier. Il était pourtant animé de la meilleure volonté. Un de ses camarades s'étant permis de dire, à table, que « des *individus* s'étaient glissés dans l'armée et qu'on saurait bien les en faire sortir », il répondit : « Je dois prendre cette apostrophe pour moi, puisque je ne suis pas

noble; je n'ai même jamais cherché à faire croire
que je l'étais, mais je suis bien aise de vous
déclarer dès le premier jour que je ne sortirai
du corps des officiers que lorsque vous me por-
terez en terre; et celui d'entre vous qui voudra
savoir à quoi s'en tenir me trouvera toujours prêt
à lui répondre. »

Il se lassa toutefois de ces avanies, auxquelles
tout son talent de bretteur n'aurait pas suffi. Ses
parents qui avaient vu d'un mauvais œil son
départ pour l'École militaire, le suppliaient de
revenir à Angers. Une charge d'avocat du roi
étant devenue vacante au présidial de cette ville,
l'artilleur Choudieu s'en rendit acquéreur et quitta
« l'épée pour la toge ». Les électeurs du département de Maine-et-Loire l'envoyèrent en 1791 à
l'Assemblée législative et, en 1792, à la Convention. Ne pouvant faire la guerre avec un panache
de général, il la fit avec une écharpe de député.

« Le nouvel ordre de choses me trouva bien
préparé. Dégoûté de l'état militaire par la pré-
somptueuse arrogance des nobles, rebuté par la
morgue et la vieille routine des magistrats, j'em-
brassai le parti de la Révolution avec enthousiasme, et pour des raisons toutes morales. Je l'ai
servie avec dévouement. »

Il la servit surtout en plein air, sabre au poing,
le manteau en trousse et les pistolets aux arçons.
Ce provincial, transplanté à Paris, ce duelliste,

réduit à des assauts de rhétorique, respira, le jour où un décret de la Convention le délégua, en qualité de commissaire, au quartier général de l'armée de l'Ouest, chargée d'opérer contre les Chouans.

C'était une mission très difficile. Le plus malaisé, d'abord, c'était de trouver le « quartier général » de cette armée, qui passa par tant de fortunes diverses, sous tant de commandements successifs.

Rien n'était organisé. Personne n'était à sa place. On ne savait pas qui devait commander ni qui devait obéir. A proprement parler, il n'y avait pas, en Vendée, de corps expéditionnaire. Les gardes nationales allaient, venaient et surtout se sauvaient, selon leur plaisir ou leur inspiration. C'était le comble de la confusion et de l'anarchie. Les municipalités et les directoires des départements étaient affolés. On ne savait par quel bout commencer cette guerre de brigands. Le général de la Bourdonnaye à Rennes, le général de Berruyer à Niort, le général de Wimpffen à Saint-Lô, le maréchal de camp Beaufranchet d'Ayat, à Tours, n'essayaient même pas de concerter leurs efforts. Ces généraux s'accordaient mal entre eux et prétendaient mener les affaires chacun à sa guise. Un administrateur civil, muni de pouvoirs officiels, Mercier du Rocher, ne put arriver à s'entendre avec Berruyer, qui était brave, mais d'humeur bougonne, et qui même en campagne, ne voulait rien changer à ses habitudes. Cet administrateur civil eut le tort de se présenter à l'auberge du *Cheval-Blanc*, à Angers, juste au moment où le général mettait son bonnet de nuit. Il fut reçu comme un chien dans un jeu de quilles, malgré la présence du représentant Richard et du chef d'état-major Menou. Le général, sa chandelle à la main, daigna pourtant grogner quelque chose, où l'administrateur comprit ceci :

« J'ai demandé six fois à d'Ayat de me transmettre l'effectif de son armée. Il ne m'a pas répondu ! »

Quelques jours après, l'administrateur Mercier était à Fontenay, et rendait compte à d'Ayat de sa conversation avec Berruyer.

« Berruyer ! s'écria d'Ayat. Mais je lui ai envoyé six fois l'effectif de mes troupes. Il ne m'a pas seulement répondu ! »

Il était évidemment nécessaire de rétablir l'harmonie dans cet état-major désaccordé.

Mais, avant de procéder à la réforme urgente du personnel, les commissaires de la Convention devaient chercher à connaître la nature du pays qu'ensanglantaient les troubles, l'étendue de l'insurrection, les origines de la réaction cléricale.

L'ensemble des investigations entreprises par les représentants forma un véritable « service

des renseignements », grâce auquel le Comité de
salut public put apercevoir, derrière le troupeau
des fanatiques et des hallucinés, les meneurs de
la chouannerie.

Choudieu ne se contentait pas d'écrire des rapports ou des proclamations. Il allait bravement au
feu et demeurait à cheval, sans broncher, sous la
mitraille. Il aurait pu, comme les « hommes sans
peur » des batteries toulonnaises, sabler son écriture avec la poussière des boulets. A l'assaut de
Saumur, il fut blessé d'un coup de biscaïen. Il
s'est à peine souvenu de cette aventure. Il s'at-
tache surtout, dans ses *Mémoires*, à célébrer les
hauts faits de son collègue Bourbotte, qui fut (et
ce n'est pas peu dire) aussi intrépide que lui.

On ne saurait croire à quel point la présence de
ces héroïques « civils » au milieu de l'armée,
réconfortait les courages et ranimait les volontés.
Ils partageaient les privations, les fatigues et les
dangers du soldat. Certes, ils n'eurent pas tous,
sans exception, les vertus et les mérites requis par
leur mission. Mais la plupart furent admirables
d'endurance, de ténacité, d'enthousiasme guer-
rier, d'éloquence martiale. Le troupier français
aime qu'on lui parle comme à un homme d'esprit
ou de cœur. Les commissaires de la Convention
savaient parler à l'armée française. Ils lui ensei-
gnaient, malgré le changement des institutions,
des couleurs et des cocardes, les vertus hérédi-

taires de la nation. Ils lui prêchaient une religion sublime. Ils étaient, sur les champs de bataille, les missionnaires de la patrie et les apôtres de la liberté.

Oh! que Raffet a bien compris ce culte et cette prédication, dans la page d'histoire que j'ai là sous les yeux!

Des grenadiers en haillons s'assemblent pendant une halte, murmurent, réclament. Ils n'ont pas mangé depuis la veille. Ils n'ont pas de pain. Ils ont froid. Ils sont à peine vêtus. Ils sont las. Jamais de répit. Ils en ont assez, à la fin. Les poings se crispent. Les sourcils se froncent. Les yeux lancent de mauvais regards aux chefs. A travers les dents serrées, sous les moustaches tombantes, les paroles irritées vont venir, ces paroles qui courent de rang en rang, de file en file, sèment la révolte, allument la sédition... Déjà quelques fusils sont tombés à terre, violemment jetés. Le commissaire de la Convention a vu cette scène. Vite, il est descendu de cheval, il a jeté les rênes à un planton, il s'avance à pied vers les mutins. Il se campe devant eux, son feutre rejeté en arrière. Il les regarde dans les yeux, et il leur dit, moitié sérieux, moitié gai :

De quoi vous plaignez-vous?... L'ennemi menace la France, vous vous élancez, il est foudroyé! Les peuples gémissent dans l'esclavage, ils vous tendent les bras, et vous les affranchissez du joug qui les opprime! Le drapeau tricolore couvre de ses plis généreux les capitales conquises par vous! Et vous vous plaignez, quand il n'est pas un mortel qui ne vous porte envie!

L'emphase de ces discours était l'expression naturelle d'un sentiment héroïque. La vaillance est contagieuse. En ce temps de grandeur nationale et de triomphes merveilleux, l'enthousiasme lyrique des orateurs était d'accord avec le dévouement silencieux des simples.

Quant aux officiers, on en cite un seul qui voulut se dérober par la violence au contrôle nécessaire des représentants du peuple. Il s'appelait Dumouriez. Son nom était glorieux. Il fit arrêter, dans son camp de Tournai, le ministre de la guerre et quatre commissaires de la Convention. Aussitôt renié par l'armée, abandonné par ses soldats, jeté hors la loi par la réprobation publique, désavoué par les généraux qui servaient sous ses ordres, il s'enfuit sous les huées, au delà des frontières, avec deux ou trois intrigants.

En revanche, combien de grands faits et de menues anecdotes pourraient attester l'entente patriotique des commissaires civils avec les meilleurs officiers des armées républicaines!

À Saumur, Bourbotte étant désarçonné, un jeune lieutenant de hussards saute à bas de son cheval en disant : *Citoyen, il vaut mieux qu'un soldat comme moi soit fait prisonnier, qu'un représentant du peuple.* « Alors, dit Choudieu, à qui nous devons

cette anecdote, un combat de générosité s'élève
entre eux. Bourbotte répond : *Si tu marches à
pied, je marcherai avec toi.* Aussitôt, l'officier
jette la bride sur le cou de son cheval et saute
lestement en croupe d'un capitaine (qui depuis a
été aide de camp d'Augereau) nommé Richer. »

Cet officier, si respectueux de l'autorité civile,
s'appelait Marceau. Il passe ordinairement pour
un bon militaire.

J'aimerais, si j'en avais le loisir, à montrer le
général Hoche faisant la soupe, à son quartier
général, avec le représentant Guezno, ce bon
Guezno, si pauvre, si intègre, qu'il dut, pour rentrer à Paris, engager, à Étampes, sa médaille
de représentant...

On croit aisément que l'institution des commissaires de la Convention aux armées fut une
nouveauté révolutionnaire. C'est une erreur. Ici,
comme en beaucoup d'autres cas, la Révolution
ne fit que continuer une tradition et reprendre
une coutume. Il y a des maximes de gouvernement qui survivent à tous les régimes et qui s'imposent à tous les États. Il n'y a pas deux façons
d'obtenir la concorde entre l'armée et le pouvoir
légal. La République ne pouvait pas, sans compromettre la sécurité publique et la défense nationale,
abandonner aux états-majors, même s'ils n'eussent
été composés que d'excellents officiers, un pou-

voir discrétionnaire, une liberté irresponsable, des crédits illimités. Cela était irrégulier. Cela était absurde. Cela ne s'était jamais vu, excepté dans les troubles politiques qui nous avaient valu des Ligues, des Frondes et autres effets de l'anarchie militaire. La République n'avait qu'à suivre, sur ce point, les leçons de la Royauté. En organisant le contrôle de l'armée et la surveillance du commandement, en exigeant le loyalisme des chefs et la discipline des troupes, en imposant à tous, du haut en bas de l'échelle, la stricte observance des règlements et des lois, la Convention imitait purement et simplement les ministres du roi Louis XIV.

Je n'ai pas le dessein d'introduire ici des considérations historiques qui dépasseraient le cadre de cette étude. On sait de quel ton M. de Louvois, ministre civil de la guerre, rabrouait les colonels et même les lieutenants-généraux qui oubliaient leur devoir ou qui négligeaient leur service. Tout le monde a lu, dans la correspondance de Mᵐᵉ de Sévigné, l'algarade qu'il fit un jour, en public, à M. le colonel de Nogaret.

M. de Louvois n'eut pas la peine d'instituer les « commissaires à la conduite », les « prévôts et intendants de justice », les conseillers et inspecteurs qui, par ordre du roi, accompagnaient les états-majors en campagne. C'était déjà fait. Le cardinal de Richelieu avait créé cet indispensable contrôle et avait confié à des civils le soin de rétablir la discipline militaire. Mais M. de Louvois, instruit par l'exemple de son père, qui avait été intendant civil de l'armée d'Italie, se montra, plus que personne, rigoureux pour le désordre, difficile sur l'avancement, pointilleux sur la comptabilité.

Il serait aisé de montrer que l'empereur Napoléon, lui-même (bien qu'il eût été apparemment le plus militaire de nos monarques) continua, par son ministre civil de « l'administration de la guerre », par son « directeur général des revues », par ses inspecteurs, et surtout par ses vérifications personnelles, le système de l'Ancien Régime et de la Révolution.

En somme, plus on regarde en détail l'histoire de France, mieux on voit l'harmonie, la suite et l'unité de l'ensemble. Si toutes nos époques de déchéance et de désarroi se ressemblent par les mêmes caractères d'indiscipline et de confusion, il y a, d'autre part, comme une entente préalable entre tous les gouvernements, très divers, qui nous ont procuré la paix intérieure ou qui ont assuré la victoire à nos drapeaux.

Une armée qui n'est point surveillée, contrôlée, est une armée perdue. Lisez les *Mémoires* du général baron Thiébault. C'est une ample comédie militaire, dont les actes divers pourraient s'intituler : *l'Œil du maître*. Quand l'empereur est

présent, tout va bien. Mais, sitôt que le grand
homme a le dos tourné, la débandade commence.
Chacun tire de son côté, agit pour son compte,
cherche son avantage particulier. C'est la concurrence, la dispute, l'anarchie. On se chamaille
en haut lieu. On se fait des niches ridicules, ou
l'on se joue des tours pendables. Voilà bien du
dégât, et c'est la France qui paye les pots cassés...

« Hélas! dit notre auteur, c'est une passion
très commune, que cette ardeur à sacrifier des
rivaux pour se faire valoir. Et, sans trop fouiller
ma mémoire, je pourrais mettre en scène des
chefs gardant leurs troupes immobiles pour le
seul plaisir de laisser battre un concurrent jalousé.
C'est Ney, encombré d'artillerie et refusant quelques batteries à Soult qui, à Oporto, avait perdu
toutes ses pièces; ce sont Dorsenne et Marmont
ne négligeant aucune occasion de se nuire mutuellement; c'est Soult qui ne se porte pas à San-
tarem, afin d'empêcher Masséna de conquérir le
Portugal d'où lui, Soult, avait été si honteuse-
ment chassé. Il semble que le harnais militaire soit
plus propre qu'aucun autre à provoquer chez quiconque le porte cette rage de gloire et cet entraînement à spéculer sur la défaite du rival... Il fait
naître les jalousies et les compétitions... »

Le général Thiébault exagère évidemment. Si
le quart de ce qu'il dit est vrai, c'est déjà trop.
Cela prouve que même les plus renommés géné-

raux peuvent cesser d'être utiles, s'ils sont lâchés en liberté. Napoléon ne peut pourtant pas être toujours là pour rétablir le silence dans les rangs, imposer le respect de la discipline et mettre tout le monde au pas. Avant l'Empereur, c'est ce que faisaient les commissaires de la Convention, rudes hommes, qui avaient essayé, jusque sous les balles, de maintenir l'unité du commandement, l'obéissance aux lois, la subordination de toutes les rivalités personnelles à l'intérêt sacré de la patrie. Ils avaient, par ce moyen, accoutumé à la victoire les drapeaux, tout neufs, de la République une et indivisible...

Hélas! l'étoile devait pâlir. A qui la faute? Si nous en croyons les Mémoires d'un autre général, nommé Fantin des Odoards, ce n'est pas à l'Empereur qu'on doit reprocher cette éclipse.

Dans la nuit du 30 septembre 1813, le major Fantin, commandant par intérim le 17e régiment d'infanterie, était posté à petite distance des feux de l'ennemi, dans la vallée de Kulm, en Bohême. Vers minuit, sur le rapport d'une patrouille, il met l'oreille contre terre. Il s'assure que des colonnes sont en mouvement, qu'une nombreuse artillerie les accompagne... Vite, il court vers la tente du général en chef, comte Vandamme. Le général dort. La consigne est de ronfler. Le major insiste.

— Mon général!

— Quoi? C'est encore vous? Toujours vous!

— L'ennemi est en marche!

— Vous m'em... bêtez!

— J'ai un rapport!

— Rapport inexact!

— Mon général, l'ennemi est en marche!

— En marche? Peut-être!... Pour fuir! Demain, je l'anéantis! Ah çà! Avez-vous bientôt fini de m'empêcher de dormir?

Et le général comte Vandamme, « ne voulant rien savoir », se renfonça sous ses couvertures.

Le lendemain, Son Excellence le général en chef, comte Vandamme, était prisonnier des Autrichiens. Et tout son corps d'armée était pris dans une souricière, sauf le régiment du major Fantin, qui put s'échapper.

Ce pauvre Vandamme était un bon soldat. Il avait prodigué cent fois les preuves de sa bravoure. Mais il commençait à être fourbu. Comte de l'empire, très décoré, très riche, il aspirait à la vie sédentaire. Il aimait ses aises. Les heures de ses repas étaient sacrées et le temps de son sommeil était inviolable.

Hélas! les généraux ne devraient pas vieillir.

Il faut, avant de descendre l'histoire du siècle jusqu'au *Désastre*, et afin d'en bien comprendre les origines lointaines, feuilleter une liasse de lettres, qui furent adressées au maréchal de

Castellane par quelques officiers de notre armée d'Afrique.

Le capitaine Cler écrivait de Cherchell, le 1er juillet 1842 :

La discipline est très relâchée, l'instruction militaire est presque nulle... On part du bivouac sans savoir ce que l'on doit faire; chaque chef de corps, en cas d'attaque, peut agir comme bon lui semble, car le général et les chefs de colonne se tiennent à la tête et s'occupent peu de ce qui se passe derrière eux... J'ai vu des officiers supérieurs, ayant dix ans d'Afrique, agir en novices et faire tuer ou blesser des hommes là où, avec la moindre prudence, on pouvait éviter le combat et faire ensuite une retraite sans danger.

Quelquefois ce sont les célébrités de l'armée qui, bénévolement, cherchent à faire blesser des hommes pour avoir l'occasion de faire de pompeux bulletins avec quelques misérables tirailleries d'arrière-garde. L'exagération, je dirai plus, le mensonge sont à l'ordre du jour; chacun cherche à se faire passer pour un grand vainqueur, et on dirait que le but de la guerre n'est pas de forcer les Arabes à demander la paix, mais bien de faire gagner à quelques protégés des croix et de nouveaux grades.

Le lieutenant-colonel Forey, au camp de Kouba, le 3 mars 1843, s'exprimait ainsi :

De la tête à la queue, l'on court après le bâton de maréchal, après les étoiles ou après les épaulettes, et l'on cache son ambition sous un semblant de sentiment du devoir.

Combien il y aurait à dire contre cette ambition démesurée de quelques intrigants !

Le lieutenant-colonel Dumontet n'est pas moins indigné. Il écrit de Sétif, le 9 septembre 1845 :

... Trop de gens repoussent la lumière, les uns parce que l'erreur convient à leur intérêt, les autres parce qu'elle plaît à leur crédulité. C'est chose extraordinaire comme cette dernière classe est nombreuse, avec quelle foi profonde elle accueille tous les contes bleus, toutes les billevesées qu'on lui débite sur cette malheureuse colonie; avec quelle naïve confiance elle croit sur parole tous ces faiseurs de bulletins mensongers qui se proclament de grands hommes pour avoir brûlé des récoltes, traqué et enlevé de malheureuses populations sans défense, qui font des batailles d'Austerlitz avec de puérils combat.....

Les doléances du commandant Lenoble sont plus précises :

Un de mes soldats, criant la faim depuis trois mois, s'est brûlé la cervelle au bivouac de Boghar. Chacun reconnaît que les hommes n'ont pas assez de leurs vivres et personne n'y remédie; c'est bien surprenant.

Mêmes plaintes chez le colonel Le Flô :

... Il aurait fallu un plan, un système, une seule idée arrêtée au moins, et voilà ce qui manque malheureusement, et pour l'honneur de la France et pour l'honneur d'une armée, réduite, malgré ses qualités, malgré son courage et son dévouement, à un excès de misère que nul, sans doute, en dehors d'elle, ne soupçonne... Un pareil état n'a pas besoin d'être commenté. Tout y est en péril évidemment, la discipline, la police, l'administration, l'esprit de corps, toutes les choses enfin qui constituent un régiment ou une armée et dont l'absence doit amener la ruine.

Le colonel de Mirbeck s'écrie :

La discipline est perdue... Si cela continue, il n'y a plus d'armée possible.

Enfin, le brave colonel Canrobert dit mélancoliquement :

Si MM. le maréchal Bugeaud et le général de Lamoricière

s'attaquent à la tribune, comme ils ont déjà commencé dans la presse, ce sera pour nous, vieux officiers d'Afrique, un effrayant spectacle.

On aperçoit, dans ces brefs diagnostics, les racines du mal intérieur qui mena au désastre, après d'éphémères victoires, l'armée du second empire.

Quelle fut la responsabilité de notre corps d'officiers, pendant la guerre de 1870?

Il faut laisser à des officiers le soin de résoudre cette délicate question. M. le lieutenant-colonel Rousset, dans le premier chapitre de son *Histoire générale de la guerre franco-allemande*, s'acquitte précisément de ce soin.

Sans ménagements, le lieutenant-colonel Rousset a esquissé, en quelques traits, l'officier du second empire, l'officier dont la désinvolture et les séductions demeureront associées au souvenir de la garde impériale : courageux certes, capable, en ses emballements fous, de se faire casser crânement la tête, mais trop dénué d'aptitude professionnelle et d'application. En ce temps-là, dit le général Thoumas, il suffisait de réciter le littéral de la théorie et de « faire du *passage*, dans la cour du quartier, avec un cheval bien dressé... Il fallait, avant tout, tenir correctement la main sur la couture du pantalon, les yeux fixés à quinze pas devant soi, en écoutant parler le colonel. » Comment pouvait-il en être autrement? En ce temps-là, on n'encourageait pas les militaires à travailler. Le café devenait, pour ainsi dire, le domicile légal des pantalons rouges.

Le lieutenant-colonel Rousset indique du reste, que l'armée impériale n'était pas composée uniquement de piliers de café. On y trouvait aussi le type du *bon sujet*. Celui-là, c'était l'officier d'état-major, le fils de famille, riche, apparenté, *recommandé*. « Un nouveau fléau, dit le général Thoumas (cité et approuvé par M. Rousset), un nouveau fléau s'était abattu sur l'armée : *la recommandation*. Et tandis que tous les fléaux sont passagers, comme la peste, le choléra, le vol des sauterelles, la *recommandation* a persisté ainsi qu'un mal chronique, destiné à tuer le malade si l'on ne prend pas des mesures énergiques pour tuer le mal. »

C'est ainsi qu'on a pu voir des capitaines, immobilisés, éternisés dans les bureaux des ministères, dans les antichambres des généraux, dans les salons des « générales », devenir incapables de mener une compagnie à la parade. Un nouveau type s'est ajouté à la collection de nos mandarins : le bureaucrate galonné, le scribe à aiguillettes, raide sur son rond de cuir comme sur un cheval de bataille, mille fois plus gourmé, plus taquin, plus soupçonneux, plus insupportable que le gratte-papier en manches de lustrine.

Et peu à peu se formait, sous le second empire, cette chose étrange, absurde, incompréhensible : une armée où le corps d'officiers a perdu le contact avec la troupe; — où les chefs, ordinairement absents des casernes, abandonnent toute police, toute responsabilité à la fantaisie des sergents; — où chacun se *débrouille* pour son propre compte; — où personne *ne veut rien savoir* du voisin; — où tous les échelons de la hiérarchie sont envahis par l'indiscipline morale; — où la *carotte* en bas et le *piston* en haut sont parfois les meilleurs moyens de se tirer d'affaire ou de parvenir.

Les armées atteintes par ce mal intérieur ont beau défiler dans les revues coûteuses, s'agiter dans des manœuvres théâtrales, traîner à leur suite des mitrailleuses perfectionnées, ou brûler aux moineaux des poudres inouïes : elles sont vaincues d'avance par l'esprit d'organisation, de discipline et de prévoyance, qui aura, de plus en plus, le dernier mot sur tous les champs de bataille de la vie moderne.

Ce mal, dont nous avons tant souffert, le lieutenant-colonel Rousset l'appelle la *décadence professionnelle*. « J'ai cherché, dit-il, à montrer comment nos premiers désastres ont été la conséquence immédiate et fatale, non pas, comme on l'a dit trop souvent, de notre *insuffisance numérique*, mais bien plutôt de cette *décadence profession-*

nelle, qui nous avait fait oublier jusqu'aux premiers éléments de la science guerrière; comment l'incontestable valeur de l'ancienne armée n'a pu suppléer à l'*incohérence du commandement*, au désordre de la mobilisation, au vice irrémédiable de l'éparpillement... »

L'armée n'est plus séparée de la nation. Selon la remarque si juste du maréchal de Moltke, « le temps n'est plus où, dans un intérêt dynastique, on voyait entrer en campagne des armées peu nombreuses, composées de soldats qui n'avaient d'autre profession que le métier des armes... A notre époque, la guerre appelle aux armes les nations tout entières: à peine s'il est une famille qui n'ait à l'armée un de ses enfants... »

L'armée, ainsi mêlée à la vie commune, sera nécessairement contaminée par tous les maux dont souffrira la société. Si le sentiment du devoir s'affaiblit dans la nation, si le souci de l'intérêt général est subordonné aux appétits individuels, si le passe-droit remplace le droit, si les vanités se surexcitent, si les volontés s'énervent, on verra ces défaillances, ces égoïsmes, ces laideurs, ces enfantillages, ces énervements apparaître dans les états-majors. Et ces maux seront aggravés par la franchise instinctive que les militaires apportent jusque dans leurs fautes et dans leurs erreurs. La crainte de l' « Opinion », c'est-à-dire le respect des gens criards, fera plier des autorités réputées inflexibles. La manie du bavardage déliera des langues habituellement discrètes. La fureur du reportage suscitera bientôt des reporters à plume blanche ou des interviewers à graines d'épinards.

Nous avons vu, en des heures tragiques, hélas! ce type du soldat affolé de publicité. Il s'appelait Trochu. A Dieu ne plaise que je manque de respect à sa mémoire! Il a expié par de dures années de silence et de solitude son excessif souci du « qu'en dira-t-on », son puéril désir de popularité, et cette docilité lamentable qui l'a fait osciller (comme bien d'autres, mais dans des circonstances plus graves), au gré de ce qu'on appelle l'opinion.

M. Alfred Duquet a raconté, en sept volumes que l'Académie a couronnés, les tergiversations de ce pauvre gouverneur de Paris, attentif aux bruits de la rue, quand il aurait dû songer aux mouvements de l'ennemi, occupé de journaux et de commérages jusque sous le feu du bombardement, toujours délibérant, quand l'heure était venue d'agir!

Ah! quelle tragédie instructive que cet assaut de conférences et de discours dans Paris assiégé! M. Louis Blanc donne des conseils au gouvernement sur l'art de défendre les places! M. Quinet, idéaliste obstiné, s'écrie : « Que la vie est belle, malgré tout! Nous sommes à Paris, en République! » Les vendeurs de journaux crient, sur les boulevards, que le prince Frédéric-Charles est en pleine déroute. La « commission des barricades » fonctionne. M. Henri Rochefort, président de cette commission, invite les citoyens à confectionner des sacs de terre. M. Alphonse Daudet adresse à un de ses amis cette phrase, citée par M. Duquet : « Rochefort a une soif inextinguible de popularité, l'alcoolisme du succès avec tous ses symptômes : le goût perdu, le bégaiement, l'égarement, la fureur. » Jules Favre demande des élections, Emmanuel Arago n'en veut pas. Jules Simon rédige des plans stratégiques. Le *Réveil* publie le programme de la prochaine Commune. Le *Combat* exige la nomination de M. Dorian comme ministre de la guerre et de M. Jean Brunet (un aliéné) comme major général des armées de la République. Le citoyen Chabert, pérorant au club de la République, démontre à ses auditeurs la nécessité de reconstituer la Pologne. Le bruit court que le général en chef a vu sainte Geneviève. Et le général raconte le fait à des journalistes...

Bref, tout le monde est fou. Personne n'est à sa place. Ne soyons pas étonné qu'un général, au milieu de cette sarabande, ait perdu la tête. Dans les conditions nouvelles de la société, les nations ont toujours les armées qu'elles méritent.

Avons-nous profité de cette expérience de 1870, que M. le lieutenant-colonel Rousset appelle, avec tant de raison, une « leçon douloureuse » ?

Il faudrait, pour répondre à cette question, étudier la seule expédition un peu sérieuse que la troisième République ait entreprise. Car la pompeuse mise en scène des « grandes manœuvres » ne prouve rien.

Il convient d'ajouter aux *Mémoires*, aux *Souvenirs*, aux rapports de toute sorte et de toute dimension dont s'est enrichie récemment notre littérature militaire, le *Carnet de campagne*, tenu à jour par le lieutenant-colonel Lentonnet, qui commanda le 2° bataillon du « régiment d'Algérie » dans le corps expéditionnaire de Madagascar [1].

Le lieutenant-colonel Lentonnet n'eut jamais la prétention d'être un Villehardouin ou un Joinville. Ses notes, lorsqu'il les griffonna, le soir des dures étapes, dans la pestilence des marais fiévreux et sous les feuillages lourds des palétuviers, ne s'adressaient pas à la postérité. Il n'a jamais cherché à égaler le talent épique du général Marbot, ni la verve satirique du général Thiébault, ni même l'agilité narrative du capitaine Coignet ou du sergent Fricasse.

Les causes profondes ou les raisons fortuites des événements historiques n'inquiétaient pas son

---

1. *Expédition de Madagascar. Carnet de campagne du lieutenant-colonel Lentonnet*, notes publiées par H. Galli. Ouvrage orné de gravures d'après des photographies de M. Tinayre, et d'une carte itinéraire.

esprit naturellement exempt de curiosité. La figure, parfois bizarre ou imprévue, des personnages qui jouent les premiers rôles dans la tragicomédie contemporaine, ne vint jamais égayer ou troubler son humeur volontiers respectueuse.

C'était un vieil officier d'Afrique, droit comme son épée, crâne comme son bonnet de police, candide comme l'azur de son dolman bleu de ciel.

Jean-Louis Lentonnet aimait ses galons parce qu'il y voyait, dans chaque fil d'or ou d'argent, la trace de ses ambitions naïves, de ses illusions vaillantes, de ses services héroïques et silencieux.

Il avait passé par tous les grades, y compris celui d'enfant de troupe. Lignard de 2e classe en Italie, caporal au Maroc, sergent, sergent-fourrier, sergent-major en Algérie, il risquait d'user sa bonne volonté dans l'inertie des casernes, lorsque la guerre de 1870 lui donna l'occasion d'exposer aux balles allemandes l'éclat tout neuf de ses premières épaulettes d'or.

Il était porte-drapeau à Saint-Privat. Jamais la garde des couleurs françaises ne fut confiée à des mains plus fidèles. Blessé deux fois dans cette bataille, Lentonnet eut la force de maintenir jusqu'au bout, dans la fumée de la poudre et sous la grêle de la mitraille, le glorieux symbole, qui n'est jamais plus beau que lorsque sa splendeur est éclaboussée par le sang des martyrs.

Capitaine de zouaves en Tunisie, Lentonnet fut

nommé chef de bataillon au 1ᵉʳ régiment de tirailleurs, le 9 avril 1892. Il se morfondait dans le
loisir des garnisons. Commandant de turcos à
cinquante-cinq ans, malgré ses actions d'éclat,
ses blessures, ses douze campagnes, ses trois
citations à l'ordre du jour de l'armée, il avait
peur de sa retraite prochaine. Il aurait voulu,
au moins, étant courtois, chevaleresque et sentimental comme tous les héros français, offrir à
Mᵐᵉ Lentonnet, pour sa fête, l'hommage de son
cinquième galon.

Parisien de la rue du Temple, il avait laissé,
dans son quartier, quelques vieux amis, qui lui
disaient, à chaque congé : « Surtout, reviens avec
l'aigrette blanche de colonel! Il faut être colonel! »

Sur ces entrefaites, le gouvernement français
résolut de faire valoir ses droits sur l'île de Madagascar. Les bureaux du ministère de la guerre
entreprirent d'organiser une expédition dans ce
pays. Un crédit de 65 millions fut voté par le
Parlement. Deux brigades d'infanterie, comman-
dées par le général Metzinger et par le général
Voyron, furent formées avec des fractions pré-
levées sur les différents corps de l'armée française. L'artillerie fut confiée au colonel Palle.
Le génie eut pour chef le lieutenant-colonel
Marmier. Le service des étapes fut réglé par le
colonel Bailloud. Le sous-intendant Thoumazou
reçut la direction des services administratifs. Le

médecin principal Emery-Desbrousses fut responsable des services sanitaires.

L'ensemble de ces forces imposantes devait être conduit par le général Duchesne, commandant en chef.

Le bon turco Lentonnet fut désigné d'office pour servir à Madagascar. Cette désignation, qui fait honneur au discernement du général Hervé, alors commandant du 19ᵉ corps d'armée, le combla de joie.

C'est avec une allégresse enthousiaste qu'il s'occupa de mobiliser, dès le 4 janvier 1895, ses quatre compagnies. Toutefois, il fut obligé de constater, avant l'entrée en campagne, des retards dans le service de la comptabilité. Et, mélancoliquement, il écrivit sur son carnet, le 7 mars 1895 :

Le ministre, consulté, n'a pas encore indiqué de solution.

Cette larme essuyée, il s'embarqua joyeusement, à Alger, le 1ᵉʳ avril, sur le *Cachemire*, au bruit des ovations et aux accents de la *Marseillaise*.

En sortant du port, son enthousiasme fut encore accru par la rencontre d'un bateau russe, monté par un grand-duc.

La traversée fut gaie. La *nouba* des turcos joua des airs endiablés. « Parmi les hommes embarqués se trouvaient des chanteurs, un diseur de monologues, et même un sergent poète. »

En passant par le travers de Malte, Lentonnet, amoureux de gloire, regretta de ne « rien voir ou presque rien de cette île fameuse enlevée par Bonaparte lorsqu'il cinglait avec son armée vers l'Égypte ».

Le 7 avril, l'aumônier du bord crut devoir prononcer, sur la dunette, un sermon où « il n'était question que des sacrements et de la supériorité du catholicisme ». Lentonnet s'amusa de cette homélie, attendu que, « parmi les soldats embarqués, huit cents au moins étaient musulmans ».

Le 21 avril, on fit chanter des cantiques aux sapeurs du génie et aux tirailleurs français. Un tirailleur indigène servait la messe.

Le 23 avril, on aperçut, à l'horizon, une colline couverte de manguiers, et un fortin. C'était Majunga.

Aussitôt après son débarquement sur la terre malgache, au milieu des bivouacs de la brigade Metzinger, Lentonnet écrivit sur son carnet la note suivante :

Conversation avec le colonel Oudri, qui a reçu les instructions du général Metzinger.
Première impression : étonnement du désarroi, du manque d'organisation qui se manifeste un peu partout.

Ce jour-là, le brave Lentonnet, après avoir dîné « d'un morceau de viande froide arrosé

d'eau sale », obtint à grand'peine une tasse de
thé et dut se résigner à coucher par terre, à la
belle étoile. Ses bagages n'étaient pas arrivés.
Les « services administratifs » avaient négligé
de lui faire parvenir sa tente. Cependant la campagne n'était pas commencée. Le général Metzinger aménageait, depuis six semaines, les cantonnements de Majunga. Le général Duchesne
n'était pas arrivé.

Ces premiers déboires n'ôtèrent pas à Lentonnet sa belle humeur ni sa loyale confiance
dans les vertus de la race française : « Baste!
disait-il, on se débrouillera. »

Le 25 avril, ordre du général. Le bataillon de
Lentonnet entre en campagne. Il faut détacher
ici une page entière de son carnet :

A l'heure dite, nous sommes en marche, les hommes
n'ayant pas mangé la soupe, les cartouches n'étant qu'à
moitié distribuées, les vivres pas distribués du tout, quelques hommes incomplètement équipés.

Le chemin à suivre est atroce et si mal indiqué que le
détachement conduisant les mulets, parti après nous,
s'égare dans les ravins et dans les marais. Des animaux
tombent et s'embourbent; il fait nuit noire. Enfin, à minuit,
tout le monde est arrivé au camp, à 6 kilomètres à peine
de Majunga.

Quel gâchis causé par un départ aussi précipité, avec
ordre d'aller de l'avant quand même, sans se soucier ni des
hommes ni des animaux! Heureusement, tous mes soldats
ont fini par rejoindre. Nul ne s'est noyé ni embourbé,
comme je le craignais. L'appel est fait, aucun manquant.
Ni soupe ni café.

A une heure du matin, n'ayant pas encore reçu ma tente, je m'enveloppe dans mon caoutchouc, la tête dans le capuchon, et je m'étends, de même que la veille, à la belle étoile.

Il n'est pas indifférent de rappeler ici que les voyageurs avaient tracé, depuis longtemps, l'itinéraire de Majunga à Tananarive. Ils avaient indiqué les passages guéables, les cases où l'on pouvait gîter, les ruisseaux, les sentiers, les traversées en pirogues. M. Louis Catat, notamment, qui fut envoyé à Madagascar par le ministère de l'Instruction publique en 1889, et aussi Grosclaude ne mirent pas beaucoup de temps à franchir, sans difficultés, les 6 kilomètres où le malheureux Lentonnet fut forcé de patauger à l'aveuglette.

Le lendemain, 26 avril, après une « nuit dure et courte », le réveil sonne « avant le lever du jour ».

Pas de café. Les hommes sont fatigués avant de faire un pas; ils ont mal dormi... Le bataillon se met en marche sans entrain... Plusieurs tirailleurs tombent, comme foudroyés par la chaleur...

Le 29 avril, le chef d'état-major de la brigade pêche à la cuillère dans les lagunes et prend un très beau poisson. Il est « roi de la pêche ».

La bonne humeur de Lentonnet allait peut-être, malgré ces intermèdes, céder au spleen, lorsque l'escarmouche de Marovoay vint à propos le ragaillardir. Il écrivit sur son carnet :

Enfin ! Nous allons donc combattre et rencontrer l'ennemi. Les étapes sont terriblement longues dans ces marécages. La canonnade réveillera ceux qui commencent à perdre le feu sacré.

Marovoay nous a été représentée comme une ville assez importante, où les Hovas, jusqu'alors fuyards, se défendront énergiquement. Leur chef répond au nom harmonieux de Ramasambahaza. Les soldats l'ont déjà baptisé : « Ramasse ton bazar ».

Brave troupier français, toujours le même, depuis des siècles, toujours gai jusque dans les pires misères, héroïquement facétieux, loustic jusqu'à la mort ! Il irait encore au bout du monde, tambours battants, clairons sonnants, enseignes déployées, la chanson aux lèvres. Mais il est facilement déconcerté par le désordre, troublé par le désarroi, inquiété dans sa droiture et dans sa logique, par les incidents qui ne sont pas conformes au devoir et à la raison.

Lentonnet, ayant chassé les Hovas de Marovoay, déclara la guerre aux fourmis rouges qui lui montaient aux jambes. Pour s'isoler de ces ennemis nouveaux, il eut l'idée géniale de faire son lit sur une table préalablement installée dans une flaque d'eau. Bref, il aurait été le plus heureux turco du monde, si seulement il avait reçu des nouvelles de « sa chère femme » vers laquelle allait, à travers l'espace, sa tendresse ingénue et touchante. Malheureusement, les « services administratifs » fonctionnaient aussi mal pour les relations de famille que pour les communications d'intérêt public.

9 mai. — Arrivée à Marovoay du courrier de France nous apportant les premières lettres envoyées depuis notre départ. Des journaux, paquets, vêtements, provisions annoncés sont restés en route.

21 mai. — Ni la trésorerie, ni la poste ne sont en communication avec nous. Plus de lettres.

Cependant, les soldats « traînent la jambe ». Dès le 23 mai, une des compagnies du bataillon Lentonnet a laissé en chemin quatre-vingt-dix hommes. Le capitaine est malade. Les Arabes eux-mêmes sont démoralisés, anéantis par le climat : « Soleil pas bon, disent-ils. Pas comme en Afrique. Trop chaud! Fatigue beaucoup. »

Deux tirailleurs déclarent qu'ils ne peuvent aller plus loin. Ils se couchent à l'ombre, sous un arbre, comme des bêtes harassées. Le bon Lentonnet est obligé de « se mettre en colère ». Il crie, il jure, il tempête. Il tire son sabre. Il menace de mort les récalcitrants, afin de leur sauver la vie. Il soupire : « Mes pauvres soldats souffrent horriblement de la soif ». Il distribue aux plus malades le peu de vin qui lui reste.

Clopin clopant, la colonne arrive à Mangabé, sous un soleil de plomb. « Allons! mes amis, dit Lentonnet, nous avons encore 5 kilomètres à tirer. Mais nous approchons d'un ruisseau où vous pourrez faire le café. Encore un coup de sac! »

Vers quatre heures du soir, on s'arrête au gîte d'étape « sans avoir rien mangé, pas même un morceau de pain ».

Et le quartier général recommande de « ne prodiguer ni le vin ni l'alcool ». En marge de cette prescription, Lentonnet crayonne ces deux mots : « Peine inutile. »

Cependant les soldats, « venus pour combattre », sont employés à la construction d'une invraisemblable route. Affamés, fiévreux, ils piochent du matin au soir, sous un ciel étouffant, dans la terre rougeâtre et malsaine.

11 juin. — Les convois n'arrivent pas régulièrement. La ration quotidienne de viande fraîche est réduite de moitié, de même la ration de pain de guerre. Le café fait à peu près défaut... Nos hommes sont terriblement fatigués. Le matin, dès six heures, ils partent pour la corvée de route... Ils ne rentrent au camp que vers cinq heures et demie du soir. La fièvre en abat chaque jour davantage...

15 juin. — Toujours le travail de la route, on ne compte plus ses victimes. Et pourquoi? Pour traîner derrière nous les voitures Lefebvre. Celui qui a imaginé de les envoyer à Madagascar est un véritable meurtrier. Les cimetières commencent à se peupler.

Quand donc marcherons-nous en avant?

24 juin. — Les hommes qui ont pris part à la reconnaissance se reposent encore aujourd'hui, car les malheureux sont vraiment fatigués : ils ont marché sac au dos toute une journée, par des chemins affreux; ils n'ont même pas

fait la soupe et n'ont pris qu'un repas froid; enfin, ils ont passé la nuit à la belle étoile.

14 juillet. — Vers dix heures, le général Metzinger vient nous surprendre; il est rayonnant et nous annonce sa nomination au grade de général de division.

Entre temps, le quartier général est arrivé, avec les vivres. Lentonnet se réjouit à l'idée que l'ordinaire de la troupe va peut-être s'améliorer :

> Enfin les vivres arrivent, et aussi les « gros légumes ». J'ai rencontré aujourd'hui le docteur Emery-Desbrousses, médecin en chef du corps expéditionnaire, le lieutenant-colonel Marmier, directeur du génie, le général de Torcy et tout l'état-major. Le général Duchesne est ici depuis l'occupation de Mevatana. Mais on le voit peu.

Lentonnet pourtant rapporte « que tout l'état-major général et celui du général Metzinger » assistèrent, le 16 juin, à une messe solennelle, dite par un jésuite. A côté, un « pasteur protestant disait la sienne » dans une baraque. Mais « le pasteur n'avait pas de clients ».

Le commandant en chef parut aussi aux funérailles du lieutenant Augey-Dufresse et du caporal Sapin. Il prononça un discours dont Lentonnet nous a conservé le texte. Après avoir fait allusion à tous ceux que la fatigue, la faim et la fièvre avaient tués sur la route, le général s'écria :

> Mais par delà la mort il y a l'immortalité, et j'ai confiance que, dans un monde meilleur, Dieu leur accordera la récompense que j'aurais été heureux de leur faire accorder ici-bas.

Le 15 août, nouvelle apparition du général en chef, ainsi notée par Lentonnet :

De grand matin, je me rends moi-même au travail. Il n'est pas terminé, lorsque paraît le général Duchesne, terriblement en colère! Au camp, vers dix heures, autre tuile. Aucun gourbi n'a été préparé pour le commandant en chef, qui ne paraît décidément pas commode.

Je transcris encore ces notes brèves :

27 août. — Le 200e n'a pu fournir aujourd'hui qu'une trentaine de travailleurs. C'est navrant! Les hommes de ce régiment ne tiennent plus debout. Il en meurt deux par jour environ au camp. Le spectacle de ceux qui survivent, hâves, épuisés, à quelques exceptions près, est lamentable.

Le 40e bataillon de chasseurs est encore plus éprouvé. *Aucun* de ses soldats n'a pu se rendre à la corvée. Triste! triste!

Les voitures du général sont parvenues, non sans peine, jusqu'au camp.

2 septembre. — Le quartier général est installé ici. Il en résulte pour mon bataillon un surcroît de corvées.

On peut suivre pas à pas, dans le *Carnet de campagne* du lieutenant-colonel Lentonnet, le calvaire de cette malheureuse armée, qui demandait à combattre et qui se consuma d'impatience, s'empoisonna de fièvre, s'anéantit sur les terrassements de cette route funèbre, jalonnée par des cadavres :

31 juillet. — Il faudra dresser un jour la liste des hommes morts d'anémie et de fièvre que cette route, plus meurtrière que cent combats, a coûtés et coûtera...

2 août. — Ni pain ni vin pour personne; mais un vrai soldat doit savoir tout supporter.

16 août. — Cinq kilomètres à gravir presque à pic. Les voitures Lefebvre n'avancent plus ; elles roulent en arrière, quelques-unes dans le ravin. Mes hommes doivent s'atteler, pousser aux roues. Je calcule qu'aujourd'hui le service de chacun de ces odieux véhicules réclame soixante hommes ! Enfin, après des efforts inouïs, le convoi parvient au sommet.

19 août. — A cette corvée de route vient s'en ajouter une autre vraiment lugubre. Vingt hommes de mon bataillon sont commandés pour aller creuser des fosses... afin d'y enterrer les morts.

Le nombre des victimes devient effrayant. Malgré les fatigues, malgré la maladie, pas de repos.

22 août. — Ce malheureux 200e, composé de jeunes soldats, a été presque entièrement anéanti. C'est épouvantable ! Il n'a cependant pas encore combattu.

23 août. — L'ambulance est installée à la diable... A certains postes de l'arrière, des malades restent sans médecin... Le matériel d'ambulance manque partout. A qui incombe la responsabilité de cela ?

Continuons notre lecture :

26 août. — Les caisses de biscuit ou de pain de guerre arrivent moisies.

3 septembre. — Pauvres petits soldats ! Les officiers du 200e sont navrés, chaque jour les débris du régiment laissent en route des malades et des cadavres. Le commandant de Franclieu ne se console pas de la perte de ces infortunés conscrits.

11 septembre. — Singulier ordre aujourd'hui :

L'ambulance étant encombrée, les corps ne doivent lui envoyer aucun malade qu'en cas d'urgence absolue. Traduction libre : aucun homme ne recevra plus de soins que lorsqu'il sera moribond.

L'effet produit est lamentable.

Ce n'est pas fini :

21 septembre. — Les suicides deviennent de plus en plus

fréquents dans la légion étrangère, qui se démoralise...
Les malades ne se comptent plus, et on ne les soigne
même pas...

Le caporal P... M..., pris de dysenterie, doit être évacué;
on lui donne quatre jours de vivres, on le hisse sur un
cacolet, et le malheureux est expédié sur l'arrière. S'il ne
meurt pas, il aura de la chance. *Nul médecin n'accompagne
les malades qui ne peuvent suivre.* Les médicaments font
défaut.

Combien de malades sont morts, depuis quelques jours,
faute de soins et de médicaments!... Avec quelle insouciance on traite ces pauvres malades!... Certains hommes
exténués, anémiés, ne sont pas reconnus malades; ils
marchent et suivent la colonne, et meurent en route ou au
camp.

Mort du caporal Véron, un excellent soldat. Le pauvre
enfant s'est éteint sans aucune plainte.

La plume tombe des mains lorsqu'on transcrit
de pareilles choses. On hésiterait à enregistrer,
pour les historiens futurs, des faits aussi déplo-
rables, s'ils n'étaient attestés par un témoin, s'ils
n'étaient certifiés par un officier qui se plaint (on
a pu le voir) beaucoup moins en son nom personnel qu'au nom de ses soldats.

Ce qui donne aux récits du lieutenant-colonel
Lentonnet, indépendamment de leur valeur docu-
mentaire, une place parmi les écrits durables,
c'est le mouvement d'émotion humaine, le frémis-
sement de pitié qui anime ces pages, crayonnées
sans effort d'esprit et en toute effusion de cœur.
Cet officier sans peur et sans reproche aimait ses
soldats. Il en était aimé. Il avait pour eux, sous

sa rude enveloppe, des tendresses infinies. Souvent ses yeux clairs et francs, si terribles et si bons, donnèrent des larmes à des infortunes obscures. Plus d'une fois, sous sa vieille moustache grise, le « père Lentonnet », comme l'appelaient affectueusement les zouaves, sut trouver, en effet, des paroles paternelles, dont la douceur consola, dans la brousse, l'agonie des pauvres enfants de France, morts de fatigue, de faim, de fièvre et d'abandon, loin de l'ennemi.

Il les aimait. Il leur ressemblait. Il avait, comme eux, la tristesse courte, la résignation facile, l'amour endiablé des entreprises glorieuses et des belles actions. La moindre aubaine, une reconnaissance périlleuse à diriger, une position à enlever au pas de charge, suffisait à lui rendre son entrain. Une bataille, une vraie bataille lui aurait fait oublier, ainsi qu'aux braves gens de sa troupe, toutes les peines endurées, toutes les privations subies, tous les maux soufferts. Dans les rares occasions où il put brûler de la poudre sous le nez des Hovas, il se réjouissait de voir les chasseurs du 40ᵉ, « de très jeunes soldats, de vrais et bons Français, entraînés par la charge comme aux beaux jours des grandes guerres ».

La République française a perdu, dans la campagne de Madagascar, 5 756 de ses meilleurs soldats. C'est le chiffre avoué officiellement par les bureaux.

Il faut comprendre, dans ce martyrologe, le nom du lieutenant-colonel Lentonnet. Cet intrépide officier résista longtemps. Il fut un de ceux qui eurent la joie d'entrer à Tananarive. Mais il avait trop souvent dormi en plein air, faute de tente, — trop souvent jeûné, faute de vivres, — trop souvent grelotté la fièvre, faute de médicaments. Rembarqué sur un paquebot des Messageries, il mourut en mer, d' « anémie paludéenne », le 17 juin 1896.

A présent, il se lève d'entre les morts, pour dire ce qu'il a vu.

Tout commentaire paraîtra superflu à ceux qui viennent d'entendre l'accent si sincère et si poignant de cette voix d'outre-tombe.

CHAPITRE XI

CONCLUSION

Nécessité d'une réforme. — Le bon nationalisme. — Vers
le passé. — L'antique prouesse. — *Sursum corda!*

De tout ce qui vient d'être dit, résulte la nécessité d'une réforme de notre nation.

Il faut que toutes les bonnes volontés s'associent afin de procurer à ce pays le réconfort intellectuel et moral sans lequel il ne pourra pas guérir.

La démocratie, longtemps travaillée par des crises de croissance, approche de son âge adulte.

Je suis de ceux qui, malgré tout, n'ont jamais désespéré de la nation française.

Au moment où je clos cette longue et douloureuse étude, j'entends comme une rumeur de guerre civile. Les Français se jettent des injures les uns aux autres, et semblent prêts à en venir aux coups. Tout le monde parle de l' « Affaire ».

Et chacun — ou peu s'en faut — y cherche des arguments contre son prochain. Les bons citoyens, qui voudraient être médiateurs et s'interposer entre les combattants, risquent de recevoir, en ce moment, les malédictions des deux partis. C'est pourtant à ces pacificateurs qu'appartiendra la victoire finale.

La crise morale dont souffre la société française effraye surtout ceux qui ne connaissent pas l'inépuisable ressource dont dispose notre tempérament national.

> Le Français semble au saule verdissant,
> Plus on le coupe, et plus il est naissant.
> Il rejetonne en branches davantage,
> Et prend vigueur dans son propre dommage.

C'est ainsi que notre vieux poète Ronsard se consolait, en son temps, de l'horreur des guerres civiles.

Nous devons, comme lui, avoir confiance dans l'indomptable vitalité de la nation française. Chacun de nous doit inaugurer, par un sincère effort de *bon nationalisme*, l'œuvre de salut public à laquelle toutes les bonnes volontés sont conviées par la détresse présente.

Je crois qu'il n'est pas nécessaire, pour sauver ce pays, que nous nous déguisions en Anglais ou en Allemands, en Norvégiens ou en Russes. Sans tomber dans les préjugés puérils de ceux qui voudraient construire, autour de notre pays, je ne sais quelle muraille de Chine, nous devons chercher surtout dans nos traditions nationales le remède aux maux qui nous tourmentent.

Une nation qui fut glorieuse pendant une dizaine de siècles a dû nécessairement, au cours de cette longue période, résoudre à peu près tous les cas de conscience qui peuvent se proposer aux méditations de l'humanité. Notre histoire nationale ne contient pas seulement une suite éblouissante de victoires et de conquêtes. C'est aussi un merveilleux recueil de préceptes et d'exemples.

Restons attentifs à l'*antique prouesse* de notre nation.

Le bon chroniqueur Froissart, ayant vu beaucoup de tournois, de batailles et de chevaleries en terres de Bretagne, d'Écosse, de Brabant, de Béarn, de Berry, de Provence, d'Auvergne, de Picardie, de Gascogne, de Lombardie et d'Allemagne, proclamait, à la fin de son récit, la précellence des chevaliers français sur tous les preux de l'univers entier.

Il disait, en son jargon de poète flamand, que dame Fortune et dame Prouesse, personnes capricieuses et vagabondes, visitent beaucoup de pays et de peuples, avant de choisir quelque séjour de prédilection.

Fortune court encore le monde, quittant et reprenant ses favoris d'un jour. Prouesse est moins volage, apparemment parce que ses charmes austères et sa beauté presque inaccessible ne plaisent qu'aux volontés vaillantes et aux courages indomptés.

Prouesse s'est arrêtée, pendant plusieurs siècles, en Grèce, où les exploits d'Achille, de Diomède, d'Epaminondas et d'Alexandre furent agréables à son désir de renommée et propices à son appétit d'héroïsme.

Prouesse passa ensuite à Rome, où elle aima le chevalier César, père du nain vert Obéron et époux de la fée Morgane. Ce fameux chevalier résista aux philtres subtils de la reine Cléopâtre.

Enfin, dame Prouesse arriva en France, où elle sembla se fixer pour toujours. Elle s'assit, en de beaux palais, au pied du trône de Charlemagne. Elle versa l'ivresse aux guerriers dans des hanaps d'argent, d'or et de pierres précieuses. Sa voix exhortait au combat les paladins casqués de fer. Dans les mêlées, quand les claires épées flamboyaient au soleil, son cri faisait hennir de joie les lourds chevaux vêtus d'acier et caraçonnés de velours. Son souffle déployait superbement la soie des bannières frissonnantes... Et, tandis que les hommes d'armes, la lance haute, la visière baissée, chevauchaient au son des trompettes, dame Prouesse devenait câline, pour rassurer, dans les donjons sombres et déserts, l'âme craintive et le frêle cœur des châtelaines.

C'est elle, évidemment, qui a dicté les lois de

la chevalerie française, calligraphiées en lettres
de vermillon, d'azur, de carmin ou de sinople,
parmi des miniatures et des armoiries, sur le
parchemin des « chansons de geste ».

Ouvrons ces vieux livres. Et savourons la quintessence de loyauté, de charité, d'amour, de prud-
homie et d'accortise que recèle la reliure de
satin, sous la triple agrafe du fermoir d'émail.

Le duc Naymes, conseiller de l'empereur Charlemagne, était renommé dans toute la chrétienté
et jusque chez les païens, parce qu'il protégeait
les orphelins et les veuves.

> Tel conseiller n'eurent onques li Franc.
> Il ne donna conseil petit ne grant
> Par coi preudome deserité fussant,
> Les veves fames ne li petit enfant.

Lorsque Dieu fit couronner par ses anges le
premier roi de France, il lui ordonna d'être, sur
la terre, le champion armé du droit et de l'équité.

> ... Le commanda estre au terre son serjant,
> Tenir droite Justise et la Loi mettre avant.

Le comte Roland, lorsqu'il mourut navré au
val de Roncevaux, tourna son visage vers les
ennemis et songea tendrement à « la douce
France », terre de droiture et d'héroïsme, patrie
des chevaliers sans peur et sans reproche.

Là, on était fidèle, jadis, aux chefs dont on
avait juré de suivre, en tous lieux, les étendards.
Lorsque Guillaume d'Orange, le bon vassal,

reçut l'anneau de sa fiancée, dans une belle église illuminée de cierges, devant un évêque mitré, parmi des châsses, des reliquaires et des chandeliers qui brillaient comme un étincellement d'escarboucles, tout à coup un messager vint dire que les Sarrasins, méprisant les traités, s'avançaient vers le fief du roi. Alors, Guillaume s'écria : « Mon seigneur Louis est en danger! » La jeune fille qu'il aimait était près de lui, souriante et blonde. Elle avait un visage clair et deux tresses tombantes, qui semblaient d'or effilé. Cette gente damoiselle était digne de ce fier baron. Son front était pur comme fleur de lys. Ses joues étaient aussi roses que la rose en mai. Ses lèvres étaient vermeilles et fraîches comme la fleur du pêcher. Son col était plus blanc que la neige des montagnes. Ses yeux étaient vifs et gais. Jamais un imagier n'a su enluminer un portrait comparable à ce miracle vivant. Jamais la viole des trouvères, ni la harpe des jongleurs, ni même le psalterion du roi David n'ont chanté comme cette voix de sirène... Le loyal serviteur détourne la tête. Il craint de ne pouvoir renoncer à ce trésor de beauté s'il le regarde un seul instant, s'il en contemple l'harmonie, s'il en respire le parfum. Il se répète à lui-même : « Mon seigneur Louis est en danger! » Alors, il demande son haubert et sa cotte d'armes, sa cuirasse et son heaume, ses solerets éperonnés, ses gantelets de fer, son épée d'arçon, sa lance, sa dague et sa rondache blasonnée. On lui amène son destrier de guerre. Il s'élance, avec un cliquetis d'acier, sur la selle au troussequin d'ivoire. Il s'en va. Son écuyer le suit.

Depuis ce temps, Guillaume d'Orange n'a jamais revu sa fiancée.

> Guillaumes bese la dame o le vis cler,
> Et ele lui : ne cesse de plorer.
> Par tel covent ainsi sont dessevré,
> Puis ne se virent en trestot leur aé.

Hélas! nous ne comprenons même plus ce langage.

Cependant, lorsqu'on transcrit, d'après les lignes gothiques des vieux grimoires, la poésie fruste de la *Chanson de Roland*, du *Roi Louis*, de *Garin le Lorrain*, des *Quatre fils Aymon*, des *Aliscans*, du *Chevalier au Cygne*, bref tous les feuilletons épiques, indéfiniment allongés par les Alexandre Dumas du moyen âge, on croit entendre la voix de notre race, qui vient à nous du fond des tombes.

Elle persiste à parler encore, malgré notre surdité, la voix des braves gens, aventureux et bons, qui ont décidé l'antique Prouesse à demeurer chez nous.

Voilà longtemps que Roland, Olivier et les douze pairs sont morts. Les encensoirs sont éteints qui avaient embaumé leurs funérailles.

Mais l'âme des héros s'est délivrée de la dalle funéraire où leur image fut couchée, encore armée, les mains jointes, l'épée au flanc, les yeux au ciel. Et leur pensée a survécu, pendant des siècles, plus forte que la mort, et victorieuse de l'oubli.

Combien il nous est difficile d'entendre exactement leurs conseils, leurs exhortations ou leurs reproches! La langue de nos lointains ancêtres nous paraît inintelligible, inouïe, et même parfois (à moins de posséder les grâces d'état que distribue l'Ecole des chartes), presque insupportable.

Pourtant, il est aisé d'apercevoir, jusque dans les moindres détails de notre vie quotidienne, la trace vivante et le sillage mouvant des « chansons de geste ». Si nous avons cessé de les réciter et si nous refusons de nous en souvenir (excepté quand il faut répondre aux examinateurs du baccalauréat), et si nous n'avons pas coutume, en temps ordinaire, d'imiter les taillades, estocades, galopades et autres merveilleuses prouesses des compagnons de Charlemagne, du moins nous pouvons, en écoutant bien, recueillir chaque jour l'écho de leur gloire.

Nous ne portons plus leurs coiffes de mailles, ni leurs « bassinets », ni leurs « cervelières », ni leurs « salades ». Nous portons encore leurs noms. Ces noms romanesques ont été perpétués sur l'état civil du tiers état par le caprice des bourgeoises embéguinées qui, après avoir échauffé leur imagination en admirant les épopées françaises, donnèrent à leur postérité les noms des héros de roman dont elles avaient plaint les infortunes ou aimé la courtoisie. Avant que Jean-Jacques Rousseau multipliât le nombre des *Emiles*, que Beaumarchais répandît le joli prénom de *Suzanne* et que Chateaubriand fût l'introducteur de *René*, le vieux poète Raimbert de Paris popularisa, dès le xii° siècle, le nom d'*Ogier le Danois*, appelé aussi *Augier*, *Oger*, *Auger*, *Augé*. Un autre poète, Bertrand de Bar-sur-Aube, narrateur des aventures de *Girard*, comte de Vienne, rendit ce nom aussi célèbre que celui de *Guérin*, fameux par la « geste » des Lorrains. Le nom de *Renier*, *Regnier*, *Reynier* a été très porté depuis le jour où l'excellent Renier, vassal héroïque, sacrifia son propre fils, le petit *Garnier*, pour sauver la vie du jeune *Jourdain*, fils d'un puissant seigneur... *Foucart* l'orphelin, héros de la *Chanson d'Antioche*, a fait couler bien des larmes, et son nom, propagé par l'attendrissement des âmes sensibles, a passé dans l'onomastique de notre nation. *Aimery* de Narbonne et son neveu *Guillain* ont laissé des continuateurs de leur nom. Nous ne comptons plus les *Landry*, les *Merlin*, les *Guédon*, les *Aubry*, les *Renaud*, les *Renouard*, les *Richard*, les *Turpin*, tous héritiers bourgeois de la « geste » royale ou de la Table-Ronde. Faut-il citer *Lancelot*, *Tristan*, *Guibert*, *Geoffroy*, *Vivien*, *Audigier*, *Baudouin*, *Hémon*? Le répertoire épique de nos contes anciens a transmis au « Tout-Paris » et au « Bottin », les noms de *Perceval*, d'*Hervé*, de *Bazin*, de *Daurelle*, de *Milon*, de *Maugis*, de *Berthollet*, de *Seguin*, de *Macaire*. Parmi les « païens » contre lesquels combattaient les chevaliers de France, j'en vois deux qui, par la durée de leur nom, semblent avoir gagné l'estime de la chrétienté. C'est *Baligand*, émir de Saragosse, et *Brehier*, célèbre Sarrasin, qui, après avoir semé la terreur dans tout l'Occident, fut tué par Ogier le Danois. Ce n'est pas tout. Les chevaux, les épées, les chiens des paladins nous ont légué des noms. Exemples : *Bayard*, cheval des quatre fils Aymon; *Courtin*, épée d'Ogier; *Brochard*, limier du duc Garin. Je ne vois guère, dans nos épopées nationales, qu'un seul nom qui ait complètement disparu. C'est celui de Ganelon le Traître.

Ainsi, nous sommes moins loin du xii° et du xiii° siècle que nous ne le pensons communément. La cloison qui nous sépare de nos aïeux n'est pas étanche. Nous sommes leurs héritiers malgré nous.

Et pourtant, malgré ces communications inévitables et souvent inaperçues, le moyen âge, clos et mystérieux, ressemble à ces châteaux ensorcelés, dont les fenêtres, éclairées çà et là, fascinaient de loin les voyageurs, et dont les portes verrouillées semblaient garder pour toujours un formidable secret. Tel, dans les forêts de Hongrie, ce donjon que le géant Orgueilleux défendait férocement contre toutes les curiosités. Un jour, le chevalier Huon, natif de Bordeaux, passa devant ce logis, en allant vers Babylone, la merveilleuse cité, qui est de l'autre côté de la mer Rouge.

Huon de Bordeaux, dès qu'il vit cette bastille, éprouva, selon sa coutume, l'envie d'y entrer. Son écuyer Jérôme, conseiller prudent, le retint par son manteau et lui dit doucement :

« Ah! beau sire, changeons de chemin; n'agissez pas toujours en enfant! Cette tour que vous regardez, c'est la tour de Dunostre; c'est là que demeure le géant Orgueilleux, et, sachez-le, s'il a une fois revêtu son armure, quand tous les hommes qui sont au monde viendraient l'attaquer, il ne les craindrait pas. Vous vous rappelez ce que vous a dit Obéron, qui vous aime tant. Il vous a défendu d'y entrer. Venez, je vais vous mettre sur la route.

— Jérôme, dit le chevalier Huon, si je suis venu de France jusqu'ici, c'est pour chercher des aventures, et celle-là ne m'échappera pas. Je vais voir ce géant, et il sera plus dur que le diamant si mon épée ne peut l'entamer. Quant à vous, restez dans ce pré et attendez mon retour.

— Hélas! dit Jérôme, nous ne vous reverrons plus... »

Bientôt les liseurs de romans n'auront plus besoin d'être linguistes pour pénétrer dans les profondeurs du moyen âge. Les philologues médiévistes, gardiens longtemps rébarbatifs de ce château merveilleux, se sont enfin apprivoisés. Ils consentent, de temps en temps, à baisser le pont-levis, à lever la herse, à nous confier une des clefs du trousseau qui pend à leur ceinture.

Et voici que leur maître à tous, M. Gaston Paris, nous ouvre des perspectives illimitées et nous égaye par des mirages de féerie, en nous emmenant, sur une route fertile en rencontres imprévues, à la suite du chevalier Huon de Bordeaux et du nain vert Obéron.

Est-il un plus aimable livre, et plus français, que les *Aventures merveilleuses de Huon de Bordeaux, pair de France, et de la belle Esclarmonde?*...

Ici, l'on croit entendre le langage des trouvères qui, appuyés au pilier d'une salle, s'accompagnant d'un crin-crin en sourdine, récitaient cette histoire aux suzerains et aux vassaux, tandis qu'un feu de bois sec flambait sous le manteau de la vaste cheminée, et que le vent d'hiver, en heurtant les vitres maillées de plomb, rendait plus agréable et plus tiède le charme de cette veillée, consacrée à des récits de gloire et d'amour.

Écoutons ce que dit le gentil ménestrel :

« Seigneurs, écoutez : que le Dieu de gloire qui nous a faits à son image vous bénisse! C'est une bonne chanson, qui parle de nobles hommes, du vaillant roi Charlemagne et de Huon, qui tant fut preux, et d'Obéron, le petit roi sauvage qui passa toute sa vie dans les forêts. Cet Obéron, qui avait tant de puissance, sachez qu'il était fils de Jules César, celui qui a fait faire à Constantinople ces grandes murailles qu'on voit encore, qui vont jusqu'à la mer et qui durent sept lieues. Jules César avait pour femme une dame très belle et très savante, qui s'appelait Morgane et qui était fée. C'est elle qui fut la mère d'Obéron le forestier; ils n'eurent pas d'autres enfants en toute leur vie. Vous allez entendre une noble chanson. Cessez le bruit, et faites le silence. »

Il me semble qu'ici le narrateur remonte un peu loin dans ses souvenirs. La longueur des exordes est, d'ordinaire, le défaut coutumier des conférences. Les trouvères furent les conférenciers du moyen âge. Mais l'évolution nécessaire des choses et des hommes a métamorphosé en passe-temps mondain ce qui était alors le stimulant indispensable de l'imagination et de la volonté. Je ne crois pas que personne aille à l'Odéon ou à la Bodinière pour y chercher des raisons de vivre ou des principes d'énergie. Au contraire, le seigneur dans sa tour, l'homme

d'armes dans son échauguette, le « vavasseur »
dans son « retrait », se sentaient moins seuls, dès
qu'un poète vagabond, errant par monts et par
vaux, l'escarcelle au ceinturon et la plume au
chapel, venait tirer la cloche de la porte féodale
et offrir, en échange d'un gîte et d'un repas,
l'asile des régions idéales et le pain miraculeux
des légendes.

Avec cet étranger, volontiers causeur, les nouvelles du dehors arrivaient au château, rompant
la clôture où les femmes et les filles, pendant de
longs mois, étaient recluses. Le trouvère était le
journal vivant de la chrétienté.

Cet hôte, d'aspect chétif et souvent d'apparence
minable, ce rimeur à qui l'on donnait, en guise
de salaire, des chausses et des surcots, fut, en
somme, l'éducateur d'une société. Il parlait du
passé avec respect, et ceci devrait être en tout
temps, en tout lieu, le premier office des pédagogues. Ses chroniques unissaient, enchaînaient
par des liens invisibles et forts la série des générations successives. Grâce à lui, l'homme ne
vivait plus pour des intérêts méprisables, dans
l'enclos d'une maison fragile, dans les limites
d'une existence éphémère. Il enseignait aux
Français que « noblesse oblige ». Il proposait
aux émulations généreuses l'exemple des antiques
vertus. Aussi éloigné que possible de l'ironie qui
tue les nations et de la « blague » qui les abêtit,

le trouvère racontait, à sa façon, qui était bonne,
l'histoire de France. Sans doute, un souffle divin
animait sa chanson de cigale. Les esprits en
étaient ennoblis. Les cœurs en étaient réconfortés. Quand il avait fini de chanter, l'auditoire
quittait avec peine les chaises armoriées, les bancs
et les escabeaux. Tard dans la nuit, derrière les
courtines des lits à baldaquin, les bacheliers et
les pages rêvaient, tout éveillés, au souvenir des
prouesses qu'ils venaient d'entendre. La sagesse
de Charles, « empereur à la barbe fleurie », la
prudence de Naymes, la loyauté de Roland, la
courtoisie d'Olivier, la fidélité de la belle Aude et
le visage clair d'Aelis hantaient les insomnies,
prolongeaient les conversations, tenaient en haleine tous ces jeunes courages, malgré les gron-
deries des majordomes. Une tradition d'honneur
et de bravoure — tradition vraiment nationale —
s'imposait à tous. Ainsi, après l'éclosion des
germes cachés, après la végétation obscure et
lente de la tige et des rejets, s'épanouissait, aux
rayons de la poésie, comme une fleur magnifique
au soleil d'été, l'âme de la France.

Nulle part, les anciennes vertus de notre race
n'apparaissent plus gaies, plus charmantes, plus
allègrement invincibles que dans les aventures de
ce vrai cadet de Gascogne, qui s'appelle Huon de
Bordeaux.

Ce héros intrépide est un bon enfant. Il a des

inexpériences et des candeurs de jeune émerillon.
A chaque instant son vieil écuyer le conjure d'être
raisonnable. Il a une façon à lui de faire sa
prière. « Mon Dieu! soupire-t-il, au pied des
autels, mon Dieu, faites que je ne sois pas
vaincu! »

Lorsque ses amis veulent le dissuader d'un
dessein périlleux, ou quand ses ennemis entreprennent de l'effrayer par ses menaces, il dit,
avec une simplicité superbe, sur un ton qu'avive
une pointe d'accent :

« Vous savez! Moi, je suis de Bordeaux! »

L'émir de Babylone, étonné par cette déclaration, crut que c'était une formule magique et
fut transi d'émoi.

Quel gentil garçon que ce petit Bordelais!
Orphelin, fils puîné d'une veuve, il a juré de ne
revenir à Bordeaux qu'après avoir gagné au moins
un fief à la pointe de son épée. Mais il aimerait
mieux renoncer à la fortune que d'y arriver par
un chemin tortueux. Malheureusement, à vouloir
suivre les voies droites on s'expose à des obstacles
mis en travers par les méchants. L'impétueux
damoiseau, calomnié par des varlets jaloux,
déplut à l'empereur Charlemagne, qui, pour l'éloigner de sa cour, lui confia une mission diplomatique en Orient. Huon fut chargé de voir l'émir
de Babylone, de lui prendre sa moustache blanche
et de lui enlever « quatre de ses dents mâche-

lières », afin de donner une leçon à ce Levantin
qui, d'après les plus récents rapports, ne respec-
tait pas suffisamment les Français.

Quand on est de Bordeaux, on n'hésite pas.
Huon partit sur-le-champ. Son voyage fut long
et périlleux. Quand il rencontrait des *romieux*,
des pèlerins qui revenaient de Rome, il leur
demandait poliment : « S'il vous plaît, le chemin
de Babylone ? »

Enfin, grâce aux conseils de son ami, le nain
vert Obéron, roi du royaume de Féerie, il put
entrer dans la capitale du pays de *païennie*. Sa
bonne humeur dérida tout l'Orient. Et, en le
voyant, la belle Esclarmonde, fille de l'émir, dit
tout haut : « Si je ne l'ai pour mari, je n'en
aurai point d'autre. » Quand un chevalier français a juré de vaincre, si l'amour par surcroît
vient à la rescousse, rien ne peut lui résister.
Huon de Bordeaux fut un grand vainqueur...

Il faut souhaiter que les savants, qui détien-
nent dans leurs chartriers un si riche trésor,
suivent l'exemple de M. Gaston Paris et qu'ils
éclairent leurs lanternes magiques pour notre
divertissement et pour notre profit.

Ils peuvent nous rendre des services précieux
s'ils nous engagent et nous obligent à retrouver,
par manière de récréation, l'âme errante de notre
race, — âme aventureuse qui nous rapprendra
l'espérance, — âme de clarté qui dissipera nos

cauchemars, — âme de simplicité, de gaieté, de
vaillance qui unit, dans la légende et dans l'histoire, les paladins imaginaires et les héros véritables, les petits et les glorieux, les forts et les
doux, Huon de Bordeaux et le connétable du
Guesclin, le comte Roland et Jeanne d'Arc, le
sergent Fricasse et le général Marceau, toute cette
divine floraison d'héroïsme français, honneur de
l'humanité et parure éternelle de la patrie.

Il faut aimer la France, toute la France. Cet
amour, qui ne connaît pas l'esprit d'exclusion ni
de proscription, constitue, à mon avis, le *bon
nationalisme.*

Je suis donc nationaliste, à ma façon.

Il me semble d'ailleurs difficile qu'un homme,
né dans une nation civilisée, glorieuse, ancienne,
puisse être privé des sentiments héréditaires que
ce mot de *nationalisme,* nouvellement inventé
par les politiciens, exprime gauchement.

J'avoue que je suis même un peu humilié d'être
contraint, par le malheur des temps, à faire profession publique d'un « état d'âme » si instinctif
et si naturel.

Mais la plupart des Français — du moins ceux
qui crient fort — sont présentement occupés à
s'excommunier les uns les autres. Rien ne sert
d'être un patriote de la veille. Le patriotisme,
comme en 1793, risque de devenir un monopole
exclusif, à l'usage des citoyens qui tambourinent

leur réclame personnelle sur les tambours de nos régiments et déploient notre drapeau comme un prospectus.

Les plus honnêtes gens sont obligés de jurer par tous les saints du Paradis : « Non, nous ne sommes pas des traîtres! Non, nous ne sommes pas des vendus! Non, nous ne sommes pas des insulteurs de l'armée! »

C'est pourquoi on doit se prémunir contre les excommunications possibles. J'use donc de mon droit de citoyen français — et je remplis (sans me vanter) mon devoir de fantassin régulièrement inscrit sur les registres de l'armée française — en disant à haute et intelligible voix :

Je suis nationaliste, et voici comment :

Le nationalisme doit consister d'abord à aimer notre pays de France, notre terroir fertile et avenant, nos coteaux et nos prairies, nos lacs et nos rivières, l'herbe parfumée de nos montagnes, le blé de nos sillons et le sourire de notre ciel indulgent.

J'ai vu beaucoup de pays, et j'espère en voir quelques-uns encore. Je ne connais pas de contrée qui soit plus variée, mieux enluminée, plus délicieusement multicolore que notre France.

Elle résume, dans la diversité de ses aspects, toutes les beautés et toutes les grâces de l'univers. On y trouve, en un court espace, un merveilleux épanouissement de fleurs et une moisson de fruits dont l'abondance dépasse presque toujours, au souffle embaumé de nos radieux automnes, l'espoir de nos semailles et la promesse de nos printemps.

Un voyage en France pourrait être une leçon de géographie universelle. On dirait qu'un artiste fantasque a voulu nous offrir, comme en un musée de « réductions » et de « répliques », une collection des formes multiples que peut prendre, pour l'amusement de nos yeux, la vie mystérieuse de la nature éternelle... Les « causses », récemment explorés, où l'eau du Tarn creuse des crevasses, affouille des grottes et amenuise des colonnades de stalactites, ressemblent, en des proportions réduites, à ces Alpes du Tyrol, dont les terrasses calcaires, incessamment ravinées par le ruissellement des pluies et des torrents, sont le théâtre d'une sorte de drame quotidien où s'agite la querelle séculaire de la terre et des eaux... Le grès des Vosges dessine, en Lorraine et en Alsace, sous les hêtres, les sapins et les mélèzes, un décor dont la structure, noblement architecturale, dispense le voyageur de pousser son enquête jusqu'aux grès de la Suisse et de la Saxe... La Meuse, entre Mézières et Givet, attarde la langueur de son cours et déroule, en courbes molles, la flexible nonchalance de ses sinuosités, comme la Volga aux environs de Nijni-Novgorod... Le lac Pavin, dont les eaux sommeillent au fond d'un cratère, dans les monts d'Auvergne, a l'air d'avoir été mis là spécialement afin d'apprendre aux Français — par une comparaison du petit au grand — comment se sont formés les lacs de l'Equateur et les lacs canadiens... Hâtez-vous d'aller au village de Saint-Véran (Hautes-Alpes), à 2 000 mètres au-dessus du niveau de la mer; il en est temps encore; les avalanches y ont laissé quelques maisons et quelques habitants. C'est le gîte le plus haut perché de France. Allez-y. Après cela, vous pourrez renoncer à l'excursion de l'Himalaya. Vous comprendrez fort bien comment l'homme, animal sociable et naturellement ennemi du froid, peut, tout de même, se résigner à vivre, à aimer, à mourir sous la neige.

Notre « Côte d'Azur », avec ses palmiers, ses aloès, ses agaves et ses cactus, est une petite Afrique, moins chaude, moins sablonneuse.. Notre Provence est une grande Grèce, parfumée d'aromates, vibrante de chansons et bruissante de cigales.

Je voudrais que nos romanciers, psychologues ou descriptifs, si longtemps retenus par l' « asphalte », hypnotisés par les « garçonnières » et perturbés par la délectation morose d'un monotone péché, eussent enfin le courage d'émigrer vers un horizon plus étendu. Pourquoi, las de rabâcher d'insipides « parisienneries », ne tourneraient-ils pas leur objectif vers la salubrité de nos provinces françaises?

J'ai reçu récemment, d'un brave homme qui
habite un coin retiré du Midi, une lettre, dont
l'accent généreux et irrité m'a beaucoup plu :

Non, mille fois non, votre bande de boulevardiers aveulis
et noceurs n'est pas la France. Mais, hélas! nous n'avons
plus en province de voix pour le crier bien haut; ceux qui
prétendent peindre nos mœurs ne nous connaissent pas
mieux que les autres : la monstrueuse capitale nous prend
tout, elle absorbe et annihile les meilleurs d'entre nous.

Cependant, si elle attire à elle tous les cerveaux qui pensent, elle nous laisse encore des cœurs pour sentir et pour
pleurer de rage quand nous voyons traîner dans la boue
ce que nous respectons le plus, et chacune des feuilles que
nous lisons, couvrir d'injures notre pauvre France qui
vaut mieux que la réputation qu'elles lui font.

Et mon correspondant s'indigne contre « les élé-
gants adultères de quelques Parisiennes neurasthé-
niques », contre les fastidieuses fredaines d' « une
poignée de cosmopolites fatigués », et refuse de
croire à la perpétuité d'une littérature, d'ailleurs
ennuyeuse, qui consiste à mettre en lumière des
« faisandages » exceptionnels, pour mieux humi-
lier notre prétendue perversité nationale devant
les prétendues vertus de la race anglo-saxonne.

Je suis de cet avis. Récemment, un Anglais,
M. Bodley, publiait un gros livre, qui est un
hommage à la bonté, à la probité, au labeur
héréditaires de notre nation. Nous avons laissé à
un étranger le soin de discerner, à travers un
chaos d'apparences contradictoires, les sources

cachées d'où s'épanche, dans l'organisme de notre société, l'incessante recrue de la force et de la vie. M. Bodley dit expressément que la sarabande des politiciens, les pirouettes des dilettantes et les trafics des pornographes ne constituent pas, actuellement, toute l'histoire de France. Il démontre très bien que, si notre pays est encore vivant, c'est qu'au-dessous de l'écorce moisie, le cœur est bon.

Je souhaite que nos écrivains s'appliquent, de toute leur âme, à réconforter ce cœur de la France meurtrie et vivace. Troublés par l'effroyable médiocrité des œuvres et des hommes qui se proposent bruyamment à notre admiration, nous cherchons quelque chose de nouveau, quelqu'un d'inédit. Nous avons soif de beauté, de vérité, de réconfort. Nous voulons, après un long intérim où les premiers emplois furent tenus presque toujours par des doublures, nous voulons retrouver la splendeur d'une littérature nationale.

Certes, il ne s'agit pas de rompre avec des traditions d'hospitalité intellectuelle, qui, glorieusement transmises dans la suite des générations et des siècles, ont fait, de l'esprit français, l'interprète acclamé de l'esprit humain.

Notre langue, nos coutumes, nos lois, nos arts ont été longtemps en possession d'un monopole d'universalité qui leur fut conféré par l'assentiment unanime des peuples civilisés.

Si nous désirons obtenir le renouvellement de
ce privilège, nous devons, comme autrefois,
regarder, écouter ce qui se fait, ce qui se dit, ce
qui se pense au delà des frontières.

Il serait ridicule, sot et imprudent de nous
blottir chez nous, portes closes, comme un lièvre
en son gîte ou comme une autruche dans le
sable. Cette posture, peu nationale, nous expose-
rait à des surprises cruelles. Rien ne sert de
détourner les yeux pour ne pas voir la frontière.
Elle est ouverte, hélas! et la brèche n'est pas
près d'être réparée.

Mais, de grâce, dans nos communications inévitables et obligatoires avec des idées étrangères
dont nous ne devons avoir ni la superstition ni la
peur, ne gardons plus cette attitude d'écolier ter-
rorisé par des pédagogues. Relevons-nous de ces
génuflexions exagérées. Cessons de prosterner
notre « infériorité » devant la « supériorité » des
Anglo-Saxons. Quittons le ton pleurard avec lequel
nous prêtions un serment d'allégeance à la suze-
raineté de l' « âme russe » et du « génie scandi-
nave ». Trop longtemps les litanies d'Ibsen nous
ont rendus fort injustes pour Corneille, pour
Victor Hugo, pour Alexandre Dumas et même
pour Emile Augier.

Il est inutile d'aller chercher une morale nouvelle au pied des fjords de la Norvège ou parmi
les banquises et les phoques du pôle Nord. Nous

avons cru longtemps que le sable salé des steppes
était plus fertile en vertus que le terreau généreux où mûrissent nos froments et nos vignes...
Il faudrait voir... En tout cas, même si l'on
admire l'héroïsme des Samoyèdes, l'élégance des
Kalmouks, la grâce des Afghans, la loyauté des
Apaches et l'impeccabilité proverbiale des Slaves,
on peut, malgré cette fureur d'exotisme, garder
un peu de considération pour l'antique prouesse
de la nation française.

Pauvre et glorieuse nation, vertueuse, depuis
dix siècles, et toujours calomniée, rabrouée,
excommuniée par l'assemblée cosmopolite des
tartufes internationaux, à qui d'ailleurs elle
fournit des arguments terribles par son insistance
à se confesser en public !

Donc, allons chercher au dehors les idées vagabondes qui appartiennent, par droit de conquête,
à celui qui sait le mieux les assouplir à la sujétion de la phrase et du rythme. Mais si nous voulons trouver un principe de conduite et une règle
de vie, restons dans la chère maison où la
famille est réunie devant le feu clair, qui se per-
pétue d'âge en âge sur la pierre du foyer.

Nous sommes issus d'une haute lignée. Nous
avons des titres de noblesse et des portraits d'ancêtres. Honorons nos morts. Demandons à nos
grands hommes, à nos héros, à ceux qui furent
couronnés par la renommée et à ceux que la vic-

toire a trahis, le secret des préceptes qui dictent le devoir et des exemples qui donnent la force de l'accomplir. Ne nous lassons pas d'écouter, dans le silence des basiliques et dans la paix des cimetières, ce que proclament les sépulcres glorieux et ce que murmurent les tombes oubliées. Partout nous entendrons le même conseil de droiture, de justice, d'abnégation et de charité.

Les Français, dont nous avons recueilli le domaine, ont été chevaliers errants, champions armés du Droit, défenseurs des faibles, tuteurs des opprimés, adversaires des pouvoirs iniques, et, en toute rencontre, ennemis jurés de la fraude, du mensonge, de la ruse et du dol. La tradition de leurs vertus s'est établie sur notre sol, en dépit de la diversité des provinces, malgré la rivalité des races, et sous l'action différente d'un climat changeant. Michelet n'avait pas tort d'appeler ceci un miracle, si l'on entend par miracle ce qui n'est arrivé qu'une fois dans l'histoire de l'humanité. La bonne graine d'où est sortie notre nation a pu germer aussi bien dans le granit de la Bretagne que sur les côtes sèches du Languedoc. Une juxtaposition de patries locales a formé, par une longue communauté d'entreprises et de souffrances, de réussites et de revers, l'âme de la grande Patrie. Les Bretons, les Poitevins, les gens de la Saintonge et de la Guyenne, les montagnards de la Biscaye et les riverains de la Garonne, les Latins de la Provence et les Celtes de l'Auvergne, les Bourguignons, les Flamands, les Francs-Comtois, les Champenois, les Normands, les Picards, les Lorrains, les Alsaciens, tous, *Français de France*, se sont mis d'accord pour combattre, pour souffrir, pour pleurer, pour chanter ensemble, et ils ont inscrit la liste, à peu près complète, des vertus humaines, au livre triomphal des épopées françaises.

Les Français, qui nous ont légué un si riche trésor de littérature et d'art, sont reconnus, par les plus illustres interprètes de l'opinion européenne, comme les représentants du bon sens, de la simplicité spirituelle et du goût. Leur raison était volontiers narquoise. Ils avaient coutume d'achever, par les atteintes aiguës de l'épigramme, ce qu'ils avaient commencé à la pointe de l'épée. Gabeurs et gausseurs, vifs à la riposte, prompts à la parade, ils avaient des coups de langue et des traits de plume qui valaient des coups d'estoc et des flèches d'arquebuse. Maint diseur de sornettes en fut balafré, meurtri et penaud. L'histoire de France ne se réduit pas à une longue bataille contre la puissance anglaise, contre la maison d'Autriche, contre l'empire allemand. C'est aussi la lutte de la sottise et de l'esprit.

La sottise nous déplaît parce qu'elle est ouvrière de discorde. Les plus intelligents et les plus populaires de nos grands hommes — un Henri IV, vainqueur de la guerre civile, un Hoche, victorieux des chouanneries — furent des pacificateurs.

Nos aïeux, s'ils revenaient au monde, riraient amèrement de cette singularité féroce qui, sous prétexte de décerner aux uns, et de refuser aux autres, je ne sais quel brevet de « Français de France », justifie les prétentions des pédants d'outre-Rhin, en reprenant la barbare doctrine des races, comme pour mieux exclure de la patrie française Kellermann et Kléber, Turenne et Fabert, Metz et Strasbourg.

Accepter, sans aucun reniement, l'héritage du passé, avec toutes les dettes qu'il impose et toutes les obligations qu'il prescrit; — reconnaître, dans la durée des temps, le bienfait de tous ceux qui ont construit, par le sacrifice de leur sang et de leurs larmes, l'unité nationale; — inviter à l'œuvre commune tous les Français, sans s'inquiéter de savoir s'ils sont Celtes ou Francs, Gallo-Romains ou Normands; — réserver notre fidélité particulière et la prédilection de notre souvenir à ceux d'entre nous qui, séparés violemment de la patrie, attendent obstinément le jour béni des réunions fraternelles; — rendre à ce pays son ancienne primauté intellectuelle, et, pour cela, éviter d'abord la déraison, le fanatisme, l'intolérance, qui ne sont pas des choses de *chez nous*, — tel doit être le proramme de ce bon *nationalisme* qui doit réconcilier tous les Français.

C'est ainsi, et non pas autrement, que je suis nationaliste.

Au moment où je ferme le dernier feuillet de ce livre, je voudrais, malgré les inquiétantes clameurs de la rue, ne laisser entendre que des paroles d'espérance et de réconfort.

Je songe à ce vieux chancelier Guillaume du Vair, qui, au milieu des guerres civiles, écrivait un traité *De la constance et consolation ès calamités publiques.*

L' « Affaire », Dieu merci! touche à sa fin. Je crois que cette affaire Dreyfus, si douloureuse, et qui deviendrait si aisément fratricide, — n'est peut-être pas incapable d'aboutir à de bons résultats. C'est une crise décisive. Or, si les crises violentes sont la ruine des tempéraments débiles, chacun sait qu'au contraire les natures vigoureuses, en triomphant d'un mal réputé incurable, trouvent, dans leur guérison, une preuve de leur puissance et un nouveau motif de croire en l'avenir.

Cette question aura ébranlé, quelque temps, la quiétude des Français. Mais, après tout, est-ce que la torpeur et l'apathie sont des conditions normales pour un État libre? Qu'est-ce qu'un accès de fièvre, évidemment passager, en comparaison de la paralysie générale, où nous allions doucement? Sans ce coup de fouet, qui du moins nous agite le sang et nous réveille les nerfs, nous serions peut-être à l'heure qu'il est dans un état de faiblesse pareil à l'agonie.

L'affaire Dreyfus, en nous obligeant à résoudre un cas de conscience, nous force, bon gré mal gré, à rentrer dans la vie morale, d'où l'indifférence et l'ironie nous retiraient peu à peu... Nous voici engagés dans une passe difficile et dans un endroit périlleux. Il faut sortir de là, coûte que coûte, sous peine de mort. Et, subitement, à la surprise de l'univers entier, nous voilà devenus sérieux. C'est peut-être la première fois que cela nous arrive, depuis quinze ans.

Il serait étrange que cette nation, si souvent victorieuse d'ennemis redoutables, ne pût, à cette heure, venir à bout des deux forces mauvaises qui l'assaillent : le Mensonge et la Bêtise.

Depuis un an que l' « Affaire » nous tourmente, je crois que nous avons connu, en détail, toutes les sortes de déguisements dont peut s'affubler la malice humaine pour dissimuler la vérité. Dans ce pays, où l'on n'aime pas les gens masqués, ni les paroles menteuses, ni Tartufe, ni Giboyer, il est permis de céder parfois à un mouvement d'impatience, lorsqu'on sent venir, de partout, ce sournois attentat du Mensonge...

Et c'est, pour les honnêtes gens, une salutaire épreuve, que d'être obligé à prendre parti.

Mon parti est pris depuis longtemps.

Je suis *pour la vérité.*

Rien au monde — aucun motif d'intérêt, aucune raison d'État — ne pourrait me déterminer à accepter d'être le complice du Mensonge et de la Bêtise. N'ayant pas attendu la crise actuelle pour déclarer un patriotisme qui, je crois, fut toujours exempt de phrase et d'ostentation, je refuse de souiller ma religion par la connivence des menteurs et de la compromettre par le ridicule secours des nigauds.

Et j'aime trop passionnément l'armée pour ne pas considérer comme un exécrable sacrilège toute tentative qui consisterait à exposer son honneur à de telles solidarités.

Lorsqu'on est solidement ancré dans le ferme propos de rester fidèle à la vérité, à la justice, au devoir, on est assuré de défendre une cause qui survivra aux agitations d'un moment et aux accidents d'une crise passagère. Et l'on est sûr, par ce moyen, de se rencontrer tôt ou tard, en dehors des coteries, des conspirations et des bandes, avec tous les Français de bonne foi et de bonne volonté.

L'heure du réveil est venue, après un si pesant cauchemar. Il y a, dans la vie des peuples, comme dans la vie des individus, de ces heures décisives et courtes, où l'on tient sa fortune dans sa main. Hier, il n'était pas temps encore. Demain il sera

trop tard. C'est aujourd'hui qu'il faut se mettre à
l'ouvrage, de tout notre cœur.

La troisième République, jusqu'ici tâtonnante
et indécise, peut, dans un renouveau d'énergie qui
marquera son âge adulte, ajouter à nos annales
une page digne de notre passé. Elle le peut, à
condition que nous ayons souci de l'héritage de
gloire qui ne doit pas, sous peine de forfaiture,
péricliter entre nos mains. Elle le peut, si nous
nous efforçons d'être les dignes descendants des
braves gens et des grands hommes qui nous ont
légué un si beau patrimoine de souvenirs, de
sentiments et d'idées. Elle le peut, pourvu que
l'intégrité de la patrie et les droits imprescriptibles
de la justice préoccupent notre pensée et stimu-
lent notre action.

On rapporte que l'amiral Nelson, le matin du
jour où il devait livrer la bataille de Trafalgar, fit
signaler aux commandants des navires placés
sous ses ordres ces simples mots : *L'Angleterre
compte que chacun fera son devoir.*

Le salut des peuples est tout entier dans cette
formule. Je voudrais qu'une voix plus éloquente
que la mienne pût la fixer dans la mémoire des
Français, à cette heure impérieuse où tout dépend
de ce que nous allons dire et faire.

Nous avons le champ libre devant l'Europe
attentive. A nous de montrer si nous voulons,
oui ou non, continuer l'histoire de France.

Nous la continuerons, j'en ai le ferme espoir, si nous savons reprendre l'antique tradition de notre race, suivre la noble devise des Français, enseigner aux multitudes incertaines et inquiètes l'efficace parole de loyauté, de désintéressement et de chevalerie :

Fais ce que dois ; advienne que pourra.

TABLE DES MATIÈRES

___

CHAPITRE VIII

LE MALAISE DE L'UNIVERSITÉ

CHAPITRE IX

LE MALAISE DE LA JEUNESSE

CHAPITRE X

L'ARMÉE ET LA DÉMOCRATIE

CHAPITRE XI

CONCLUSION

Coulommiers. — Imp. PAUL BRODARD. — 1079-98.

Armand COLIN & C¹ᵉ, Éditeurs, Paris.

La Conscience Nationale, par M. HENRY
BÉRENGER. 1 vol. in-18 jésus, broché. 3 50

Ce livre est un acte de foi critique dans la survie de la conscience française. L'auteur de l'*Aristocratie intellectuelle*, y
examine les principaux problèmes sociaux de la France contemporaine. Sur le divorce de la pensée et de l'action, sur les
luttes religieuses ou soi-disant telles, sur les responsabilités de
la presse quotidienne, sur le malaise de l'enseignement public
aux trois degrés, il a poursuivi des enquêtes pénétrantes et
révélatrices. Mais il estime que ces maladies de la conscience
nationale, loin de la dissoudre, n'ont fait que l'aiguiser, et il
affirme sa foi très nette dans un idéal de solidarité basé sur
l'éducation de l'individu libre, mais responsable.

Par ce double caractère de critique et d'affirmation, la
Conscience nationale mérite d'attirer tous ceux qui, chez nous
et à l'étranger, s'intéressent au développement et à l'avenir de
la France.

Études italiennes, par AUGUSTE GEFFROY,
avec une notice biographique par M. GEORGES GOYAU.
1 vol. in-18 jésus, broché. . . . . 4 »

Ce n'est pas l'homme de science qu'était M. Geffroy qui nous
apparaît dans les *Études italiennes*, ou plutôt c'est un homme
de science alerte et sagace qui, sous prétexte de comptes
rendus d'ouvrages, passe au crible tous les matériaux qui se
pressent devant lui, extrait de tout cela le suc de la vérité et
compose lui-même un ouvrage nouveau. Comme il est bon à
lire, comme il rafraîchit la pensée et nous isole dans le monde
de l'idéal! Nous avons besoin de temps en temps d'un livre comme
celui-là. Il vous réconforte et vous console pour quelque temps.

(*Revue populaire des Beaux-Arts.*)

Il y a dans ce volume des études sur Savonarole, sur Gui-
chardin, sur Beatrix Cenci et sur Piranèse que tout le monde
lira avec plaisir et profit, sans compter une belle et éloquente
lamentation sur l'odieux enlaidissement de Rome depuis vingt
ans sous l'empire du vandalisme moderne. (*L'Illustration.*)

Pour l'impôt progressif, par M. GODEFROY

CAVAIGNAC, docteur ès lettres, député. 1 vol. in-18
jésus, broché. . . . .   **3 »**

On trouvera dans cet ouvrage les raisons substantielles qui
militent en faveur de la progression appliquée à nos contributions directes. L'auteur a voulu surtout que ceux à qui cette
transformation peut imposer quelques sacrifices y trouvassent
quelques raisons de penser qu'il s'agit ici non point d'une
entreprise violente sur la propriété, mais d'une concession
très limitée, très modérée et très opportune. Il pense que les
conservateurs auraient peut-être quelque intérêt à ne pas
envisager toute innovation comme une aventure, à ne pas
vouloir que nous demeurions le peuple le plus incapable de
réformes prudentes, à ne pas considérer comme une entreprise collectiviste l'essai d'un système qui a déjà été accepté
non seulement par la démocratie suisse, mais par les gouvernements de plusieurs pays monarchiques.

La République démocratique, *la poli-*

tique intérieure, extérieure et coloniale de la France,
par M. J.-L. DE LANESSAN, ancien gouverneur général
de l'Indo-Chine. 1 vol. in-18 jésus, broché. . .   **4 »**

Clair et méthodique comme ses aînés, ce nouveau livre de
M. de Lanessan s'appuie sur la longue expérience parlementaire et administrative de son auteur. Il débute par un exposé
rapide du sort qu'a subi, en France, le principe de la souveraineté nationale. Puis l'auteur analyse, avec une grande
précision, les résultats, tant favorables que défavorables,
produits par la Constitution de 1875, et il examine les moyens
pratiques de réformer les mœurs parlementaires et gouverne-
mentales, pour aboutir à plus de liberté dans les lois avec
plus de stabilité et d'autorité dans le gouvernement, et à un
exercice direct plus étendu de la souveraineté nationale par
le peuple lui-même. Le livre se termine par un résumé des
réformes immédiatement réalisables.

L'Éducation des classes moyennes et dirigeantes en Angleterre, par M. MAX LECLERC, avec un avant-propos par M. E. BOUTMY, membre de l'Institut. 1 vol. in-18 jésus, br.   4 »

Ouvrage couronné par l'Académie française.

Comment se forment en Angleterre les classes qui constituent l'élite politique, intellectuelle, industrielle, commerciale de la nation, et qui ont fait la grandeur prodigieuse et presque indéfinie de ce petit pays? M. Max Leclerc a cherché ce que font pour les former la famille, l'État, l'école. Le résultat de cette enquête poursuivie avec une patience et une sagacité rares, est fait pour troubler les idées de la pédagogie continentale. Des écoles bizarres, aux programmes incomplets et incohérents, envoient dans le monde des jeunes gens capables de s'y débrouiller et d'y continuer leur instruction. Le préjugé de l'école encyclopédique qui fait des savants universels de dix-huit ans, incapables d'acquérir désormais une idée ou un fait, commence à pénétrer en Angleterre; l'instinct national sera plus fort.

(Revue de Paris.)

Les Professions et la Société en Angleterre, par M. MAX LECLERC. 1 vol. in-18 jésus, broché . . . .   4 »

Ouvrage couronné par l'Académie française.

Après avoir étudié les méthodes et le système d'éducation, M. Max Leclerc étudie les résultats de ce système. Profession par profession, il indique les vertus et les qualités que communiquent aux Anglais ces méthodes. Puis, dans une seconde partie de son livre, il montre comment ces qualités et ces vertus ont agi sur l'état social de l'Angleterre et sur son expansion extérieure.

Le livre de M. Max Leclerc est une remarquable contribution à cette science nouvelle que les Allemands appellent la psychologie des peuples. Je crois qu'en France on n'a jamais rien écrit de plus pénétrant et de plus réfléchi sur les mœurs et le caractère des Anglais.

(Journal des Débats.)

Armand COLIN & C⁰, Éditeurs, Paris.

Cent ans d'Histoire intérieure (1789-1895), par M. ANDRÉ LEBON. 1 vol. in-18 jésus, br.   4 »

M. André Lebon n'a pas voulu refaire ici, après tant d'autres, un manuel d'histoire contemporaine : il a noté les faits les plus caractéristiques et les dates les plus significatives.

Son but a été d'écrire une introduction à l'étude de l'histoire politique de la France au XIXᵉ siècle : l'auteur s'est donc attaché, dans tout le cours du récit, à analyser ce qu'on peut appeler les « facteurs » de l'histoire : l'opinion publique, les partis politiques, le gouvernement; il en a apprécié les forces respectives aux heures décisives, il en a dit les luttes, surtout durant ces grandes crises constitutionnelles qui se sont presque toujours dénouées par des révolutions. — M. André Lebon a écrit l'histoire d'un siècle de vie politique, et c'est en cela que réside la nouveauté, l'originalité de son entreprise.

Pour faire un tel livre, il fallait être à la fois historien et homme politique.

Études sur l'Allemagne politique, par M. ANDRÉ LEBON. 1 vol. in-18 jésus, broché.   3 50

L'auteur s'est proposé de présenter au public français les notions historiques, juridiques et politiques essentielles à l'intelligence des choses de l'Allemagne actuelle. Il étudie d'abord les origines de l'Empire allemand et de la constitution qui le régit : la Confédération de 1815, le Zollverein économique, la tentative de constitution de l'unité nationale en 1848, la lutte entre la Prusse et l'Autriche, et la proclamation de l'empire allemand à Versailles. Il analyse ensuite les organes de cette constitution et les forces qui agissent sur ces organes.

Un chapitre est spécialement consacré aux institutions prussiennes qui exercent une si grande influence sur le gouvernement de l'Allemagne. Enfin des renseignements précis sont donnés, en appendice, sur l'organisation de l'Alsace en « pays d'empire » et sur la vigueur des protestations que font encore entendre les annexés.

N° 392.

Armand COLIN & Cⁱᵉ, Éditeurs, 5, rue de Mézières, Paris.

La Vie et les Livres, par M. Gaston Deschamps. (4 séries). Chaque série, un volume in-18 jésus,
broché **3 50**

La Conscience nationale, par M. Henry
Bérenger. Un volume in-18 jésus, broché **3 50**

La France intellectuelle, par M. Henry Bérenger. Un volume in-18 jésus, broché **3 50**

La Volonté de Vivre, par M. Victor Charbonnel.
Un volume in-18 jésus, broché **3 50**

La Synergie sociale, par M. Henri Mazel. Un
volume in-18 jésus, broché . . . . **4 »**

Les Études classiques et la Démocratie,
par M. Alfred Fouillée, membre de l'Institut. Un volume
in-18 jésus, broché . . . . **3 »**

L'Éducation de la Démocratie, par M. Jules
Payot, Inspecteur d'Académie. Une brochure in-16. (Questions du temps présent.) . . . . **1 »**

Auprès du Foyer, par M. C. Wagner. Un volume
in-18 jésus, broché **3 50**

7753. — Paris. — Imprimerie Hemmerlé et Cie.